国家社会科学基金教育学一般课题
"西方教育哲学在中国的传播与影响研究"
（项目编号：BAA170013）

祁东方 著

西方教育哲学在中国的
传播与影响

山西出版传媒集团
山西人民出版社

图书在版编目（CIP）数据

西方教育哲学在中国的传播与影响 / 祁东方著. —
太原：山西人民出版社，2023.10
ISBN 978-7-203-13030-7

Ⅰ.①西… Ⅱ.①祁… Ⅲ.①西方哲学 – 教育哲学 –
传播 – 研究 – 中国 Ⅳ.①G40–02

中国国家版本馆CIP数据核字（2023）第167870号

西方教育哲学在中国的传播与影响

著　　者：祁东方
责任编辑：吕绘元
复　　审：刘小玲
终　　审：武　静
装帧设计：中尚图

出　版　者：山西出版传媒集团·山西人民出版社
地　　址：太原市建设南路21号
邮　　编：030012
发行营销：0351-4922220　4955996　4956039　4922127（传真）
天猫官网：http://sxrmcbs.tmall.com　电话：0351-4922159
E－mail：sxskcb@163.com　发行部
　　　　　sxskcb@126.com　总编室
网　　址：www.sxskcb.com

经销者：山西出版传媒集团·山西人民出版社
承印厂：天津中印联印务有限公司

开　　本：710mm×1000mm　1/16
印　　张：19.5
字　　数：300千字
版　　次：2023年10月　第1版
印　　次：2023年10月　第1次印刷
书　　号：ISBN 978–7–203–13030–7
定　　价：79.00元

目　录

绪 论

在西学东渐的浪潮中，伴随着中国的现代化征程，中国教育哲学学科经历了从无到有并逐步发展壮大的过程。教育哲学的发展，既反映了学科本身的变迁，也体现了教育研究者的思想创造与学术追求。在教育重要性日益凸显且更加需要教育哲学的今天，教育哲学的学科性质、研究对象、研究内容等问题仍存在争论，对这些问题的回答，既需要我们回应时代对教育、教育哲学发展提出的诉求，也需要我们将研究的视野追溯到历史的更深处。因为教育哲学不仅反映教育实践的变革和教育思想的创造，而且也折射出文化和精神的影响，在时空的变迁中承载着教育研究的学术记忆与发展变迁。

对西方教育哲学在中国传播与影响的梳理，既是对中国教育哲学发展历史的一种回顾与认识，也是对中国教育哲学的一种反思与理解。理解是一种解释，也是一种构建；是一种信息的传递，也是一种知识的创造。理解基于历史，也面向未来，正如雅斯贝尔斯所言："对我们的自我认识来说，没有任何现实比历史更为重要的了。它向我们显示人类最广阔的天地，给我们带来生活所依据的传统内容，指点我们用什么标准衡量现世，解除我们受自己时代所加予的意识束缚，教导我们要从人的最崇高的潜力和不朽的创造力来看待人。"[1]光阴荏苒，斗转星移。昨天的教育哲学，如何传承？今天的教育哲学，如何认识？未来的教育哲学，如何发展？时代在追问，教育在期盼！交流对话，既是教育哲学作为一门学科、一个知识领域开放性的体现，也是中西文明互鉴、寻求人类共同福祉的客观要求。对美好教育的共同期待与追求，

---

[1] 田汝康,金重远.现代西方史学流派文选[M].上海:上海人民出版社,1982:36.

使中西教育哲学的相遇不仅彰显了浓厚的学术意蕴，而且承载着深厚的人文情怀。

因此，我们需要在引进、辨识、认同、融通中梳理西方教育哲学的传播与影响，一是从学科史和知识史出发，从本体论、知识论、价值论和方法论的层面对西方教育哲学的影响进行系统考察。二是应及时跟进西方教育哲学研究进展，关注域外来风的学术前沿与研究动态。三是西方教育哲学的中国化问题，西方教育哲学传入中国已有百余年的历史，如何认识其中国化过程中的得与失，也是需要我们进一步研究的问题。

一、研究缘起

对西方教育哲学的传播与影响进行梳理，在此基础上对中国教育哲学的发展进行反思，主要基于以下几个方面的考虑：

第一，来自对教育现实问题的困境之惑。"教育，一直是一个富有争议、充满不同见解的领域。无论在国家层面，还是在社会、个体层面，都对教育寄托了很多的希望与期盼，而现实的教育状况却又与人们的理想期望相去甚远。多年来，围绕教育本质、教育目的、教育模式等问题的追问与探索从未停止过，对教育的反思已成为全球性的话题。2016年，联合国教科文组织出版了题为《反思教育：向"全球共同利益"的理念转变？》的研究报告，将教育置于可持续发展和全球共同利益的战略地位进行反思，目的是促进人们对教育公共价值的批判性思考。"[①]可以说，在全球范围内，人们都已经充分认识到了教育存在的重要性、影响的深远性、地位的基础性。按理说，这应该是教育发展最好的时代，但事实显然并非如此，义务教育的均衡化发展、择校热、中小学课业负担等问题，仍是基础教育工作的难点。教育资源优化配置、体制机制创新、治理体系和治理能力现代化，高素质人才培养、高水平创新成果产出、国际影响力提升等制约高等教育发展的瓶颈性问题也亟待解决。此外，工具理性与价值理性的博弈、现实与理想的冲突、和谐师生关系

---

① 祁东方.重新界定教育与知识：吉鲁基于美国公共价值危机的批判性分析[J]. 教育学报，2017(4):25.

的建立等问题无一不贯穿教育的始终。

第二，来自教育学学科存在与发展的危机之思。按理说，教育如此基础和重要，而社会经济、政治、文化等各个方面也取得了巨大的成就，完全可以为教育的发展提供更好的资源保障和政策支持。植根于生动的教育实践、以研究教育为己任的教育学，理应生机勃勃地走在属于自己的学科发展之路上。特别是综合性大学的教育学学科，因其学校类型有着独特的优势，应该在教育理论与教育实践的探索中发挥更为重要的作用，然而现实并非如此，教育学面临生存与发展的危机。一方面，教育学学科的独立性仍存争论，尚未达成共识；另一方面，教育学在学科建制上也面临生存困境。自2016年以来，部分大学的教育学学科经历了或裁撤，或合并的寒冬。一时间，教育学学科的存在与否成为教育学界关注的焦点。

第三，来自教育哲学经典著作的思想魅力和情感召唤。教育哲学名著中所蕴含的思想结晶与理论表达有着永恒的魅力，在这片群星灿烂的夜空中，不论教育政策的制定者、教育管理的执行者，还是身处教育一线的教师，总能在其中获得共鸣和启迪。"一个世纪、百年求索，在岁月轮回的时空交错中，在教育变革的日新月异中，人们对教育的理想期待和共同愿景亦有变化。'教育哲学'这四个字，无论从学科意义而言，还是从具体的研究领域来看，都承载着教育学人的教育情怀、教育信念和精神追求。在其发展的过程中，有对教育哲学'是什么'的星空仰望，也有对教育哲学'做什么'的实践探究。正是在此意义上，教育哲学从未远离过人们的研究视野。因为在教育发展的过程中，总有一些基本问题需要不断地进行反思与探究，也总有一些里程碑式的事件不断从遥远的记忆深处走来，提醒我们研读经典、反求诸己，追求更为美好的教育。"①

过去是传到将来的回声，将来是对过去的反映，教育哲学的历史是其发展的有机组成。在中国教育哲学发展的客观进程与研究者的主观阐释中，二者是如何实现统一的？在此过程中，作为人类知识的一个重要领域，教育哲

---

① 祁东方.行走在理论与实践之间:关于杜威教育哲学的省思[J].山西大学学报(哲学社会科学版),2020(3):119.

学的发展折射着每一位研究者对所处时代教育的认识与思考。在中国教育哲学发展的历史进程中，西方教育哲学的作用何在？面对其传播与影响的客观性，我们应该采取何种立场和方式为我所用？这需要我们走进其中梳理回顾，反思总结。

第四，来自个人角色丛的多重体验。二十几年前，恰逢高等教育扩招，我幸运地进入期盼已久的象牙塔，随后在高校求学、工作。从学生到教师的角色转换中，我深切地感受到了教育为每个个体生命的成长与发展所提供的机会。当然，我也深深地体会到了教育发展的区域性差异。可能在每一所大学里都有被其深度影响却又被忽略的个体，一个在大历史中似乎并不是那么显著的生命个体。这些个体在经历了十几年的学习后，身心各方面较之未受教育以前到底发生了哪些变化？这些变化，既与每个个体所在大学的地理位置、办学传统、发展理念、基础设施、校园文化息息相关，又与每位教师所秉持的教育精神和教育信仰密不可分，或者毋宁说，在一定程度上，后者所起的作用更为直接和深远。

硕士学习阶段，因布鲁贝克的《高等教育哲学》而初识教育哲学，在对高等教育政治论、认识论的思考中，我有缘与生命论的高等教育哲学相遇；博士阶段，因吉鲁的《教师作为知识分子：迈向批判教育学》《教育与公共价值的危机》等著作和论文而走进批判教育哲学。2017年，我又有幸进入西方教育哲学的传播与影响这一极具挑战性的研究领域，得以在自己深爱且向往的思想星空中继续行走。虽深爱，却因基础薄弱而备感压力重重；虽向往，却因能力有限而深感焦虑种种。于是，我在忐忑不安中开始了课题的研究、思考与写作。

上述缘起，似乎离研究的主题西方教育哲学在中国的传播与影响远了一点，但似乎又并不远。在这里，我想用奈勒的这段话进行回答："无论你从事哪一行业，个人的哲学信念是认清自己生活方向唯一有效的手段。如果我们是一个教师或教育领导人，而没有系统的教育哲学，并且没有理智上的信念的话，那么我们就会茫茫然无所适从。"①个人的教育哲学信念并非凭空而来，它来自对教育哲学发展历史的认知与体悟，来自对经典著作和已有成果的研读与思考。在此过程中，教育哲学也从专业化走向个体化，成为一个教育工作者的思想灯塔与精神支柱。

二、已有研究成果述评

早在20世纪初期，美国学者麦克文纳尔就提出了教育哲学和教育科学的关系这一问题，引发了人们对教育哲学学科独立性的思考。特别是杜威的《民主主义与教育》出版以后，教育哲学进一步成为教育研究者关注的焦点和对象。一个多世纪以来，西方教育哲学研究取得了重要成果，流派众多，学术观点异彩纷呈。

20世纪初期，西方教育哲学在中国的传播主要通过翻译、外国学者来华访问、开设课程等途径进行，尤以杜威教育哲学思想的传播为甚。20世纪30年代末—40年代初，西方教育哲学在中国的传播进入多样化时期，不同的研究者以马克思主义哲学、康德哲学、实用主义哲学等为基础，开始了构建本土化教育哲学的征程。20世纪80年代后，中断了近30年的西方教育哲学又开始得以引进传播并取得了新的进展。

从目前国内关于西方教育哲学的已有研究成果来看，主要集中于以下六个方面：一是教育哲学史的梳理。在时间上，从古希腊教育哲学思想的滥觞一直到后现代主义教育哲学思潮的兴起与发展都有所涉猎。对永恒主义、要素主义、进步主义、改造主义、分析教育哲学、现象学教育哲学、西方马克思主义教育哲学、后现代主义教育哲学等流派产生的时代背景、理论基础、主要观点进行梳理评价，尤以美、英、德的教育哲学为重。二是对各流派代表性人物的研究，如对柏拉图、卢梭、康德、赫尔巴特、杜威、弗莱雷、阿普尔等人的教育哲学思想开展的专题性探究。三是领域哲学研究。在西方教育哲学不同流派、代表性人物及其观点的影响下，国内研究者围绕高等教育

---

① 陈友松.当代西方教育哲学[M].北京:教育科学出版社,1982:135.

哲学、课程哲学、教师教育哲学等开展了分支领域的教育哲学研究，亦有学者对西方教育哲学进行了反思性的探讨与评价。四是基于教育现实或者个体教育实践而引发的教育哲学思考，如对被压迫者的教育、教师角色、教育与政治、教育与文化等问题的研究，或者基于教育、高等教育发展中存在的问题，从教育哲学的角度分析种种教育冲突以及教育中存在的公共价值危机。五是百科全书式的教育哲学，对教育哲学的历史传统和当代思潮进行梳理，对教育中的认识论、教学与学习、学校教育的政治与伦理等问题进行专题解释与说明。六是影响与启示研究。在分析西方教育哲学主要流派观点的基础上，从中寻求对中国教育理论与实践发展的启示，如对教育本质与意义、教育目的与价值、基础教育改革、高等教育改革、知识与课程设置、师生关系等基本问题的思考与解决。从对西方教育哲学的研究动态来看，呈现出宏观与微观、抽象与具体相结合的趋势，既有对自由主义、后现代主义的研究，也有对学生的同情心与想象力的关注。

西方教育哲学在传播的同时也促进了中国教育哲学的本土化研究，我国学者围绕教育哲学与教育学、教育哲学与教育实践的关系，研究对象与方法、学科体系与使命等问题开展研究，对古代教育哲学的思想传统、当前教育哲学存在的问题、未来教育哲学的发展趋势进行了探索，在体系构建和理论探索方面都取得了丰硕成果。已有成果为本研究提供了丰富的资料借鉴和视角拓展，相对于西方教育哲学的复杂性和深刻性来说，仍存在可待拓展的研究空间和问题域。

三、研究内容

第一，西方教育哲学的体认与理解。有学者认为，西方教育哲学产生于19世纪30年代，从其过程来看，主要有以下两个时期：其初创阶段是从19世纪30年代初至20世纪初，发展阶段是从20世纪至今。[①]在近两个世纪的历程中，西方教育哲学在流派形成、体系构建方面经历了哪些发展变化？西方教育哲

---

① 王坤庆.教育哲学新编[M].武汉：华中师范大学出版社，2010：16-17.

学之于中国教育哲学来说，不仅意味着地理性空间的区分，也隐含着哲学基础、文化传统的不同。因此，在厘清西方教育哲学在中国的传播与影响之前，应对其发展历程、存在形态和发展特质展开研究，进而在中西教育哲学的学术交流与对话中探究其影响。

第二，西方教育哲学在中国的传播背景及历程。本部分主要从以下三个方面开展研究：一是试图从社会学、历史学、哲学的学科视角分析西方教育哲学传入的内外影响因素。二是结合时代背景和社会环境，从学科发展的环境机制、内在动力等方面对西方教育哲学传入的必然性与可能性做出说明。三是系统梳理20世纪以来西方教育哲学的引进与传播情况，对西方教育哲学的传播阶段进行划分，总结其在不同阶段的特征，以及我国教育研究者的回应方式与特点。

第三，西方教育哲学对中国教育哲学学科建设的影响。从知识的系统组成和分类来看，作为一门学科的教育哲学，先后经历了萌芽、初建、停滞和繁荣发展的过程。作为西学东渐浪潮中的舶来品，我国教育哲学在学科形态上的发展始于西方教育哲学的影响。"中华人民共和国成立之前教育哲学的发展，大致可以分为两个方面：一是引进西方的教育哲学，为中国教育哲学的创立奠基。二是国人自己编写教育哲学，后者建立在前者的基础上。"[①]费孝通先生认为，一门学科的机构主要包括以下五个部门："一是群众性组织的学会，二是具有带头和协调交流作用的专业研究机关，三是培养人才的大学学系，四是搜集、储藏相关研究成果的图书资料中心，五是包括专业刊物、丛书、教材和通俗读物的专门出版机构。"[②]正是在西方教育哲学的影响下，国人开始在引介的基础上编写教育哲学著作。在课程开设、理论体系构建、学科设置等方面开始了中国教育哲学的学科建设之路。

第四，西方教育哲学对中国教育哲学研究内容的影响。如果说第三章从学科发展的层面梳理了西方教育哲学在中国教育哲学初建过程中的引擎作用的话，那么本章主要是围绕西方教育哲学在研究内容方面的影响展开。理论

①　冯建军.中国教育哲学百年[J].中国教育科学,2019(5):3.
②　费孝通.略谈中国的社会学[J].高等教育研究,1993(4):5.

具有指引的作用，对理论意义的寻求既是哲学世界中的永恒追问，也是创新教育哲学、发展教育实践的根本前提。意义是针对人的教育理性与教育情感而言的，只有可理解的理论才有意义。人之所以能够成为"思想的芦苇"而有别于自然界的万物，就在于人对自身及其赖以生存的世界有思考力、判断力和选择力，并由此建构教育思想与教育理论世界的特殊价值，彰显教育哲学作为一个知识领域的超越性与独特性。需要说明的是，因教育哲学与哲学的渊源，其流派的更迭、思想的表达无不与哲学的发展息息相关。故在研究内容的影响上，本部分将按照发展的阶段和历程将不同流派纳入西方传统教育哲学、现代教育哲学和后现代教育哲学三个板块进行梳理。

第五，西方教育哲学对中国教育哲学研究方法的影响。这部分主要是对现象学教育哲学和分析教育哲学这两个流派进行梳理，正如伽达默尔所言，理解历史的最高旨趣在于对历史事件当代意义的把握与理解，而不仅仅是简单复现历史事件的原貌。教育哲学的批判精神、质疑精神根植于哲学思想传统之中，不同的教育哲学思想代表了其理解社会、理解教育的某种方式和对未来教育的特别承诺。梳理西方教育哲学在研究方法方面的影响，有助于进一步开阔我们探究教育哲学基本问题的视野和思路。

第六，西方教育哲学在中国传播与影响的反思。"发展之略，贵在省思"，建设具有中国特色、中国风格的教育哲学是我国教育研究者面临的历史使命与时代责任。本部分重点从西方教育哲学的理论基础、研究论域、研究者个体的学术生命等方面寻求借鉴和启迪，探究中国教育哲学未来发展的问题域，以及教育哲学之于教育、个体生命发展的意义所在。同时，围绕化什么、怎么化、谁来化这三个问题，对西方教育哲学中国化这一命题进行初步探索。面对西方教育哲学对中国教育哲学发展的客观影响，如何突破西方教育哲学的基本概念、研究范畴和思维范式，进而实现本土化发展，是中国化的应有之义与最终旨归。因全球化的时代背景和知识自身的动态生成性，学术交流与会通将一直处于正在进行时。这就要求我们秉持开放的心态，以强烈的使命感和责任感加强与西方教育哲学的对话，寻求新的生长点，彰显中国教育哲学的特色与原创性，提升中国教育哲学的国际影响力。

第一章　西方教育哲学的体认与理解

西方教育哲学的产生和发展既与教育自身息息相关，也与所处时代的历史方位与社会环境密不可分。西方教育哲学流派的划分，基本上是以各自的哲学基础为依据的。考察西方教育哲学产生的理论渊源，事关对其发展特点的总结与认识。梳理西方教育哲学的变迁，有助于我们在历史的脉络中更为清晰地把握其发展轨迹，明晰不同流派的更迭与思潮演变。

第一节　西方哲学与西方教育哲学

一说到教育哲学，不可回避的一个问题便是哲学与教育哲学的关系，不论对二者之间的关系存在着多少分歧与争议，有一点是可以达成共识的，那就是教育哲学的发展显然离不开哲学。这样的一种认识，与我们对哲学由来已久的认识息息相关。哲学具有明确的研究范围和问题域，力求澄清概念，探究万事万物的本质，形成对世界的科学认识与理解。当我们梳理前人对教育本质、教育意义等一些基本问题的回答和思考时，就会发现来自哲学影响下的真知灼见。有关教育问题的认识与理解，既有心理学的影响，也有社会学的影响，但是当涉及教育目的、教育价值、人的生命发展等问题时，特别是对这些问题背后的依据和原则进行探究时，还是要回到哲学领域。这么说，并不是削弱教育哲学的独立性，而是为了充分体现教育哲学的独特性。

当人们在哲学的视野中思考教育领域的基本问题时，恰恰是对教育哲学为何而在的追问。认识教育哲学，需从对教育和哲学的认识出发。哲学以一种历史的延续性、时空的整体性思考事关世界和人生发展的根本问题，致力于求真向善唯美，试图澄清概念、探究根本，设定标准、构建系统。在亚里士多德的眼里，哲学是原理之学，斯宾塞也认为哲学是最高统一之学。人类对哲学的探究源于好奇，"哲学的答案常常显得或者是不重要的，或者是没有道理的。在哲学中，问题和论据各种各样"[①]。按照笛卡尔的意思，哲学既是行事的方式，也指知识本身。探究真理是哲学的首要任务，但研究的具体路径各有所异，或基于批评分析讨论价值的标准，或着眼人类生活而探究其根本意义，或试图在哲学的思想和形态中探索世界的统一与协调。

当我们论及西方教育哲学时，不可避免地会涉及"西方"与"西方哲学"这两个关键词。"'西方'在不同的语境中有不同的指代。最初西方只是地理概念，后逐渐发展为强调'思辨'特征的文化概念。在地理上，西方普遍指位于西半球、北半球的欧盟国家以及北美、澳大利亚和新西兰等，其时间维度涵盖了从古希腊、古罗马、中世纪、文艺复兴到现代欧美。"[②] "所谓'西方'，是指近代以来主导世界发展的地区。从欧洲到北美，其中的思想传统可以远绍到希腊，历经中世，再于欧美集其大成。如果以列举的方式来说明，则西方哲学家包括柏拉图（希腊）、托马斯·阿奎那（中世纪）、笛卡尔（近代）、海德格尔（当代）等人。这一系列沿承而下，未曾中断的思想，统称为西方哲学。"[③]无论是从地理区域的划分而言，还是从哲学与教育哲学的联系来看，在回顾西方教育哲学的发展历程时，都离不开对西方哲学的研读与思考。在明晰西方哲学核心理念、思辨方式和理论架构的基础上，我们才能更深入地理解西方教育哲学各流派与西方哲学的承接关系，系统认识西方教育哲学对教育基本问题的思考与回答。

---

① [挪]G·希尔贝克,N·伊耶.西方哲学史:从古希腊到20世纪[M].童世骏,郁振华,刘进,译.上海:上海译文出版社,2004:4.

② 侯怀银.教育学"西学东渐"的逻辑探寻:西方教育学在20世纪中国传播的回顾与反思[J].教育研究,2020(8):40.

③ 傅佩荣.哲学入门[M].北京:北京联合出版公司,2020:42.

一、西方哲学的历史回溯

每一个时代，人们都在研读思考、创建并应用自己的教育哲学。从西方哲学的发展历程来看，在时间维度上大致经历了古希腊哲学、中世纪宗教哲学、近代哲学、现代哲学四个阶段。发源于古希腊的西方哲学，在中世纪和近现代的历史征程中，先后经历了由本体论、认识论，再到语言学的转向。在理性与非理性主义的博弈中，理性主义走向独断论，经验主义走向怀疑论，由此出现了康德的"先天综合判断"，解决了彼时哲学面临的危机，体现了哲学作为"时代精神精华"的变迁。

古希腊时期，柏拉图就以哲学之名提出了对道德教育的考验，当一个人在没有人知道的情况下，如果还能控制自己不去犯罪，这才表明人能够真正经受住道德的考验，但事实显然并非如此。中世纪的奥古斯丁则认为，有心探索者才能走上启明之途，他早于笛卡尔1200年对"我的存在"这一问题进行了论证。在他看来，承认"我的存在"是人们继续思考其他问题的前提，从而为"爱好智慧"的哲学传统注入新鲜血液。

生活于近代的卢梭对回归自然表现出了无与伦比的热情与渴望，在他看来，本来生而自由的人类，却生活于无所不在的枷锁之中，所享有的自由远远不如自然界的其他万物。他的著作《爱弥儿》所散发出来的爱之光辉，则让康德忘记了每天的例行散步，然而他在《论人类不平等的起源》中对文明之罪恶的控诉，却让"法兰西思想之父"伏尔泰心生厌恶与质疑。

及至现代，肯定人的卓越性与自我实现能力的马克思、对人的存在深思熟虑并执着于追求真理的克尔凯郭尔、提出超人哲学和权力意志的尼采、强调信仰意志的实用主义哲学家詹姆斯、借由对某物现象进行描述而找出其本质的胡塞尔、重视教育过程和理智力量的怀特海、认为"哲学就是语言治疗"的语言哲学奠基人维特根斯坦等历史上诸多西方哲学家，都在不同程度上影响了现代西方教育哲学的发展，在以不同"主义"之面貌呈现的诸多教育哲学派别中留下了各自的理论痕迹。显然，西方哲学于西方教育哲学的发展，不仅具有理论基础和论说依据的价值，而且更重要的是如何将其运用于教育实践中，分析解答事关教育发展的基本问题，提升教师的思维能力和教学艺术，指向人之生命的奥秘与潜能，以及心智的健全与成长。

二、西方哲学之于西方教育哲学的影响

正是在与哲学的关联中，教育哲学得以丰富思想、完善体系，并凸显出自身的独特性。在厘清西方教育哲学的发展过程中，分析其与西方哲学的渊源关系，是梳理西方教育哲学在中国传播与影响的前提性工作。对于西方教育哲学而言，西方哲学至少具有以下三个方面的作用：

（一）理论基础的奠定

如果从哲学的角度把对教育和人的认识视为教育哲学产生的原初形态，那么这样的追问从古希腊的柏拉图就已经开始了。及至后来，美国在大学里开设教育哲学一科，侧重于教育理论和教育体系的研究。德国的赫尔巴特、那托尔普等人基本上是从哲学的视野去分析教育问题的，他们所做的工作被视为对教育的哲学研究。可以设想，如果没有对哲学的借鉴与思考，西方教育哲学就难以出现流派纷呈的局面。无论是教育目的的确立，还是教育价值的选择，除了确定它们是什么之外，还要明确它们之所以是A而不是B的理由和根据。对理由和根据的探索，使西方教育哲学的研究不可避免地要求助于哲学。哲学的存在，不仅为西方教育哲学的发展提供了理论土壤，而且埋下了思想与方法的革新基因。作为"时代精神精华"，哲学的发展变化或早或晚，或大或小都会引起教育哲学的相应变革。西方教育哲学诸多流派的形成，无一不与特定的哲学理论、哲学流派密切相关。

当社会的发展和教育的发展出现矛盾时，当已有的教育理论不能满足教育实践发展的客观需要时，教育哲学的重要意义就更加凸显。从古代西方哲学到近现代、后现代的西方哲学各流派，皆在不同程度上影响着西方教育哲学的发展方向和目标，进而影响到教育实践的运行。教育哲学既是形而上的理论世界，也是形而下的现实镜像。它是带有一定普适性、共同性的思想结晶，也是具有特殊性、个别性的体悟与思考。教育哲学有助于教育理念的更

新和教育价值取向的规范，作为介入教育现实的一种理论方式，教育哲学也因其对教育现实的关切而具有实践的指向。对于教师来说，教育哲学有助于其教育智慧和教育艺术的形成。对于教育管理者和教育改革者而言，在实际工作中多一些哲学思考，可以提升决策的科学性与合理性。概言之，无论是教育理念的变革，还是教育政策的制定；无论是教学目标的选择，还是一堂高质量课堂的呈现，教育哲学都或多或少，或显性或隐性地发挥着自己的功能。

作为一种抽象的、理型式的语词表达，不同教育哲学流派的相应概念反映了各自所研究对象的本质特征。一旦概念形成并得到学术界的公认后，它就完成了从个体向群体的思维运动过程，进入学术研究范畴，影响并规范着相关问题域的研究。正是在此意义上，西方教育哲学不仅从西方哲学的世界里获得了关于教育、关于人的理想图景，而且获得了评价教育目的的尺度、规范及依据。它在探索教育与人生命发展之间的关系、省思教育实践的同时，也深化着教育哲学的自我理解。因此，在关于教育哲学的体认中，首先需要把握的是西方哲学与西方教育哲学之间的关系。这不仅关系对西方教育哲学流派理论渊源的梳理，也关系对其研究范畴与研究方法的回顾。

（二）研究方法的借鉴

教育哲学的发展，除了来自社会和教育的现实动因以外，对以往哲学研究成果的继承和借鉴，也是一个非常重要的因素。这一点，从西方教育哲学最初的产生与发展中都有所体现。"工欲善其事，必先利其器。"哲学的思考关系概念的界定是否清晰、逻辑是否自洽一致、语言的使用是否合理等问题，科学革命的成功使哲学的任务更加清晰，尤其是在研究方法的运用上。西方哲学的研究方法，关系西方教育哲学对所研究问题的认识与把握。一般认为，西方哲学在发展历程中主要形成了形而上学的传统、规范的传统和分析的传统。这样的传统自然也影响到西方教育哲学的发展，在此过程中，人类运用自己的理解能力和认识能力去分析思考教育问题、得出结论，进而明确这些结论的恰切性和适用范围。

作为基础理论学科和特定意义上的交叉学科与应用学科，不论人们对教育哲学有多少种不同界定和观点，有一点毋庸置疑，那就是不同的哲学基础事关教育研究视角与思路的选择，事关对教育现实问题的把握角度和分析维度。就此而言，西方哲学对西方教育哲学的发展具有方法论的功能，关系各流派对具体研究方法的选择和运用。

概言之，西方哲学不仅是西方教育哲学研究者分析教育问题的理论依据，而且关系特定时期人们认识教育问题的程度和水平。这种程度和水平关系对教育本质和规律的把握，关系对教育问题的回答与解决。西方哲学在方法论上的批判性与规范性相依而存，共同作用于教育哲学。规范性影响主要体现在西方教育哲学的理论基础、研究范式、基本概念、研究对象等方面。批判性影响主要表现在对以往教育哲学流派和教育实践的质疑与超越中，批判建基于教育现实基础之上。教育实践存在哪些问题？这些问题如何被解释？受哪些因素影响，教育的意义是如何被解释、被建构的？对上述问题的回答在不同程度上都与西方哲学的影响相关。

此外，教育哲学研究领域也出现了一些重要但非属哲学范畴的研究活动。菲利普斯认为："这种活动类型带来了教育哲学在学科范围上的混乱，事实上，有时它还会产生对教育哲学到底是不是一门学科的质疑。"[1] "大量（狭义的）教育哲学以外的作品可以被看成是属于广义的教育哲学范畴。"[2] 对教育哲学学科地位、研究范围等问题的探究，同样也需要借鉴西方哲学的研究方法。

（三）理论体系构建的参照

西方哲学对西方教育哲学的发展起到了系统梳理和理性反省的推动作用：一是发现问题。在不同哲学流派的影响下，西方教育哲学发现并着力探究那些影响教育发展的基本问题，致力于改变教育现状，推动教育理论和教育实践的进步，进而在教育哲学层面上引发人们对相关问题的深入思考，完成教育哲学发展的基础性、先导性工作。二是澄清概念。通过对教育、教学、课

---

① [美]菲利普斯.教育哲学[M].石中英,等译.重庆:西南师范大学出版社,2011:30.
② [美]菲利普斯.教育哲学[M].石中英,等译.重庆:西南师范大学出版社,2011:32.

程、知识、人等基本概念的概括总结和澄清分析，设定判断教育是否科学合理的衡量标准，印证教育价值，为教育哲学的深入研究和探索奠定了基础。特别是分析教育哲学的出现，在这方面起到了非常重要的作用。三是建构理论。通过对教育哲学发展历程和理论渊源的追溯，以一种历史的延续性、时空的整体性，建构了一个能够为人们认识并理解的理论系统，对教育的价值取向等问题做出回应。这样的建构，对人们在本体论、知识论、方法论、价值论等层面认识不同流派的教育哲学，都有着非常重要的意义。这些探究和思考为教育自身的发展，进而为人类社会的进步，在理论的图景上提供了更多的可能性和现实性。

第二节　西方教育哲学的发展历程

胡森和波斯尔斯韦特在其主编的《教育哲学》一书中指出："教育哲学可以看成是由一小群专家所进行的研究活动和教学科目。这些'教育哲学家们'主要分布在英语世界里，也有少数人生活在欧洲大陆。他们通常属于一些大学的教育学院（一小部分人属于哲学系，或者既属于教育学院又属于哲学系，具有两者共同设定的学术职位）。"[1]在胡森等人看来，在广义范围内，这样的一种界定方式更倾向于英语世界的做法。他们进一步指出，在英语世界的很多地方，多由讲师在教师培训课程中讲授教育哲学，这些讲师大部分并没有接受过专业的哲学训练。作为教育工作者，他们具有一定的教育管理经验且勤于反思，较为关注教育政策的实施和教育改革的进展，但是这并不能赋予他们的作品更为深刻的哲学意蕴。就此而言，西方教育哲学走过了一段由非专业到专业的发展历程。对西方教育哲学的发展历程进行阶段的划分可能会更为清晰直观，但是考虑到划分阶段的依据和标准难以把握，遂以时间线索为依据，同时结合学科发展脉络，对西方教育哲学的发展历程进行梳理与回顾。

---

① [美]菲利普斯.教育哲学[M].石中英,等译.重庆:西南师范大学出版社,2011:26.

一、西方教育哲学的滥觞

在教育哲学成为一门正式学科之前，就有了关于教育哲学的思考。有学者认为："从人类意识到教育是一种相对独立的人类活动那一刻起，就已经有了教育哲学。对于人类来说，早在正规的哲学研究出现之前，早在人们能够理解这种研究对于教育发展的意义之前，就已经有了教育哲学。"[①]自希腊的第一位哲学家泰勒斯提出"宇宙的起源是水"的观点，思考生命的来源之时，人类就开始了对智慧的追寻与探索。随后，作为"数学之父"的毕达哥拉斯，借助于数字探究宇宙的和谐与事物之间的关系。辩证法的奠基人赫拉克利特则认为，在流转的万物中，是理性在监管着宇宙。

在古希腊哲学发展的过程中，先后出现了认为知识只能由理性获得的巴门尼德、提出多元宇宙观的恩培多克勒、第一次将哲学带入雅典的阿那克萨戈拉、百科全书式的学者德谟克利特，再到提出"人是万物的尺度"的普罗泰戈拉等不同哲学家。作为辩士学派的主要代表人物，普罗泰戈拉虽然以教育为专门职业，却认为真理是相对的。一个认为真理是相对的辩士学派，又如何去教别人？及至苏格拉底，将哲学之深邃的目光从"城外的树木"转向"城内的居民"，从探索自然界转向关注人类自身，对人生进行真诚的反省和思考。在他妻子冉蒂佩的眼里，作为丈夫的苏格拉底在料理家庭事务上显然无法让她满意，然而在哲学的世界中，苏格拉底毫无疑问做出了开拓性的创举。尽管他被以引进新的神和腐蚀雅典青年思想的罪名而判处死刑，但这并没有削弱其思想的深远影响。正是苏格拉底对哲学的追问和反诘式谈话，培养了另一位伟大的哲学家柏拉图。

芝加哥大学社会思想委员会和哲学系的乔纳森·李尔就认为，教育哲学的真正开端始于苏格拉底的"认识你自己"这一命题的提出。他的学生柏拉图则对哲学教育的作用进行了认真审视，进而探究个体教育，以及个人与共同体之间的关系。生活在古希腊时期的柏拉图，以教育治国为己任，试图通

---

① [美]奥兹门,克莱威尔.教育的哲学基础[M].石中英,邓敏娜,等译.北京:中国轻工业出版社,2006:139.

过教育平息内战和政治纷争，并为此创建学园、设计教育体系。作为一个博学多才的雅典贵族，柏拉图接受过完备的教育，熟悉悲剧、喜剧、诗歌等文化知识。在苏格拉底去世后，已近而立之年的柏拉图开始在埃及、意大利等地旅行，也曾加入毕达哥拉斯所创立的学派，后来在雅典近郊创办了著名的柏拉图学园。在一本流传至今的《理想国》中，他对形而上学、伦理、教育等问题发表了自己的看法，描绘了一个理想的乌托邦，并阐释了他对知识、教育的观点。

柏拉图强调真理的永恒性、完美性和绝对性。在他看来，真实的知识是可以获得的，且必须具备客观性和正确性，拥有知识程度的高低，则与知识对象的差异性有关。在《理想国》一书中，他运用洞穴之喻来解释他对知识论的看法。囿于洞穴，意味着不确定性的信念和黑暗的现象世界。突破洞穴的局限，则意味着人心灵状态的提升和认知状态的改变，这一过程需要通过教育对人的心智加以训练。柏拉图认为，秩序与和谐对灵魂来说至关重要，而只有掌握理型的知识，才能实现灵魂的和谐，他也非常重视数学和逻辑领域的知识。在他看来，理型的知识之所以重要，是因为它可以告诉人们做某件事的原因和时机，而技术的知识只能告诉人们做事的具体办法。对于哲学家来说，应该追求万事万物的本质和理型。他特别重视善的理型，认为这一理型是创造美善事物的源动力。这一观点不仅影响了亚里士多德，也影响了奥古斯丁对知识获取途径的看法，即真正的理解只能来源于洞见。

在《理想国》中，柏拉图还围绕卫士阶级的教育讨论了雅典的体育与艺术教育，他认为强健的身体是提升灵魂的前提，艺术则关系城邦风气的好坏。他还从教育家的角度出发去讨论艺术，认为艺术影响着人们赖以生存的社会，其重要性在于社会价值的实现。对于个体而言，艺术可以调节人的灵魂，让人的生命拥有和谐的节奏。因此，有秩序的体育教育与艺术教育有助于培养卫士阶级形成良好的习惯与信念，但他们所获得的并不是柏拉图所认为的理型知识。那么，谁能拥有永恒意义上的理型知识呢？自然是柏拉图眼里的哲学王。柏拉图围绕哲学王的教育讨论了永恒的实在界，即理型知识所了解的关于道德和审美的实在界，当然也包括真理。在他看来，只有拥有智慧的哲学家才能带领城邦取得成功。柏拉图之所以在理念层面上关注价值的永恒性，致力于哲学王的培养，与其所处的时代有关。柏拉图的教育目标不仅是培养城邦所需要的哲学王、武士和劳动者，而且是具有正义感的个体。他也极为重视对儿童的早期训练，认为儿童具有较强的可塑性，且容易受到成年人的影响。正是在成年人这里，儿童学会了分辨美丑、对错、善恶。因此，成年人的言行举止对于儿童来说至关重要，应尽早让儿童形成良好的习惯。

二、西方"教育哲学"一词的出现

1832年，美国纽约州立大学开设教育哲学讲座，被视为教育哲学作为大学课程的开端。1848年，德国哲学家罗苏克兰兹①出版了《教育学体系》一书。1886年，美国教育家布莱克特用英文翻译此书时定名为《教育哲学》。

1899年，那托尔普的《社会教育学》出版，该书基于逻辑学、伦理学、美学的视角来分析教育，不仅阐释了教育的一般观念，而且对体育、德育、智育等教育的特殊形式提出了自己的看法，对教育哲学体系的形成也产生了一定影响。1909年，那托尔普的《哲学与教育学》出版，该书以康德的哲学思想为基础，围绕论理学、伦理学和美学等探究教育问题，以完整的体系和深刻的哲学分析，形成了教育哲学的初建范式，对教育哲学的发展产生了深远影响。

20世纪初，哥伦比亚大学师范学院开设了包括哲学与教育的关系、学校、教学等内容的教育哲学课程。1904年，"美国教育家霍恩（也有书籍将其译为贺恩或豪恩）著有《教育哲学》一书，该书是最先直接使用'教育哲学'作为书名的一部著作"②。作者认为，教育的基础理论在于哲学、心理学、社会学、生物学、生理学等。霍恩十分重视通过实验科学的观点来审视教育，但他也指出，哲学才是决定人们树立何种教育哲学观念的关键所在，进而决定教育观的产生。从体系来看，该书仍然属于教育学的架构和研究范围。在霍

---

① 不同文本中的Rosenkranz被译为罗森克朗茨、罗森克兰兹、罗森克朗兹、罗苏克兰兹，下文除引用内容以外，均采用译名罗苏克兰兹。
② 王坤庆.教育哲学新编[M].武汉:华中师范大学出版社,2010:17.

恩的《教育哲学》一书出版8年后，1912年，美国教育家麦克文纳尔的《教育哲学教程纲要》一书出版，对教育哲学和教育科学的关系进行了分析，"该书试图从哲学认识论和社会观来讨论教育问题，并且第一次明确提出了探讨教育哲学学科性质的必要性。在某种意义上可以说，此乃现代教育哲学的真正开端"①。

三、西方教育哲学学科独立性的开端

20世纪，西方教育哲学在学科意义上开始以显性形态存在，并初步显示出对教育变革的引领和推动作用。"正是在20世纪，教育哲学作为一门独立的学科首先诞生在美国，显示出它是社会改革的思想力量。杜威重要著作《民主主义与教育：教育哲学引论》的问世，标志着教育哲学成为一门独立的学科。"②如果说1886年布莱克特将罗苏克兰兹的《教育学体系》译为《教育哲学》，使教育哲学在名词的意义上开始诞生的话，那么及至1919年杜威《民主主义与教育》一书的出版，标志着西方教育哲学学科化的开始。之所以将《民主主义与教育》作为西方教育哲学学科化阶段开始的标志，一是基于该书的研究及其所产生的客观影响，二是已有研究的共识，而共识的形成建立于客观影响之上。在杜普伊斯和高尔顿看来，作为一门学科的教育哲学既古老又年轻，其古老是因为2000多年前的柏拉图就已经开始思考教育的本质和目标，"说它年轻，是因为直到20世纪，教育哲学才开始作为一门独立的学科崭露头角。更确切地说，杜威是系统研究教育哲学的第一人，自杜威之后，教育哲学才成为被人们研究关注的对象"③。

20世纪初的美国有着特殊的时代背景，实验科学的进步、工业革命、民主主义的发展都对社会生活产生了深远影响，引发了教育领域的变革，催生了实用主义哲学及其影响下的教育哲学的诞生。毫无疑问，时代的变革带来

---

① 王坤庆.教育哲学新编[M].武汉:华中师范大学出版社,2010:17.
② 王长纯.20世纪与西方教育哲学(论纲)[J].外国教育研究,1995(4):1.
③ [美]杜普伊斯,高尔顿.历史视野中的西方教育哲学[M].彭正梅,朱承,译.北京:北京师范大学出版社,2008:1.

新机遇的同时也带来了新挑战，而教育能够帮助人们更好地应对这些挑战。这不仅体现在柏拉图的《理想国》中，也体现在卢梭的《爱弥儿》中，更体现在杜威的《民主主义与教育》中。杜威的《民主主义与教育》无疑是西方教育哲学历史上浓墨重彩的一笔，其基于实用主义哲学对教育的分析，不仅对教育理论的发展产生了深远影响，而且推动了美国教育实践的发展。杜威的教育哲学及其影响生动有力地说明了教育实践需要教育哲学，教育哲学也需要回到教育实践中加以运用并接受检验。柏拉图和杜威这两位在教育哲学发展史上具有里程碑意义的教育家、哲学家，各自面临四分五裂的城邦和工业化时代带来的变革，于时代境遇和个体经验的交集中萌发了对教育的种种设想与思考。这些设想与思考，一方面，是由于教育自身的重要性所致；另一方面，也与个体对时代境况的思考和体验息息相关，由此出现了西方教育哲学的百家争鸣。

四、西方教育哲学流派的演变

哲学是"爱智之学"的观点虽广为人们认同，但也有很多人认为哲学是一门让人越来越糊涂的学问，就好像在一间漆黑的屋子里寻找一只黑猫。哲学自身的定义尚无法在学界达成共识，更遑论通过研习哲学获得关于其他问题的答案和真理。这难免让人对哲学存在的合理性产生怀疑，但同时我们也不得不承认，正是哲学的这种不确定性推动着人们不断去寻找新的答案。自然，哲学的这种特性也反映在教育哲学的发展历程中。

任何一门学科从产生、形成到发展，再到学界的认同，都需要一个过程，西方教育哲学也不例外，其产生的源头远可以追溯到柏拉图。20世纪四五十年代，美国全国教育研究会在其所编辑的教育哲学年鉴中，对实验主义、理想主义、马克思主义、存在主义和逻辑经验主义等流派的观点进行了总结，试图在深入分析人与教育关系的基础上，进一步明确教育的发展方向。直至1964年，大英百科全书才将教育哲学作为专门的条目列入其中。到了20世纪70年代，大部分的百科全书都有了教育哲学的一席之地。

在《二十世纪西方教育哲学》一书中，作者依据已有研究成果将20世纪的历史划分为三个阶段，梳理了西方教育哲学的主要流派：第一阶段（第一次世界大战前）主要有永恒主义、浪漫自然主义、实证论（经验论）、唯心论四个流派。第二阶段（两次世界大战期间）主要有精神科学、实验主义、要素主义以及新实在论四个流派。第三阶段（第二次世界大战后）既有前两个阶段延续下来的流派，也有适时出现的其他流派。以人的危机为主题进行划分，主要有存在主义、教育人类学两大流派；以现代社会变化为主题进行划分，主要有永恒主义、要素主义、新保守主义、改造主义流派，以及国际理解教育、和平教育等新的教育思潮。从科技革命这一主题来看，主要有实验主义（康茨）、逻辑实证主义、结构主义等科学主义范畴的流派。[1]

1955年，美国教育史学家布鲁贝克针对教育的现实困境，提出了教育哲学可以发挥作用的六大问题域，即教育目的的不清晰和诸多冲突、科学质量标准的缺乏、教育之于民主社会的非确定性、学生自由与权威之间的冲突、学生自由与管理之间的冲突，以及学校教育的世俗化倾向。变革的时代需要思维方式的更新，教育哲学关注教育现实但不止于现实，同时还将目光转向解决教育问题的更多可能性和更远的未来。这一时期，西方教育哲学最为显著的一个特点是不同主义的流派林立，有自然主义、实用主义、进步主义、永恒主义、要素主义、改造主义、存在主义、分析哲学等。在美国教育哲学发展的过程中，存在主义和现象学都产生了重要影响。

有研究者将美国教育哲学的发展分为以下三个阶段：一是20世纪50年代初—60年代中期的存在主义阶段，二是20世纪60年代中期—70年代中期的存在主义的现象学阶段，三是20世纪70年代中期以后以日常语言哲学方法与现象学描述方法的结合为特征的解释学阶段。[2]如果说在20世纪五六十年代，美国的教育哲学遵循了演绎的研究路线，即根据某种哲学体系及其观点探究对教育产生的可能影响的话，那么及至20世纪90年代，教育哲学呈现出一种如

---

① 崔相录.二十世纪西方教育哲学[M].哈尔滨:黑龙江教育出版社,1989:15-29,36.
② 李立绪.存在主义和现象学对美国教育哲学的影响[J].教育研究与实验,1987(1):63-68.

同教育本身一样复杂多变的发展趋势。人们认为，演绎的教育哲学研究对哲学来说意义不大，对教育问题的解决来说则不够具体和明确。人们更加关注哲学界的不同观点和方法，试图在错综复杂的教育哲学研究中寻求一种平衡的观点，而不是非此即彼。

有意思的是，在西方教育哲学各流派中，哲学观点不一致的，教育哲学观点可能会趋向一致；哲学观点一致的，教育哲学观点可能存在分歧。如同属精神科学教育哲学流派的代表性人物，诺尔提倡"自律的教育学"，李特却强调文化与人相互作用的"文化教育学"，斯普朗格则将教育视为文化传递的过程，注重对人内在性的唤醒。欧洲大陆的教育哲学成长于启蒙传统的遗产之中，基于启蒙的哲学立场，视教育为培养理性人、社会人的活动，教育的进行也是启蒙的开展。"西欧教育哲学的特点就是对教育问题进行一般性讨论。对教育哲学实践不同中心的一个更密切的观察立即揭示出一个错综复杂的图景。一些学者继续沿着传统的道路，几乎什么都没有改变。"①在这些哲学传统中，有的是以哲学观点和主张命名的，如批判—解放的立场。还有的则是以教育哲学家的名字命名的，如维特根斯坦的立场。

对于英国来说，有学者认为，20世纪40年代以前的英国教育哲学属于"规范教育哲学"②。规范教育哲学家们从各自的哲学立场出发，对教育、知识、教育目的等问题做出了自己的回答。尽管由于观点的冲突，以及缺乏经验上的证实而受到人们的质疑，但其研究内容为后来分析教育哲学的发展提供了基本范畴。

德国的教育哲学则是另一番风景。彭正梅等在《教育哲学指南》一书的译者前言中，以《理性的狡计：德国教育（哲）学发展中的五次危机及其因应》为题对其进行了梳理，指出："德语世界中存在着'普通教育学'现象，这种'普通教育学'大致相当于英美的教育哲学。"③并对启蒙教育学、精神科

① [美]菲利普斯.教育哲学[M].石中英,等译.重庆:西南师范大学出版社,2011:43.
② 石中英.20世纪英国教育哲学的回顾与前瞻[J].比较教育研究,2001(11):1.
③ [英]兰道尔·库伦.教育哲学指南[M].彭正梅,等译.上海:华东师范大学出版社,2011:译者前言1.

学教育学、经验教育学及批判主义教育学的发展与危机，教育学学科地位的危机及实践教育学的兴起进行了总结和分析。及至杜威的实用主义在德国再次兴起时，也影响了哈贝马斯等人，显示了教育学的德国传统与美国传统的合流。[①]

第三节　西方教育哲学的发展认知[②]

对西方教育哲学流派划分和研究范畴的梳理，一方面，是为了在历史脉络中更为清晰地把握其发展变化的轨迹，明晰不同流派之间的前后更迭与思潮演变；另一方面，在时间之维中，充分认识社会、文化等因素对教育哲学影响的重要性。流派划分，是西方教育哲学在发展过程中的积淀和外显；研究领域，是西方教育哲学研究问题的聚焦和折射，体现了人们在元研究层面对那些带有普遍性的教育基本问题的共同把握。隐含于其中的，则是不同学者的哲学立场和价值取向，它们或者体现为保守与自由的二元张力、传统与现代的交锋，或者体现为多元与共识的并存，共同推动了西方教育哲学的发展与变迁。

一、西方教育哲学的流派划分

中外教育学界存在一种较为普遍的认识，那就是基于哲学基础的不同，将西方教育哲学划分为不同流派，为相关研究的开展提供了一个共同的学术语境和范畴。在其发展历程中，不同流派相互理解，彼此吸纳，正如美国新实用主义的代表人物理查德·罗蒂所言："一种健康的哲学不把建构知识的基础作为出发点，而是把自身看作一种哲学活动，是文化对话的组成部分，其

---

① 　[英]兰道尔·库伦.教育哲学指南[M].彭正梅,等译.上海:华东师范大学出版社,2011:译者前言30.

② 　本部分内容以《西方教育哲学的体认与断想:兼论中国教育哲学研究》为题发表于《当代教育文化》2021年第6期,第11-16页.

中，知识并不是科学家和哲学家所描述的事物的本质，而是相信自己的言行建立在目前最佳认知标准之上的权利。"①在此过程中，对话的开展、标准的变化，使教育哲学的理论研究和讨论持续进行，进而挑战传统的、固有的教育思维方式，以有创见的、有益于教育发展的视角来思考问题。一部西方教育哲学发展史，就是一部不同主义与流派的争鸣史。

继20世纪初实用主义教育哲学之后，永恒主义、新托马斯主义、改造主义、人本主义、逻辑经验主义、实证相对主义、存在主义、结构主义、行为主义、现象学、诠释学、西方马克思主义、批判主义、后现代主义等教育哲学流派纷纷涌现。在此期间，西方教育哲学的一个重要转变是分析教育哲学的发展及其影响。分析教育哲学的出现，使西方教育哲学由体系、主义之争转向对语言的综合与分析。20世纪40—60年代的20年间，西方教育哲学在理论和实践两个层面都取得了显著进步。于理论，围绕分析教育哲学的批判如火如荼，各种主义争奇斗艳，对教育哲学的性质、研究对象、研究方法的不同争论和见解纷纷盛开在教育哲学的思想园地之中；于实践，对教育改革、课程设置、师生关系构建等方面都产生了不同程度的影响。

主义是一种对教育的信仰和分类的方式，这意味着在研究方法的选取、教育目的的确立和价值选择等方面会有所不同，体现了各流派思考教育问题、表达教育见解的不同理论旨趣与实践追求。"建构教育哲学的常用方法是从一些哲学立场，如理想主义、现实主义、托马斯主义、实用或者存在主义出发进行推论。"②不同主义背后隐含着不同的哲学立场和教育意蕴，反映着教育观念、教育理想和教育现实之间的张力与融合。"如果没有历史和传统在当前的延续，理解便是不可能的。理解是在语言所传载的文化背景中才得以可能。"③各流派基于历史的、哲学的传统，对教育的本体论、认识论、价值论、方法论等问题，表达了不同的理解和观点，进而拓展、深化着西方教育哲学的认知范

① ［美］奥兹门，克莱威尔.教育的哲学基础[M].石中英，邓敏娜，等译.北京：中国轻工业出版社，2006：139.

② ［美］菲利普斯.教育哲学[M].石中英，等译.重庆：西南师范大学出版社，2011：31.

③ 金生鈜.理解与教育：走向哲学解释学的教育哲学导论[M].北京：教育科学出版社，1997：43.

畴和研究领域，推动了西方教育哲学在存在形态上的变化。

二、西方教育哲学的存在形态

当教育哲学发展到一定阶段时，自身的存在样貌和表现形式就会自然而然地走进人们的学术视野，进而以显性形态引发研究者的关注。如果说流派划分主要针对教育哲学的存在基础而言，那么存在形态则反映着教育哲学研究领域的变化和服务对象的动态发展。20世纪60年代，作为一门学科，西方教育哲学开始在教育领域拥有了一席之地。在美国全国教育研究会1981年编辑的年鉴《哲学与教育》中，从课程论、教学论、认识论、美学、逻辑学、伦理学、社会哲学、科学哲学和形而上学等具体研究领域对西方教育哲学的发展进行了介绍。[1]

如果说上述观点是从具体研究内容方面反映了西方教育哲学的存在形态，那么个人的、公共的教育哲学则是从应用范围进行的划分。"八十年代后期，英国处于'可能的公共教育哲学'发展阶段，所谓公共教育哲学在索尔蒂斯那里与'个人教育哲学''专业教育哲学'相对而言。"[2]从应用取向来看，英国教育哲学家们对教育政策进行分析，试图使教育哲学在公共教育政策的咨询、制定方面发挥作用。个人的、专业的、公共的这三种不同导向的教育哲学，在各自的鼎盛时期都居于主导地位。当然，这并不是说另外两种教育哲学毫无痕迹地退出了历史舞台，它们仍然在发挥一定的作用，只不过较之彼时居于主导地位的教育哲学，其影响不是那么引人注目而已。从英国教育哲学的上述转向可以看出，教育哲学本身既要有明晰的概念和研究内容，又要走下形而上的神坛，关注来自教育实践的呼声。不仅要以学术形态存在于专门的研究机构和研究共同体之间，而且要走向大众，成为教育一线工作者的教育哲学。

当教育的基本问题经由理性的提炼与总结走进教育哲学的研究世界后，

---

① 王佩雄.当代西方教育哲学发展情况简介[J].外国教育研究,1984(1):58.
② 石中英.20世纪英国教育哲学的回顾与前瞻[J].比较教育研究,2001(11):4.

就呈现出相对的普遍性和稳定性，但其具体表现会随着时代的发展而变化，在形而上的共相中体现了国别与文化的殊相。作为研究常态化的一种体现，无论是出于概念的厘清和界定，还是对其内涵的认识和丰富，不仅表征着西方教育哲学发展史上的"芳林新叶催陈叶"，也是教育哲学思想的"流水前波让后波"。这种智慧拷问向我们展示了教育哲学深处的奥秘，折射出教育理论的发展和教育实践的进步，或者说，当个人的教育哲学从经验和实践层面上升到专业的教育哲学层面之时，体现了其存在的原初形态和学术进阶。那么，公共的、实践的教育哲学在一定意义上可以说是其在更高层次上的复归形态。经历了由个人的、专业的教育哲学向公共的教育哲学转化，再由教育哲学的公共议题回归到个人和专业层次的深入思考。这样的复归，一方面，体现了教育哲学研究落脚点的不同；另一方面，也体现了对教育哲学、教育问题的关注点的不同。正如杜普伊斯和高尔顿在《历史视野中的西方教育哲学》一书中所说："对'教育哲学'概念的若干定义或许会有助于对各种教育哲学进行分类。然而，一个最根本的难题是，对这些'哲学'和'教育'的定义本身就是书中对立双方争论的焦点。"[①]这些争论集中体现在对教育、学校、知识、人等基本问题的看法和分析上，在不同维度和立场中呈现了西方教育哲学的二元张力。

三、西方教育哲学的二元张力

有关人的认识是西方哲学的历史传统，近代哲学之父笛卡尔的身心二元论一度形成了西方哲学史上的二元对立格局，体现了理性主义与经验主义两大流派之间的谁与争锋，将知识的普遍性与体验性纳入了哲学的思考范畴。而教育，作为人类社会发展进程中一个重要的活动领域，它所传授的知识具有一定的普遍性，又因个体生命的差异对此有着极为丰富多样的体验，这种体验来自教育活动的各个方面。当人类对教育的认识发展到一定阶段后，就

① [美]杜普伊斯,高尔顿.历史视野中的西方教育哲学[M].彭正梅,朱承,译.北京:北京师范大学出版社,2008:3.

需要依靠人的理性和思维建立新的知识体系。这既是一个知识领域自身发展的需要，也是时代的召唤和要求。于此，教育哲学不仅要回答教育的基本问题是什么，还要说明对教育基本问题的有关认识是如何获得的，为什么应该是这样的认识而不是其他的认识。正是在此意义上，西方教育哲学在时光的隧道中体现了传统与现代的交锋，在哲学的立场中凸显了保守与自由的对抗，在对基本问题的探索中呈现出多元与共识并存的局面。

（一）传统与现代

有研究者认为，传统的教育哲学，泛指20世纪以前的教育哲学流派，主要包括观念论、实在论和经院哲学。①流派林立的现代西方教育哲学主要是指传统教育与现代教育两种教育思想，而不仅仅是时间上的划分。前者主要是指西方近代以来以赫尔巴特为代表的教育思想，后者主要是指以杜威为代表的教育思想，包括进步主义等教育流派在内。②在英国学者兰道尔·库伦主编的《教育哲学指南》一书中，则将苏格拉底、斯多葛学派、犹太教、奥古斯丁、人文主义、启蒙自由主义、卢梭、杜威、康德、黑格尔、浪漫主义学派、批判理论、分析运动、女性主义、后现代主义等代表性人物或流派的观点，纳入历史和当代的教育哲学思潮范畴中进行梳理。

在这样的一个认识维度内，西方教育哲学传统与现代的分野，体现了不同派别的哲学基础与核心精神。哲学经历了一个由传统到现代的转变，建基于此的西方教育哲学也经历了相似的过程。美国教育家泰勒认为，教育哲学由传统到现代的转变主要体现在以下两个方面：一是关于哲学的争论。在传统教育哲学看来，哲学是一门可以借鉴的学问；现代教育哲学则认为，对于教育哲学而言，哲学最重要的地方在于它的方法。二是关于理论与实践的争论。传统教育哲学认为，教育的结论既然来自哲学观点的推断，那么哲学就成为教育实践的基础和源泉。③如此一来，实践与理论的关系就被颠倒了，理

---

① 简成熙.教育哲学理念、专题与实务[M].台北:高等教育文化事业有限公司,2004:28,30.

② 黄济.教育哲学通论[M].太原:山西教育出版社,2009:199.

③ 陈友松.当代西方教育哲学[M].北京:教育科学出版社,1982:167.

论成为实践的来源，而现代教育哲学与此相反。

也有学者基于时间维度，提出过程教育哲学和未来主义教育哲学。怀特海的过程教育哲学强调应在过去、现在和未来三个维度中把握教育，其中对现在的把握与理解又最为关键。他注重有机整体的存在和知识的综合运用，从其哲学命题来看，一切事物均处于发展变化且内在相关的过程中，而过程意味着创造、自由、历险和无数的可能性。[①]未来主义则是20世纪60年代在西方出现的以未来为研究对象的一门学问，不仅涉及政治、经济、文化等方面，而且在很大程度上与教育问题密切关联。由此引发了人们对教育发展如何适应未来的思考，从而发展成为未来主义教育哲学。[②]此外，"如果按唯物主义和唯心主义的标准进行划分，西方教育哲学大都属于唯心主义体系，有的是客观唯心主义，有的是主观唯心主义，或者是二者的混合体"[③]。如果在科学与人文的分野中来审视西方教育哲学，"永恒主义、存在主义教育哲学流派代表'人文精神'，进步主义、要素主义、结构主义等教育哲学流派则代表着科学精神"[④]。

（二）保守与自由

杜普伊斯以人是什么、如何认知、什么是真理、什么是善四个哲学问题，以及学校的目的、教什么、如何教、如何评价学生、如何协调自由和纪律五个教育问题为主线，根据不同的回答，将自柏拉图以来的西方教育哲学家及其思想体系划分为保守主义和自由主义两大派别。[⑤]作为保守主义的先驱，柏拉图的教育哲学思想在西方教育哲学发展史上产生了深远影响。随着社会环境和教育自身的发展变化，保守主义受到了来自各方的挑战，尤其是杜威的

① 曲跃厚，王治河.走向一种后现代教育哲学：怀特海的过程教育哲学[J].哲学研究，2004(5):85-86.

② 陆有铨.未来主义教育哲学[J].山东师范大学学报(社会科学版)，1988(6):5.

③ 黄济.教育哲学通论[M].太原：山西教育出版社，2009:205.

④ 张乐天.西方当代教育哲学对西方教育变革的影响及其借鉴意义[J].教育理论与实践，1994(1):59.

⑤ [美]杜普伊斯，高尔顿.历史视野中的西方教育哲学[M].彭正梅，朱承，译.北京：北京师范大学出版社，2008:74.

自由主义哲学对保守主义形成了强烈的冲击。

哪里有新思想的冲击，哪里就有对新思想的质疑，新保守主义也通过驳斥杜威的观点来捍卫自己的理论阵地。在他们看来，杜威所倡导的价值观是短暂的、肤浅的。所谓灵活多变的课程，因过于强调当下兴趣而忽视学科的内在逻辑，存在很多弊端。他们认为，应基于理性主义教育哲学来建立课程。在如此的争鸣与对立中，一些新保守主义也被冠以唯心主义、新托马斯主义、新人文主义的称号，反映了西方教育哲学流派的复杂性。

已有对西方教育哲学的认识与其关注的基本问题及其回答密切相关，在认识的维度和内容上也有一定的交义。比如在传统和现代、科学主义与人文主义的划分中，也是以流派的形式来呈现不同教育哲学主张的。一些著名的哲学流派和哲学家或者形成了自己的教育哲学，或虽无直接的教育观点，其相关理论却被教育研究者广泛地应用到教育哲学研究中去。前者如杜威的实用主义哲学和他的民主主义与教育，后者如存在主义教育哲学。那些重要人物及其观点、著作在整个西方教育哲学的发展历程中留下了浓墨重彩的一笔。当我们走进教育哲学的世界时，应撷其精华，深入研读、思考这些教育哲学流派中所承载的理论光芒和思想结晶。从具体的发展过程来看，一是结果性存在，主要体现在不同流派的形成及其代表性著作的出版上；二是过程性存在，主要反映了西方教育哲学自身的发展动态、实践影响，以及在批判反思中取得的创新与进步。因此，对于西方教育哲学的梳理，既需要纵向的动态把握，又需要横向的跨空间比较。如果说纵向研究让我们在时间的历程中清晰地把握了其变迁的一面，那么横向研究则突出了时代背景、哲学基础的作用，体现了西方教育哲学发展过程中多元与共识的交响。

（三）共识与多元

这里所说的共识具有两个层面的含义：一是西方教育哲学研究领域和基本问题的共识。在其发展历程中，不同流派基于社会的历史变化、人的现实生存与发展需求等宏观与微观的背景，围绕教育哲学的学科性质、教育目的、教育价值等问题进行了探索，体现了西方教育哲学学术脉络的延续性。比如相对于以赫尔巴特为首的传统教育思想来说，要素主义、永恒主义、新托马斯主义这三个学派从不同角度对杜威的实用主义教育哲学提出质疑，被称之为西方教育史上的新传统教育派。那么，"新"在哪里呢？"新"在对赫尔巴特传统教育思想的继承和更新上，这三个学派都从不同的维度强调了教师的重要作用，其批判与建构体现了对教育领域基本问题的自由探索。二是不同流派对哲学的借鉴和吸收。无论是归纳还是演绎、综合还是分析，无论是理论体系的构建还是具体内容的探究，西方教育哲学的研究和发展，都不可能离开哲学而独自进行。正如一棵树在生长的过程中需要新鲜的空气、充足的阳光，也需要适宜的水分和土壤一样。教育哲学扎根于教育大地，但这并不妨碍它从哲学等学科借鉴、吸收养分。特别是西方哲学中关于人、生命、死亡等问题的思考，对西方教育哲学产生了深远影响，在永恒主义、进步主义、实用主义、分析主义、存在主义等不同流派的形成与发展中，均能看到不同哲学的根基所在。

所谓多元，主要是指不同教育哲学流派的存在与发展，以及各自的观点表达与理论体系的呈现。"教育哲学，同教育社会学等学科一样，在西方师范学院或教育学院中站下脚跟，是在本世纪六十年代。"[①]此时的西方教育哲学由于社会动乱而受到学生的青睐，竟因祸得福。于自身的发展而言，虽缺乏了知识的系统性与连贯稳定性，却也因此充分体现了教育哲学的个性化色彩。彼时，现代科学的研究成果也在教育领域发挥了独特的作用，皮亚杰的发生认识论使人们更加关注道德、伦理等问题对教育所产生的影响，并且深化到职业道德等具体领域。人们越来越意识到，对于意欲从事教育工作的人来说，无论是管理方面还是教学方面，都需要教育哲学方面的学习与训练。

四、西方教育哲学的发展特质

受时代背景、哲学基础等多种因素的综合影响，西方教育哲学在传统与现代、保守与自由的争锋中实现着自身的丰富和发展。在这样的一个过程中，

① 王佩雄.当代西方教育哲学发展中的若干问题[J].教育评论,1986(1):77.

面对教育领域基本问题所提出的理论挑战与实践困境，西方教育哲学围绕教育目的、课程内容、教师角色、教学方法等进行思考和探究，进而表现出一些共同的发展特质。对其发展特质的理解与把握，有助于我们在历史与现实的统一中去解读不同流派，从不同维度去理解其存在的价值与意义。

（一）历史性

从西方教育哲学的发展历程来看，它形成于特定的哲学土壤和国别之中，所处的时代、社会和文化环境制约着其思想体系的建构和观点的表达。正是在历史的变迁中，凸显了西方教育哲学的时代精神。当人们开始探究以往的教育哲学时，就赋予了其存在的正在进行时态。以进步主义教育哲学为例，这一流派受实用主义和达尔文进化论的影响，倡导基于行为科学研究的新成果开展教育活动，曾经在美国教育界表现出了极具革命性的影响力。及至20世纪30年代，随着经济危机的发生，进步主义的影响逐渐式微。特别是在苏联发射第一颗人造卫星以后，人们认为美国教育失败的原因就是进步主义提倡的儿童中心论所致，遂对其批评加剧，掀起了反对进步主义的高潮。

与古希腊唯物主义哲学家、英国经验论，以及孔德派实证主义密切相关的分析教育哲学，重在清思、批判，对传统教育哲学的概念、命题、范畴等进行了语义上的分析，一定程度上起到了规范教育哲学和教育科学的作用。这一流派在20世纪六七十年代的美国和英国都得到了快速发展，美国以谢弗勒为代表，英国以彼得斯（又译皮特斯）为代表。正如任何事物都有其两面性一样，分析教育哲学的优点恰恰也成为它备受批评的缺点。人们认为，分析哲学已经与教育的中心问题渐行渐远，其影响主要存在于理论领域和教育研究者之中，对于实践领域和教师的影响则微乎其微。关键是，对分析教育哲学的质疑不仅来自外部，甚至来自内部。分析教育哲学家索尔蒂斯就认为，分析哲学不能有效地推动价值论等哲学问题的讨论，据此所建立的教育哲学理论也不够深刻和充分。教育哲学家们逐渐意识到，他们的研究相对于以往的教育哲学来说，在一定意义上是新瓶装旧酒的问题。虽属于教育问题，但与道德哲学、社会哲学密切相关。由于价值中立带来的障碍、研究方法的形式化，以及分析哲学自身的影响日趋式微，导致了分析教育哲学的影响渐趋衰落。旧的主义逐渐削弱，新的主义则开始崭露头角。在对立与争鸣中，西方教育哲学不同流派的影响此消彼长，在理论研究和实践领域中留下了属于自己的思想痕迹和历史流变，展现了其开放性的一面。

（二）开放性

教育形势的变化和问题的出现，总会推动教育哲学流派的变革与更迭。如果一种教育哲学不能有效地指导教育实践、解决教育问题，无法引导人们获得观察问题的新视角，就需要对其加以补充或修正。此时，往往是新的教育哲学流派出现的契机。当进步主义教育哲学的影响日益衰弱时，要素主义对儿童的兴趣说提出质疑。改造主义则坚持教育应该助力于社会的改造，以解决时代的危机。20世纪50年代中期，美国教育哲学家弗兰肯纳则提出了规范教育哲学的概念，与思辨教育哲学、分析教育哲学分庭抗礼。规范教育哲学家从各自的哲学立场出发，对知识、教育目的、教育等问题做出了自己的回答，却由于彼此观点的冲突，以及缺乏经验上的证实而受到人们谴责，但是其研究内容为后来分析教育哲学的发展提供了基本范畴。

任何一种教育哲学都不可能凭一己之见预见教育实践的所有情形，尤其是在如此变化多端的一个时代。唯一可以确定的事情就是，变化的时代与教育需要革新性的教育哲学理论和思维范式，需要教育哲学不断地对自身进行质询和挑战。从《教育哲学期刊》（大不列颠教育哲学学会的机关刊物）2007—2011年发表的文章来看，英国教育哲学的研究除了对教育哲学研究方法、教育研究与政策的关系等重要旧议题的思考外，也有对儿童哲学、学习的新哲学等具有时代意义的专题探究。[①]西方教育哲学由依附于哲学到独立存在，由专业领域到公共领域，由形而上的理论探索和概念分析到形而下的教育改革和教育实践，由一种教育哲学流派的衰落到另一种教育哲学流派的兴起，反映了研究内容的拓展深化，充分体现了西方教育哲学的批判性。

---

① 陈伊琳.英国教育哲学新近研究趋势:《教育哲学期刊》(2007—2011)研究主题分析[J].教育学术月刊,2018(2):10-21.

（三）批判性

教育哲学不仅是人们认识教育问题的一种方式和结果，也代表着一定时期人们对教育基本问题所达到的认识程度和水平。这种程度和水平关系人们是否真正把握了教育规律，是否真正认识到了教育领域中存在的种种问题及原因所在，是否找到了行之有效的解决方法。西方教育哲学的哲学属性决定了它的批判性，无论是对已有理论的借鉴和继承，还是对新理论的创造与构建，批判都是一个不可或缺的重要因素。批判，意味着对批判对象现有局限性的分析，以及对超越局限的可能性构建，体现了"一种理性怀疑精神，一种辩证否定性精神，一种不故步自封，不囿于前见，不受已有经验、常识、观念、理论、知识和视域限制自己追求新知以及不被外在的权威泯灭创造的超越性精神"[①]。这种批判既是对以往的超越，也是教育哲学得以进一步发展的必经之途。

从发展的角度而言，西方教育哲学的批判不仅有对现实教育问题的反思，也有不同流派之间的争鸣。在教育目的上，改造主义教育哲学就对进步主义教育哲学的当下目的说进行了批评，而当进步主义教育哲学反对传统教育哲学时，要素主义则对其教育观点提出质疑。结构主义教育哲学的代表人物布鲁纳（又译勃鲁纳），也针对杜威的"教育即社会"提出了自己的观点。在布鲁纳看来，知识的结构和问题之间的关系才是教育的重中之重。教育理论中存在分歧，教育实践亦有不尽如人意之处。西方教育哲学的批判性正是在对教育现实问题的分析中，在完善教育理论的过程中逐渐凸显出来的，在对教育问题做出合理解释的同时，也在不同层面和程度上突破了以往的思维方式，实现了研究领域的拓展和逻辑层次的超越与提升。通过对教育问题及其影响因素的分析，解释和建构教育的意义，进而影响教育目的的确立和教育功能的发挥。无论是存在主义、永恒主义、要素主义对实用主义的批判、继承和改造，还是分析教育哲学对教育基本概念的清思和梳理，都在批判的过程中

---

① 王成华.何谓哲学的批判:诠说哲学的批判概念之涵义[J].湖南师范大学社会科学学报，2012(5):31.

体现了西方教育哲学的差异所在。

（四）差异性

由于时代背景、哲学基础的不同，西方教育哲学流派对教育本质、教育目的、教育价值、认知方式、善与伦理等基本问题的认识和回答也各不相同，由此形成了风格迥异的研究范式与观点表达，进而围绕这些基本问题形成了自己的知识网络和独特的理论架构。以对教育的认识为例，在浪漫自然主义教育哲学中，教育是让人自由、自然发展的教育，这样的教育应摒弃对儿童的压迫和束缚，因为教育主要是为了帮助儿童寻求幸福。永恒主义教育哲学则坚持教育的基本原则永恒不变，人性也不变。因此，他们所坚守的道德原则和教育内容、教育目标适用于不同情境下的教育。对于永恒主义者来说，教育的本质就是掌握知识、研读经典著作。分析教育哲学认为教育不仅具有科学性、规范性，也极具分析性，这一流派力图通过对教育领域诸多核心概念的清思，规范教育哲学和教育科学的研究。在存在主义教育哲学看来，教育应服务于每一个个体，帮助人认识他所处的生存环境，过一种有意义的人生。具体来说，教育就是为受教育者提供一种机会，这种机会能够发展受教育者的个体意识、培养其责任感，进而指导其做出符合道德的自由选择。

在实用主义教育哲学那里，教育不是一个静态的结果，而是一个没有止境的动态过程。当学生得到一个学分、修完一门课程，直至离开学校时，也并不意味着教育的终止。教育，是贯穿人一生的活动。它不仅存在于学校之中，也存在于社会、家庭等场所。在西方马克思主义抵制理论者看来，应把研究的焦点集中在学校教育的文化冲突方面，将矛盾、冲突、斗争、抵制放在重要的位置。西方教育哲学在不同时期对社会和教育的需求做出了相应的回答，在对哲学传统、教育传统的兼收并蓄中不断超越自身，在一种持续性的反思中向人们展示了一个更加多元的教育世界。

（五）反思性

教育哲学基于一个全局的、联系的视角，力图在教育与人、教育与社会、知识与人之间建立起一种合理的关系网络。尽管这些问题由来已久，但没有一个确切的答案。时至今日，人们仍然在不断地思考这些问题。在历史的流变中，西方教育哲学也从未停止过对自身的反思，主要涉及三个方面：一是对已有教育哲学理论及观点的反思，即以教育哲学为对象的反思；二是对教育哲学研究范式和研究方法的反思，不仅反思思想，而且反思构建思想的方式和方法；三是对教育实践的反思，教育实践是复杂的，这样说并非刻意强调教育的重要性，而是说，教育作为一种公共事业，学校作为一种公共空间，教师作为公共知识分子，大到教育的长远战略规划，小到一所学校课程体系的设计与教学活动的开展，无不与政治、经济、文化等社会子系统有着直接或间接的联系，特别是教育所面对的是拥有无限可能和潜在发展空间的生命个体。因此，对于教育这样一种极其复杂的实践来说，仅仅有体悟和发现是远远不够的。我们还必须理解这些体悟和发现的意义，挖掘出隐于其中的思想内涵，并将其提升到理论的层次加以系统化，而后再返回到教育实践中加以检验。如此循环往复，在理论和实践的交替作用中实现教育哲学的进步。

也有研究者认为，20世纪西方教育哲学呈现出如下特征：一是运用经验、实在、文化、结构等概念统合或调和了古近代相对立的唯心论和唯物论；二是导致了唯科学主义与人文主义的对立，集中体现为美国分析教育哲学与传统教育哲学、实验主义与逻辑主义的对抗；三是个人至上价值观与社会至上价值观的博弈；四是对时代性的把握与超越，以及对经验科学研究成果、研究方法的借鉴；五是在批判与对话中形成了多个流派的并存局面，体现了西方教育哲学的开放性与革新性。①

总体而言，西方教育哲学的发展融时代发展、学术研究和生命体验于其中，在社会的变迁与思想的碰撞中呈现出传承相继、扬弃发展的学术生态。无论是保守的理论，还是激进的观点，都增进了人们对教育的认识和理解，推动了对教育问题的讨论和探究。在这些流派的发展中，存在着一些共同的影响因素：一是时代背景，即基于纵向的历时性维度考察其产生、发展、变

---

① 崔相录.二十世纪西方教育哲学[M].哈尔滨:黑龙江教育出版社,1989:10.

迁的时代因素。二是哲学基础。哲学基础的影响突破了地域限制，在不同国家形成了以同一哲学语境为基础的流派。如永恒主义的代表人物既有在美国耶鲁大学工作的阿德勒，也有英国的古典主义者利文斯通爵士；存在主义的代表人物既有丹麦的哲学家克尔凯郭尔，也有德国的尼采和海德格尔。空间的不同并没有影响其在哲学思想上的共识，而生活在同一国度的教育哲学家亦有不同的观点和主张。三是社会环境。进步主义对传统教育重视机械学习、被动训练的质疑，就反映了特定时代的个人主义倾向。应该说，进步主义重视教育与儿童兴趣的结合，重视儿童学习的主动性，重视教师的指导性作用而非命令，强调问题的解决而非灌输式记忆等主张，是具有积极影响的。然而，在苏联发射人造卫星之后，进步主义又因倡导以儿童为中心而让自己陷入被批评的境地。

同一流派的不同聚焦和观点阐释，展现了西方教育哲学的个性化探索和发展性研究。这其中，有观点的分歧，也有思想的继承。基于批判质疑基础上的生成与创新，体现了教育哲学自身的开放性与研究视野的拓展；基于生命体验基础上的阐释与反思，则体现了研究者自身经历和所处时代的影响。这种体验有对时代的认知，也有对教育哲学本身的思考，皆因个体生命的独特感受而充分体现了教育哲学的多样性。

第二章 西方教育哲学在中国传播的背景与历程

　　教育哲学的产生与发展以特定的社会背景为基础，在时间的流变中呈现出时代性的差别。从发生学角度而言，中国教育哲学与哲学、社会学等学科一样，属于舶来品，产生于"西学东渐"的浪潮中。因此，梳理西方教育哲学在中国的传播和影响，也需对其传播的时代背景和历程进行回顾。

第一节 西方教育哲学在中国传播的时代背景

　　西方教育哲学在中国的传播，经历了从引进到借鉴、从语境到文本、从理论到实践的过程。在此过程中，无论是星星之火，还是燎原之势，其传播皆与中国社会的发展历程和教育自身的发展逻辑有着密切关联。作为一种文化交流和学术现象，西方教育哲学在中国的传播有其必然性和必要性。"传播包括技术、政治以及社会文化条件三个层面，最后一个需要最复杂的过程且需要最长时间得以建立。"①从传播学的角度来说，任何事物在传播过程中所涉及的基本要素都处于一种相互影响、相互制约的环境中。为此，我们从时代、学科和教育自身发展状况三个方面，对彼时西方教育哲学传播的客观因素进行梳理。

---

① [法]多米尼克·吴尔敦.另类世界化：基于传播学的思考[M].尹明明，贾燕京，译.北京：中国传媒大学出版社，2013：14.

一、时代主旋律："西学东渐"浪潮的推动

早发内生型、后发外生型这两种不同的现代化类型，在不同国家和地区有先后、快慢、顺利与曲折之别。中国现代化帷幕的拉开，则属于后者。18世纪后半期—19世纪中期，工业化革命的浪潮先后在西欧和北美登陆，紧接着又蔓延到周围地区。中国就是在现代化成为一个全球性的现象时，而被卷入这一过程之中的。近代以降，"现代化"就成为中国社会发展中的关键词。这就意味着中国要向已经实现现代化的西方国家进行学习，尽管现代化的第一步异常艰难，学习仅停留在器物层面，但毕竟已经开始了走向现代化的征程，也为"西学东渐"埋下了伏笔。当国人开始睁眼看世界之后，再回过头来审视自身的发展，深切地感受了与彼时西方现代文明的差距。于外部而言，需要抵制侵略、捍卫国家主权；于内部而言，则需要改变积贫积弱的不利境地。

19世纪中期，在鸦片战争的硝烟中，林则徐等人主张"师夷长技以制夷"，一方面，反对外敌入侵；另一方面，又要引进、学习西方文化，对西方列强侵略的抵抗和深沉的爱国情怀在应对各种复杂的社会问题中交织在一起。以失败而告终的维新变法，爆发于反抗斗争和各种社会矛盾中的武昌起义，在中国现代化的历史进程中留下了独特的足迹。经历了维新变法和武昌起义的中国，在改良与革命中迈开了社会变革的曲折步伐。尽管二者的政治主张不同，但都倡导向西方学习，特别是要学习西方的哲学社会科学。"前者意味着19世纪中叶以来中国现代酝酿阶段的结束，后者则标志着20世纪中国现代化启动时期的开端。全面意义上的西方哲学东渐就是在这个从前者向后者转变的过程中发生的。"①

"西学东渐"是一个漫长的历史过程，最早可以追溯到16世纪利玛窦等人在中国的传教活动。西学的传入与中国的现代化进程紧密相关，由最初的引进介绍、全盘吸收到批判性的选择借鉴与中西会通，历经曲折后逐渐步入健康发展的轨道。如果说器物层面、制度层面的引进与学习为中国的现代化提

---

① 黄见德.20世纪西方哲学东渐问题[M].长沙：湖南教育出版社,1998:19.

供了物质基础和制度保障，那么在文化、观念层面的借鉴则发挥了思想启蒙和精神引领的作用。作为中国现代化进程中一种重要的文化现象，西方教育哲学的传播与中国的现代化事业，既是"开启民智、觉醒民心和振作民族血脉的启蒙运动"[①]的产物，也是教育作为一个社会子系统对中国现代化的一种适应与回应。在外部因素的推动下，中国教育学界开始了与西方教育思想的交流对话，在融合碰撞中省思自身的发展。

二、学科牵引力：西方哲学与教育学的引进传播

作为描述人类社会发展进程特点的一个专有名词，"现代化"有着极其丰富的内涵。它不仅是经济的现代化，更是文化与人的现代化。如果从功利主义的角度来看，经济与科学技术的现代化能够让人立刻见到利益或者成效，文化和思想观念则不然。因此，与经济的现代化相比，文化及思想观念的现代化进程要更为缓慢和曲折，这与文化自身的特性和中华文明的艰难历程有关。每一种类型的文化都有自己的故乡和灵魂，中国的传统文化有它独特的光彩和迷人之处，但是也有源自封建社会的故步自封与墨守成规。客观而言，这样的消极因素在一定程度上成为中国现代化进程的绊脚石。在学习西方的过程中，中国走过了一条先技术、制度再到思想观念的曲折道路，文化的现代化虽然来得晚了一些，但不会不来。一旦人们意识到文化和思想观念现代化的必要性和迫切性之时，这一潮流就会势不可当。毕竟，"冬天来了，春天还会远吗？"

中国教育哲学的建立，从一开始就与西方教育哲学的传播密不可分，西方教育哲学的传播则与"西学东渐"的浪潮息息相关。洋务运动时期，出于实用的政治目的，引进西学的范围主要聚焦在实用性知识的领域，哲学等人文社科领域的知识引进少之又少。20世纪初的中华民族处于内忧外患的艰难境地，生存发展成为亟须解决的重大课题。在这一过程中，无数仁人志士都意识到，对于西方知识的学习引进，不能仅仅停留在技术和制度层面，更应

---

① 王一川,等.西方文论中国化与中国文论建设[M].北京:经济科学出版社,2012:132.

该转向文化与心理层面。维新变法失败后，以孙中山为代表的资产阶级革命派开始为中国寻求新的出路。在洋务派、改良派、革命派的更迭中，有志之士越来越认识到学习西方哲学社会科学的必要性和迫切性。在这种背景的影响下，西方哲学的引进与传播成为中国走向现代化进程中的必然选择，体现了当时社会变革的客观要求，以及中国知识分子为解决这一课题所做出的探索与努力。

彼时西方哲学的引进，从时间上来看，既有现代的学术观点，也涉猎古代和近代的内容；从内容上来看，既有对知识论的涉猎，也有对人生论、社会论的关注；从人物上来看，既有对培根、笛卡尔哲学观点的介绍，也有对康德观点的引介。国人已经意识到，正是培根、笛卡尔等人在哲学思维方式上的变革，才为西方世界的发展带来了新面貌。中国要想获得新的发展，同样也需要思维方式的革新。一些有识之士自觉地承担起了思想启蒙的重任与时代赋予的使命，成为"西学东渐"的重要力量。梁启超、蔡元培等人积极宣传，在介绍西方哲学方面做了很多工作。他们不仅对中国传统哲学有深入的研究，而且在与中国传统哲学的对照比较中分析西方哲学的优劣，力图推动中国传统哲学的变革。

随着传播队伍的增加和传播途径的多样化，有关西方哲学成果的传播数量和质量均有不同程度的提升，传播内容日益丰富。加之传播者的阐释与运用，对民主革命的开展客观上发挥了思想启蒙的作用，也进一步推动了西学的传播进程和速度。彼时，西方哲学的介绍和引进不仅出现在学术期刊上，更是走进了以传播、创造知识为己任的高等学府。杜威、罗素等哲学家受邀来华讲学，将他们的哲学理论介绍到中国，客观上也推进了西方哲学在中国的传播。

1922年，继罗素、杜威来华演讲后，梁启超等人组织讲学社，邀请德国哲学家杜里舒来中国讲学。杜里舒于1922年10月14日到达上海，随后在南京、武汉、北京、天津等地进行演讲。演讲内容由张君劢、瞿世英等人翻译整理为《杜里舒演讲录》，1923年由商务印书馆出版。杜里舒曾在国立东南大学讲授生机哲学、哲学史、欧美新近哲学思潮等课程。1922年10月20日，杜里舒在商科大学演讲生命问题，介绍他的生机主义哲学，演讲的主要内容在《新教育》第4期[①]以要闻的形式进行了报道。1924年，《教育杂志》对当年意大利召开的国际哲学会议进行了报道，"万国哲学会（International Congress of Philosophy）今年五月五日至九日在意大利来勃尔大学（university of naples）举行……万国哲学会内部分为十组：（1）玄学、文学及Gnoselogy（基因生物学）；（2）美学；（3）伦理学；（4）宗教历史及其哲学；（5）法律哲学；（6）科学史及其哲学；（7）心理学；（8）教育学；（9）社会学；（10）哲学史"[②]。1934年，郭湛波在《近五十年中国思想史》一书中对西方哲学东渐进行了系统研究。1945年，贺麟在《当代中国哲学》一书中对19世纪末—20世纪三四十年代西方哲学在中国的传播进行了梳理，并对其传播特点、传播规律以及国内学者在这方面的研究成果进行了讨论和总结。此外，19世纪末20世纪之交，我国学者开始引进、传播马克思主义的经典著作。在20世纪科学与玄学的争论中，胡适主张以科学代替哲学，张东荪则反对将哲学归结为科学的观点，强调哲学与科学的相得益彰。在与自由主义、文化保守主义等思潮的争鸣中，马克思主义哲学逐渐凸显出自身的先进性和优越性。

当时的中国，迫切需要在理论上探索教育的出路，特别是教育思想和教育观念的出路问题，以从教育的角度应对并解决中国社会的变革和发展。已有研究者关注到西方教育史上两大思潮，即人文主义和实用主义，并基于人文知识与实用知识之争、个人与社会之争两个维度，对西方教育史的思潮进行了梳理。指出人文教育偏于少数人和少数科目，适宜于古代社会；及至近代社会受教育者的范围扩大，在内容上要求增加实用的知识，在受教育机会上要实现均等。[③]大体而言，西方教育哲学与西方教育学的传播背景并无二致。"教育学在中国被传播与中国的现代化属后发的外生型有关，也与西方文化在近代的传播先物质、制度后观念有关，而师范教育的兴起则是西方教育学传

---

① 夏承枫.德国大哲学家来华[J].新教育,1922,5(4):194.
② 导之.世界教育新潮:意大利——万国哲学会第五次会议开会地点[J].教育杂志,1924,16(6):25.
③ 镜如.西洋教育史上的两大思潮[J].江苏教育(苏州),1940,复刊号:21-26.

播的直接推动力。"①

三、内生源动力：教育自身发展的迫切需求

西方教育哲学在中国的传播也与教育自身的发展状况密切相关。彼时的中国，要想巩固新文化运动的成果，解救国家于危难之中，没有思想的启蒙是行不通的。在这种情况下，西方教育哲学的引进与传播就不仅仅是学术交流的需要，更是引领教育发展、推动社会进步的时代重任所致。在现代化的进程中，教育的现代化又至关重要，其基础性、战略性关系中华民族未来的命运。

五四运动中民主和科学两面旗帜，不仅带来了思想观念的更新，而且让人们更加清醒地意识到教育担当的重要使命。当时就已经有研究者注意到哲学对教育发展的重要影响，如刘伯明在《以哲学眼光评论我国近今教育趋势》的演讲中谈道："哲学者何？在不研究哲学者视之，为空疏为无用，其所研究者皆迂远而不切于事实。但在研究哲学者视之，则哲学立论莫不根据事实与经验，凭空以造理论者非哲学也。今日与诸君谈教育与哲学，皆就今日教育上最重要之问题，而用哲学眼光以视察之，亦并非凭空玄谈也。"②这段话意在强调，哲学不但不是脱离实际的空谈，而且还与教育最重要的问题息息相关。作者还批评了当时中国学界对西学引入态度的两种极端现象，认为守旧者不知自省，而盲目接受者亦为无理之盲从。

彼时，人们已经认识到了学习西方教育的必要性。有研究者认为，西洋教育的进步主要体现在教育机构、教育主体、教育对象和教育媒介等方面。教育由无意识的活动发展到有目的、有计划的学校教育。相应地，教育主体上也有所进步，即施教者不仅有父母，也有教师，而且后者在一定阶段会取代前者发挥主导作用。教育对象上的进步主要表现在儿童受教育机会的增加，

---

① 侯怀银.西方教育学在20世纪中国的传播和影响[M].长春:东北师范大学出版社,2011:1.
② 刘伯明.以哲学眼光评论我国近今教育趋势[N].吴江中学校校友会汇刊,1923-12-15(2-3).

识字人数不断增多。同时，作为教育媒介的教材、教法也在不断进步。[①]

人们不仅认识到教育的重要性，也逐渐意识到教育的发展离不开教育哲学。20世纪30年代，就有研究者指出："中国教育哲学底内容，如果用一句话来说，不外乎以近代主义、民主主义、民族主义、统一主义、生产主义、军事主义为中国教育方针之一主张了。因为这个主张是中国教育问题之根本上的解决或中国教育底根本问题之理论。"[②]近代主义即基于近代化推动中国在历史、经济、政治、学术思想等方面的发展。民主主义即注重平民教育、普遍教育、识字教育、社会教育，通过启发引导培养人格健全的公民。民族主义意味着要基于本国的实际情形，唤醒民族意识，实现民族的自由和平等。统一主义主要是从教育的内容上阐明统一的历史作用和现实意义，包括其在理论方面的需要。生产主义是说在教育的设备、房屋等方面要力求节约，注重科学教育、技术教育和职业教育的开展。同时，要设立实施军事教育的训练班，增设有关军事知识的教育内容。

特别值得注意的是，在特殊的时期，非教育领域的人也开始关注教育及教育哲学的重要性。如卢心远在《我们需要什么教育哲学》一文中声称："我不是服务于教育界，教育学也不是我的专攻学科，自然不敢冒昧地开张'药方'去凑热闹，这里只想讨论一下教育哲学是什么及其功效的限度如何。"[③]尽管这只是个别观点的表达，但从一个侧面也反映了教育哲学已经日益引起人们的重视。在教育走向现代化的过程中，人们已经意识到教育的发展需要教育哲学的反思与引领，以进一步揭示其发展规律，服务于彼时国家和社会发展的需要。

---

① 杨廉.西洋教育之进步[J].中华教育界,1925(12):1-16.
② 叶青.中国教育哲学概论[J].教育杂志,1937,27(9-10):2.
③ 卢心远.我们需要什么教育哲学[J].思想月刊,1937,1(5):34.

第二节　20世纪上半叶西方教育哲学在中国的传播

　　历史需要铭记，也需要回顾和反思。特别是在教育面临种种机遇与挑战的新时代，这样的回顾与反思，是对百余年来中国教育哲学发展历程和内容变化的再回首。时间，无疑是我们走进历史进程的一个重要维度。西方教育哲学的传播历程，正是以这样一种方式客观存在着，其传播过程与中国教育哲学自身的发展密切相关。"1919—1949年，30年的教育哲学大致可以分为引进（1919—1922年）、初创（1923—1926年）、繁荣（1927—1937年）、低迷（1937—1949年）四个阶段。"[①]有鉴于此，在上述阶段划分的基础上，我们将20世纪上半叶西方教育哲学在中国的传播分为先导阶段（1901—1919）、初始阶段（1919—1927）、繁荣阶段（1927—1937）和低潮阶段（1937—1949）。

　　需要特别说明的是，之所以将西方教育哲学传播的起始时间追溯到1901年，原因有二：一是源于教育哲学知识体存在形式的多样性。"作为知识体的教育哲学有四种存在形式，即指代个人教育思想、指代教育思想历史、指代特定哲学范畴思考、指代以哲学思维方式把握教育和教育知识。"[②]就此而言，我们需要在上述指代范围内对西方教育哲学的传播历程进行梳理。二是源于哲学与教育、教育哲学之间的密切联系。1901年，部分西方哲学家、教育家的思想已经开始传入国内。如果从前学科发展史的角度来看，上述四种形式彼时已经出现在中国教育哲学的世界中。

---

① 冯建军,等.共和国教育学70年·教育哲学卷[M].北京:北京师范大学出版社,2020:1-2.
② 刘庆昌.教育哲学的存在方式[J].山东师范大学学报(人文社会科学版),2013(2):100-103.

一、西方教育哲学在中国传播的先导阶段（1901—1919）

早在1901年，梁启超就在立宪派创办的第一份刊物《清议报》^①上发表《卢梭学案》一文。《教育世界》^②第74号上刊载了《康德之学说》《康德之事实与著作》《康德之知识论》三篇文章，第89号刊载了《英大教育家洛克传》和《法大教育家卢梭传》两篇文章。《教育世界》第89号和第119号分别刊载了《培根小传》《英哲学家霍布斯传》两篇文章，第120、123、126号分别刊载了《德国哲学家康德氏》《康德伦理学及宗教论》《康德详情》三篇文章。《大同周报》^③第1期刊载了《英国大哲学家洛克教育论、卢梭民约论释叙》一文。1903年的《新民丛报》^④上先后刊载了《笛卡尔之怀疑论》《近世第一大哲康德之学说》两篇文章。同年，《大陆报》^⑤第2期刊载了《德意志哲学家列传》一文。

王国维在《哲学辨惑》一文中指出："尤可异者，则我国上下，日日言教育，而不喜言哲学。余非欲使人人为哲学家，又非欲使人人研究哲学，但专门教育中，哲学一科必与诸学科并立，而欲养成教育家，则此科尤为要。"^⑥在他看来，哲学不是有害之学、无益之学，哲学本来就是中国固有的学问，但是很多古书繁散且残缺不全。即使有真理，也较难探索寻求。因此，有必要向论述严密、体系完整的西方哲学学习。

《教育世界》的编译人员主要有罗振玉、王国维、樊炳清、陈毅、胡钧、汪有龄、高凤谦、周家树等人。刊行之初，《教育世界》较为偏重译介。从《教育世界》的译介取向来看，以日本教育译介为主，但并不限于日本。"杂

---

① 《清议报》为立宪派所创办，是第一份宣传立宪的刊物，主编为梁启超，主要有《论说》《名家著述》《文苑》《外论汇译》《纪事》《群report撷华》等栏目，1898年创刊，1901年停刊。
② 《教育世界》于1901年5月在上海创刊，由罗振玉发起创办，王国维主编，教育世界社发行。半月刊，是中国最早的教育刊物，至1908年1月停刊，共出166期。
③ 《大同周报》1913年创刊于上海，周刊，社会科学综合性刊物，停刊时间及原因不详。
④ 《新民丛报》是梁启超继《清议报》后于1902年创办的刊物，于1907年停刊，主要介绍西方资产阶级思想政治学说。
⑤ 《大陆报》创刊于1911年，系中美双方合办，1949年停刊。
⑥ 王国维.哲学辨惑[J].教育世界，1903(55):5.

志在初期确视日本为主要译介对象，但自卷三十六始，杂志的关注点通过日本转道欧美国家，对欧美教育制度内容的译介逐渐取代日本而成为关注重点。"①作为《教育世界》的主编，王国维对教育、西方哲学的重视和认识，对该杂志的办刊宗旨和主要内容产生了直接影响。在第68期中，编者提出如下三项宗旨："引诸家精理微言，以供研究；载各国良法宏规，以资则效；录名人嘉言懿行，以示激劝；若夫浅薄之政论，一家之私言与一切无关教育者，概弗录。"此后，杂志系统介绍了欧美各国的教育理论、教育事业发展的历史和现状，对夸美纽斯、洛克、卢梭、裴斯泰洛齐、赫尔巴特、福禄贝尔等人的教育思想和专著都有所介绍，对近代中国教育理论和教育事业的发展产生了积极影响。

1904年，王国维在《教育世界》上发表了《论叔本华之哲学及其教育学说》一文，指出19世纪教育学之所以成为科学，与德国哲学的发展有直接的关系。"自汗德（康德）以降至于今百有余年，哲学上之进步几何。其有绍述汗德之说而正其误谬，以组织完全之哲学系统者，叔本华一人而已。"②王国维认为，叔本华所说的意志有着绝对的自由，其哲学的出发点不在概念，而在直观即知觉。

1906年，《教育世界》第128、129号相继刊发了《述近世教育思想与哲学之关系（未完）》及《述近世教育思想与哲学之关系（承前）》两篇文章。对卢梭的《爱弥儿》、康德的哲学与教育思想进行了介绍，"汗德既于一方面最重个人意志之自发的活动，又于他方面含有今日所谓社会的教育之思想，以为教育之目的有四。一是调和人之动物性以抑制其自然的粗野之倾向。二是增进其才能。三是培养其智识。四是使知人为道德的，由是而达其最高之目的"③。王国维在西方教育哲学思想的传播上起到了极其重要的作用，尤其是他在《教育世界》上发表了多篇关于德国古典哲学和叔本华哲学的研究。直

① 朱颖.转道日本打开欧美教育之窗:清末《教育世界》(1-68号)初探[D].硕士学位论文,复旦大学,2008:73.
② 王国维.论叔本华之哲学及其教育学说[J].教育世界,1904(7):1.
③ 佚名.述近世教育思想与哲学之关系(承前)[J].教育世界,1906,129(13):3.

到1908年，他对西方哲学的兴趣有所减退，逐步转向对中国古典文学的研究。1916年，有研究者在《教育杂志》第8卷第3、4期分别以《近世教育与哲学之关系（未完、续）》[①]为题发表文章，介绍了洛克、夸美纽斯、卢梭、康德、费希特、裴斯泰洛齐等人的教育思想。

从以上材料可以看出，这一阶段西方教育哲学在中国的传播已初步体现了一定的自觉意识，国人逐渐认识到哲学之于教育的重要意义，看到了引进西方哲学、西方教育思想的重要性。正是在这样的历史潮流中，西方教育哲学思想逐步传入中国。从文献来看，多为翻译和介绍性的文章，国别涉及英国、德国、法国等，内容主要是对相关人物及其哲学思想和教育思想的介绍。这一时期，涉及的西方教育哲学家有限，理论观点的引介缺乏系统性，且多停留在哲学和政治思想层面，教育哲学思想鲜有涉及。如对康德的介绍主要是关于他在哲学、伦理学、宗教学和知识论方面的观点，对卢梭的介绍主要是关于他在政治方面的思想。

二、西方教育哲学在中国传播的初始阶段（1919—1927）

五四运动是中国近代史上具有划时代意义的事件，辛亥革命的失败使人们继续思考如何解决中国社会的基本矛盾，新文化运动不仅引起了人们对"西学东渐"历程的反思，同时也开始对中国传统文化进行了批判性的反省。尤其是马克思主义哲学得到广泛传播，成为国人思考、改变中国社会面貌的理论工具。国人对中西之学的比较从器物、技术层面上升到观念和文化上的比较，继续推进启蒙任务的完成。教育，依然承担着启蒙的重任。从西方教育哲学的引进来看，这一阶段古希腊的教育哲学思想、近现代的西方教育哲学先后传到国内，拓展了中国教育哲学的研究视野，丰富了教育哲学的研究内容。这一阶段，已经有研究者节选西方教育哲学著作部分内容翻译出版，主要聚焦在以下几个方面：

---

① 志厚.近世教育与哲学之关系(未完).教育杂志,1916,8(3):27-39;志厚.近世教育与哲学之关系(续).教育杂志,1916,8(4):41-49;

（一）美国教育哲学在中国的传播

在此期间，美国教育哲学的传播主要以杜威和克伯屈为主。"教育哲学"这一名词在中国学界的出现，最早始于《教育杂志》1917年第9卷第4期发表的一篇题为《台威氏之教育哲学》的文章，言之"美国哥伦比亚大学哲学教授约翰台威氏，近著《民本主义与教育》一书。而附以'教育哲学绪论'，说明其要旨"[①]。这篇文章对杜威《民本主义与教育》一书的主要观点进行了介绍，如教育的产生源自社会的发展需要，而社会的发展应不断丰富并改进现有的经验。对于学校来说，应根据儿童的特点确立教育目的，将复杂经验简单化，选择、权衡有益的经验，使儿童能够通过这些经验接触广阔的社会环境。

杜威1919年来华以后，掀起了国内学者研究其教育哲学的高潮。杜威在华演讲颇具特色，先抛出问题引人注意，再加以一一解答，遂将听众带入他的教育哲学世界中，诚如杜威在演讲中所言，他的演讲并非只关注西方的成功之处，亦有失败之处。他希望中国以此为鉴，避免发生同样的问题。

1919年，胡适在《新青年》第6卷第3号上发表《实验主义》一文，重点介绍了杜威的思想五步法。随后，胡适在《新教育》第3期上发表《杜威的教育哲学》一文。1921年7月，胡适又在《觉悟》上发表题为《杜威先生与中国》的文章。1920年，姚之璧在《杜威的教育哲学》一文中指出，杜威在南京高师的演讲主要涉及教育哲学、实验论理和哲学史三部分，其中"以教育哲学较为详细，共讲六周，记廿二次，讲时由刘伯明博士译为华言"[②]。

1921年，《教育哲学：杜威博士讲演》（刘伯明口述、沈振声笔记）由泰东图书局出版。1921年，郭智方、金海观整理的《杜威教育哲学》由商务印书馆出版。1922年，根据杜威讲述、常道直编译的《平民主义与教育》由商务印书馆出版。内容主要包括教育的意义和性质、教育的必要、教育的可能、教育的设施、教育的结果、教育的评判、社会教育和学校教育的缺点、社会

---

① 天民.台威氏之教育哲学[J].教育杂志,1917,9(4):15.
② 姚之璧.杜威的教育哲学[J].中华教育界,1920,9(5):1.

教育和学校教育的结果，以及学校的特点、教材、教法、经验的要素、知识的来源和分类、儿童直接的经验对于教材之编定和教授的关系、学校的本体等。1928年，《民本主义与教育》（邹恩润译）由商务印书馆出版，1947年再版。在当时的中国教育学界，杜威的影响可谓盛极一时，居于主导地位。

　　杜威来华不仅传播了他的教育哲学，也引发了人们对教育哲学的思考。1922年，孟宪承在他的文章里提出了"教育哲学是什么？它的内容和方法怎样？在我们努力攻究教育科学的时候为什么又讲到教育的哲学"[①]等一系列问题。1923年，有研究者对杜威的何谓生活、何谓教育、教育与人生的关系进行了介绍，认为杜威的学说与孔子之学说颇相同，进而指出杜威的实用主义与平民主义密不可分，"实用主义推行至于各方面，有时称为行为主义，功用主义，工具主义，实验主义等。实用主义乃杜威教育哲学之根本"[②]。

　　这一时期，美国的学者除了杜威以外，克伯屈的教育理论及学说在中国也得到了广泛传播。尤为值得一提的是克伯屈的道德教育观点，在克伯屈看来，陶冶行为是道德教育的根本，道德的知识、善恶的判断力、道德习惯是构成道德品性的三种要素。其中，道德习惯主要由行为训练而成。"克伯屈是以改良儿童现在的生活为教育的目的；以指导儿童自己感兴味的动作为教育的方法；以启发解决生活上问题的知识为学校的课程；以指导儿童实际的行为为训练道德的手段。"[③]

　　1924年，美国霍恩的《教育哲学》（中华书局出版）一书由周从政翻译到国内。同年，美国学者波特（又译波德）的《教育哲学大意》（商务印书馆出版）由孟宪承翻译到国内。

（二）英国教育哲学在中国的传播

　　1920年9月—1921年7月，英国哲学家罗素先后在北京、长沙、上海等地进行演讲，演讲内容主要涉及哲学问题、社会结构论、数理逻辑等，他的现

① 孟宪承.教育哲学一解[J].新教育,1922(5):923.
② 胡国钰.教育哲学[J].教育丛刊,1923,4(5):2.
③ 韩定生.克伯屈的教育哲学[J].山东教育月刊,1927,6(3-4):12.

代西方科学主义思想深受中国知识分子的欢迎。罗素基于逻辑方法对哲学的研究，以及他对确定性科学知识的追求，契合了当时中国社会对科学知识的客观需求，也推动了中国哲学的研究和发展。

1926年，陈宝锷在《哲学月刊》的第2、3期上分别翻译发表了有关罗素教育哲学的两篇文章。"此文系罗素先生上年给留英中国学生所经营的季刊'The Chinese Student'所作的。内中详论近世教育多受机械主义的害，而对于我国教育也隐隐中下了痛切针砭。实在值得我们特别注意，爱译述之。"[①]罗素认为："所谓机械主义，如具体机器所表示的，无形之中造成了对于国家利益的信仰心，由此推衍出，又规定这种信仰所从出的形式。从国家利益上观察，国家愈有多量的器械，愈妙，至于其产品属于利满人生抑系含毒煤质，那尽管不问了。"[②]此外，罗素《教育论》一书中的部分章节被翻译到国内，也有研究者对罗素有关教育目的的论述进行了分析和评论。[③]

这一阶段，除了美国和英国教育哲学在中国的传播外，对德国、法国等其他国家的教育哲学思想也有所引进和介绍。1924年，范寿康在《学艺》上发表《康德知识哲学概说》一文，指出康德的批评哲学始自知识论上的问题。康德既不满意唯理论的观点，也不满意经验论所认为的知识来自人们经历的外界事物的看法。为此，康德将人类的知识分为形式与材料两个要素。1926年，康德的《论教育学》由瞿菊农翻译到国内，以《康德论教育》为名由商务印书馆出版。

张栗原在他的《教育之哲学的基础》一文中，分别谈到了费希特、斯宾塞和杜威关于教育与哲学关系的看法。"菲希特（Fishte）认为教育若没有哲学，本身绝不能完全明了。所以双方面有一种相互关系，缺乏一样，就不是完全的，没有用处；斯宾塞认为只有真正的哲学家才能推行真正的教育；而在杜威看来，哲学最透辟的界说，就是把它看成最普通方面的教育理论。"[④]

① 陈宝锷.罗素的教育哲学(未完)[J].哲学月刊,1926,1(2):4.
② 陈宝锷.罗素的教育哲学(译稿续前期)[J].哲学月刊,1926,1(3):9.
③ 陈博文.罗素论教育之目的:罗素近著"On Education"内之一章[J].教育杂志,1926,18(11):1-13.
④ 张栗原.教育之哲学的基础[J].中华教育界,1935,23(4):45.

杜威在北京大学演讲时指出，西方哲学重于自然研究，在一元、二元与多元，唯心与唯物之间你来我往，而中国哲学重于人事研究，于阴阳理气之间关注人的生命与生活。

1926年，美国格莱夫斯博士撰写的《近三世纪西洋大教育家》由庄泽宣翻译出版，该书对培根、洛克、卢梭、裴斯泰洛齐、赫尔巴特、福禄贝尔、斯宾塞等人所处的时代背景和生平经历进行了叙述，分析阐释其教育观点，为了解教育事实的发展变化提供了详尽的材料。彼时，也有学者从心理学的角度来讨论教育哲学的发展，认为教育哲学就是人生哲学。学校课程应依据现代心理学的方法进行设置，如此，才能顾及学生个体的发展，实施一种真正意义上的平民教育。从教育目的上来看，"于个人而言是要实现人之为人的幸福与欲望，于社会而言，是要达到社会程序远大之目的。实现上述目的，需要运用平民的、历史的、科学的方法"[①]。

此外，等观在《教育杂志》上连续翻译了《教育者与哲学》一书的部分章节，但未写明著者，只标出"译论"。在1919年第11卷第1号的《教育杂志》上，等观翻译了该书的第一节，即《教育者对于哲学之误解》。作者认为，教育者对哲学的误解主要存在以下几个方面："哲学空漠无力，哲学有害，哲学与科学不两立，哲学变化非常故无足为'学问'之价值。"[②]

在1919年第11卷第2号的《教育杂志》上，等观翻译了该书中的第二节和第三节，分别是《哲学何以为教育者所必要乎》《教育者与哲学的精神》。在作者看来，哲学之所以对教育者来说是必要的，就在于无论是教育者人格的健全，还是教育者职业能力的发展，都离不开自身的哲学修养和对哲学的研究。"哲学的精神主要包括理想、进步、创造的精神，爱育的自觉精神，自由、自律、独立的精神，统一、彻底的精神，批判的精神。"[③]在作者看来，哲学的精神与教育的精神密切相关，甚至可以说，哲学的精神就是教育的精

---

① 麦柯博士演讲,张耀翔口译,刘炳藜笔记.心理学家目中之教育哲学[J].教育丛刊,1923,4(2):2.
② 等观.教育者与哲学(未完)[J].教育杂志,1919,11(1):1-16.
③ 等观.教育者与哲学[J].教育杂志,1919,11(2):17-29.

神。对哲学精神的涵养和孕育，也就是对教育精神的涵养和孕育。

在1919年第11卷第7号的《教育杂志》上，等观以《教育者与哲学（未完）》为题，翻译了第四节的内容，主要阐述了教育家与批评的精神，批评的精神意为改造的、彻底的、进步的、自由的、研究的、独立的精神。在1919年第11卷第8号的《教育杂志》上，刊出了第五节和第六节的译文，分别讲述了教育者与人生观、教育者与哲学的知识两个方面的问题。健全的人生观有助于教育者理解人生的意义、价值与信念，树立并实现自己的生活理想和职业理想，而哲学有助于使教育者树立高远的理想和信念，更为深刻地理解教育目的、教育价值、教育方法及被教育者的特点。因此，"欲彻底理解教育之意义及价值，亦以哲学为必要。然'价值'实为哲学之对象，故教育借于哲学之力者，至大而论，究此等之教育根本问题者，即'教育哲学'之职能也"[①]。

1919年以后，中国社会自身的变化以及中国学者对于西方教育理论认识的深化，加之传播队伍的扩大、传播途径的多样化，报纸、期刊等传播媒介作用的充分发挥，尤以《教育世界》《学艺》等杂志为重，翻译出版的国外研究成果较上一阶段明显增多，如《教育世界》对西方教育哲学思想的介绍非常丰富，包括苏格拉底、赫尔巴特、康德、卢梭、斯宾塞、尼采等人的传记和教育学说。西方教育哲学的传播内容更为全面，由概要性的介绍到更深层次的阐释，且具备了明显的选择性和倾向性。特别是杜威、罗素和杜里舒等著名哲学家来华演讲等活动，进一步推动了西方教育哲学的广泛传播，尤其是杜威的实用主义教育哲学，在彼时的传播中处于主导地位。人们不仅通过引介了解了西方教育哲学的诸多流派，而且通过国外学者的演讲对西方教育哲学有了进一步的理解。国人对西方教育哲学的认识进一步深化，反映在行动上便是增强了传播西方教育哲学的自觉性，为下一阶段的传入奠定了更加坚实的基础。

---

① 　等观.教育者与哲学（续）[J].教育杂志,1919,11(8):7-8.

三、西方教育哲学在中国传播的繁荣阶段（1927—1937）

中国的现代化进程伴随着中西文化的碰撞、阶级矛盾与民族矛盾的激化等问题，1935年初，"陶希圣等十位教授发表了一个《中国本位的文化建设宣言》，借'文化建设'之名，反对和阻挠国外进步思想的输入和传播，由此引起了全国文化界关于中国文化出路问题的热烈讨论"[1]，进而引发了关于本土文化和全盘西化的激烈争论，并试图用现代化取代西方化或者中国化。在20世纪二三十年代的中国，教育哲学研究也并未引起应有的关注。尽管上一阶段杜威等人教育哲学思想的传入在一定程度上带动了中国教育哲学的发展，但其迫切性、重要性并未充分彰显，正如彼时的研究者所言："教育哲学似乎未曾引起人们的注意，哲学家不谈它，教育家也很少研究它。说及它的书和文，亦非常之少。"[2]

总体而言，这一阶段，西方教育哲学在中国的传播环境并不乐观，但这并没有阻碍国人从教育角度出发去思考中国的现代化问题，反而在一定程度上激发了教育研究者的历史责任感和时代使命感。彼时，中国教育哲学的发展不仅要思考教育内部发生的问题，还要思考来自教育外部的问题，那就是教育能为社会进步、民族振兴做些什么。在这样一个特殊的历史时期，教育研究者对自身所肩负的历史使命和时代责任有了更为深刻的认识和体悟。在激烈的观点论争中，他们克服种种困难，开始了西方教育哲学的传播工作，并在传播的基础上开展了中西教育哲学的比较研究，使西方教育哲学的传播取得了一定的进展和成效。

（一）西方教育哲学在中国的传播概况

1. 美国教育哲学在中国的传播

1927年和1929年，克伯屈两次来华，先后在广州、厦门、上海、天津等地讲学。克伯屈对彼时中国的事情较为关心，也很了解中国的状况。他在哥

---

① 黄见德.20世纪西方哲学东渐问题[M].长沙：湖南教育出版社，1998：71.
② 张益弘.中国教育哲学的问题[J].教育杂志，1937，27(9-10)：11.

伦比亚大学工作期间，曾讲授教育哲学课程，著有《教育哲学纲要》《方法的基础》等。克伯屈在美国有着重要的影响，巴格莱（又译柏格莱）甚至说："美国只有两个半教师，克伯屈先生是其中的第一个。"①有研究者认为，与其他来华的美国教育家相比较，"克伯屈先生在于教育哲学上之贡献不如杜威，在教育史上之贡献不如孟禄，教育测验及科学上之贡献不如麦柯尔与推士。然而先生在教学法上之特殊贡献，则有远为以上诸教育家所不及者"②。

1927年，韩定生在《克伯屈的教育哲学》一文中指出，克伯屈对杜威、桑代克的思想进行了精要总结并予以补充。如果说做中学是杜威教育理论的标志性观点，那么设计教学法也可以说是克伯屈教育理论的显著标志。在克伯屈看来，设计是指人在社会中的一切行动和事业。对于儿童来说，他们的设计以社会生活为基础，由儿童自己想出，这本身就是教育方法的一种体现，简言之，"设计法就是指儿童自己有目的的动作。设计法包括制造的设计、享用的设计、问题的设计以及练习的设计"③。在制造的设计中，需要确定目的、做好计划、实施、判断这四个步骤。通常意义上，人们对讲授法的理解就是传授教材上的知识。克伯屈认为这是对教授法的狭隘理解，在他看来，教授法一是可以让儿童进行主要的学习，即学习功课；二是进行联合的学习，即课程以外的知识；三是伴随的学习，即教师价值观、态度所产生的影响。联合学习和伴随学习对儿童的兴趣培养和精神世界的成长有着重要作用，也是克伯屈特别重视的两个方面。在教育目的上，克伯屈主张通过行为陶冶品性，将兴趣、需要等方面的成长有目的地融入儿童的学习过程中。当然，这种有目的的学习并不是放任的自由主义行为，而是需要教师加以引导和规范的行为。

1929年，克伯屈的《美国教育哲学》一文由姚兆胜翻译到国内。这篇文章译自克伯屈1928年在美国 *Teachers Colbge Recond* 杂志第30卷第5期刊发的文章，主要对美国教育问题的背景与来源、美国教育的哲学纲领、美国教育的

① 徐伯申.中国需要什么样的教育哲学：与克柏屈先生的谈话[J].教育改造,1937,1(3):1.
② 汤茂如.克伯屈的教育哲学教学法[J].山东教育月刊,1927,6(5):103.
③ 韩定生.克伯屈的教育哲学[J].山东教育月刊,1927,6(3-4):7-8.

根本问题进行了分析和探究。①在方法上，克伯屈认为应该当基于心理学的原则并兼顾道德训练的影响，要注重效果，让儿童对学习感到满意。克伯屈善用讨论法激发学生的研学兴趣，也因此在美国教育界享有盛名。在内容上，克伯屈的教育哲学承于杜威且更加接近实际，这从他1927年在中国的演讲内容也可见一斑。在杜威那里，教育就是对经验的改造，即增加经验的内容和运用经验的能力。杜威所言"教育即生活"，强调教育的功能就是作用于儿童现在的生活。克伯屈认同杜威的观点，他进一步指出，现在的生活并非包罗万象的集装箱，而是专指善良的生活。教育不仅是经验的获得，而且必须能够影响、改造学生的生活。唯其如此，才能凸显教育的价值。

"教育即生活"在克伯屈的教育理论中引申出来的另一个观点是，既然教育需与生活保持一致，就不应该有分科课程。克伯屈认为，分科课程具有组织性、规定性，从中习得的知识与生活有距离且无法被应用到生活中，而设计教学法的目的就在于打破课程与生活的界限，这种方法不仅与生活结合紧密，同时也考虑到了儿童的心理顺序。在克伯屈看来，课程不应是预定的，而应灵活设置。与灵活的课程内容相适应，教材需包括学生读本、参考书、问题记录、实验记录等材料，如此才能取得较为理想的教学效果。

在此期间，克伯屈的成人教育哲学也被译介到国内。克伯屈认为，从历史发展来看，最初成人教育的兴起是为了改善人的生存状况和学习状况。随着时代的发展和社会的变化，"人类对于普通的继续的教育生出一种不断的要求。总之，成人教育在今日已变成一个解决人生问题的重要途径"②。有研究者阐释了教师在实施克伯屈的设计教学法中所应承担的任务，同时也从教师的角度强调了教育哲学的重要性。"教育者若要使教育设施臻于健全，免除那无谓的过错，唯有深切地了解教育哲学。固然，要了解教育哲学者不只是设计的教师。但我以为实施设计的教师，当更深切的了解它。"③

1932年秋天，邱椿在美国时曾围绕以下五个问题与杜威、克伯屈、劳甫、

①　克伯屈.美国教育哲学[J].教育学报(上海),姚兆胜,译.1929(1):152-163.
②　郑一华:克伯屈的成人教育哲学[J].民众教育通讯,1931,1(8):22.
③　莫如孝.教育哲学与设计教学法[J].浙江教育行政周刊,1933,4(50):4.

柴尔兹（又译却尔兹）、梅尔文等人进行讨论，即"什么是教育哲学中所应讨论的最重要的中国社会与文化问题，什么是新中国之理想的文化？应否采用比较法公平陈述苏俄辩证唯物论，意大利法西斯主义，德意志国社会主义，英格兰唯心主义，美国实验主义的教育哲学？普通哲学和教育哲学在研究程序上有何种联系，学生如何学习？社会计划和其背后的教育哲学有无必然的联系？什么是教育哲学最重要的任务和内涵？"邱椿归国后，遂基于讨论笔记以《关于讲授教育哲学的几个问题之讨论：杜威、克柏屈等的意见》[①]为题，发表在《教育杂志》上。

1934年，梁漱溟围绕民本主义与教育的读法、杜威的主要观念：生命观念、论无能与智慧、论生长与习惯、教育与社会、广义的教育：社会生活之自然的参与、狭义的教育：特设的学校教育、学校教育与社会自然教育之比较、指导作用、民本主义与教育、论道德、杜威的缺欠这12个问题，对杜威教育哲学的根本观念进行了探讨。这篇万余字的长文在《乡村建设》上发表，后由《中华教育界》（1934年第22卷第6期）转载。"民国八年新思潮正盛的时候，杂志名'解放与改造'，这句话很能代表民本主义的倾向，当解放时就是改造，解放更给改造留下一个机会再改造。"[②]尽管杜威的思想有不合理之处，但对于中国的教育有其特殊价值所在，优点可资借鉴，缺点亦可避免。"盖教育之事重在实行，而国人之病即在空论；三十年来之教育，成绩殊显者以此，可不憬然悟哉！"[③]

1935年，章育才在《教育杂志》第4卷上以《教育的哲学基础》为题发表了译自杜威的一篇文章，主要涉及教师是艺术家抑为机械师、教师应该有一种理想、环境的定义、教育之社会的目标、发展合作的意志五个方面的问题。杜威在探究教育哲学的过程中，尤为重视人类本性和社会力量的作用。因此，探究"教育实在是什么"应是教育哲学的根本要求。在杜威看来，教育是一

① 邱椿.关于讲授教育哲学的几个问题之讨论:杜威、克柏屈等的意见[J].教育杂志,1936,26(11):1-7.
② 梁漱溟.杜威教育哲学之根本观念[J].乡村建设,1934,4(6):9-10.
③ 陈科美.杜威教育哲学批评之批评[J].教育季刊(上海),1931,1(3):30-31.

个发展的历程，不应以服从作为评价学生好坏的标准，而是要重视、保护学生独立性与创造力的发展。教师的理想在于努力促进每个儿童的教育性生长，而非按照既有规定编制教材。教师要像艺术家创造艺术作品一样来帮助学生成长、发展，而非忽视学生能力与兴趣的机械性灌输。杜威特别重视教育目标的社会性，"现在教育哲学上最大的要求就是教育的目标是社会的。在观念方面，我们要对此认识清楚；在实施方面，我们要对此努力。学校中也应该用社会的标准来判断实施上的价值"[1]。固然教育是为了最大限度地发展儿童潜能，但衡量发展的标准只有在社会中才能进行有效的检验。

1935年，亢心栽在《陕西教育月刊》第2期[2]以《教育哲学之需要》为题发表了译自杜威的一篇文章，原文 *The need for a philosophy of education* 发表在《新纪元》上（1924年11月）。该文内容涉及什么是教育哲学、从教师还是从学生发端、教师是艺术家抑是机械匠、想象之急需、环境之意义、教育之社会的目标、推进合作的意志等七个方面的问题。

此外，1933年，《教育学期刊》简要介绍了波特的《教育哲学大意》一书，"教育是生长，是一个历程，其中各种欣赏、目的、理想，均渐渐发展扩充，教育问题的关键，在于生长一个概念。我们最高的教育理想，是培养智慧和精神的生长"[3]。正是在生长的过程中，人类基于经验实现了新的理想，使生活的价值日益增加。该篇文章还介绍了波特关于教师责任和平民主义教育的看法。波特认为教师在教育中担当着重任，无论课程还是方法，只有当教师参与其中时，它们才会有生命，也只有教师才能引导学生养成探索的精神和批判的兴趣。在波特看来，人人享有的教育并不是真正的平民主义教育，真正的平民主义教育是以个人发展为目的，同时在智慧和情感上能够参与人们的生活，追求共同的利益。

2. 德国教育哲学在中国的传播

这一时期国内学者对德国教育哲学的传播，主要集中于康德、新康德派

① 杜威.教育的哲学基础[J].章育才,译.教育杂志,1935,25(4):117.
② 杜威.教育哲学之需要[J].亢心栽,译.陕西教育月刊(西安),1935(2):1-7.
③ 波特.教育生长说[J].教育学期刊,1933,1(2):8.

的教育思想上，既有对第一手文献的翻译，也有对德国教育哲学的分析与思考。[①]

1929年，《国立中央大学教育行政周刊》刊出了《克协斯丹纳教育哲学之批评》一文。作者认为，德国克协斯丹纳的教育哲学可以作为时代的代表。[②]克协斯丹纳生于1854年，彼时拿破仑称霸欧洲，德意志同盟正努力统一国家以抵抗侵略。克协斯丹纳曾担任国家行政官一职，相当于我国教育厅厅长的职务。作为时代的产物与结晶，克协斯丹纳的教育哲学与实用主义有相同之处，注重围绕生活开展知识教育和公民教育，注重职业能力的养成，倡导男女平等，开设劳工学校。正如作者所言，虽然文章之名为批评，但主要是对克氏的教育哲学思想进行介绍。

当时的《民众教育通讯》杂志对德国的新教育哲学进行了介绍。德国现代的教育哲学有三种含义："一是基于社会的立场对儿童施以教育。二是基于心理学的立场，消除机械灌输式教育的限制而实现精神的感化。三是基于教育学的立场，认为教育的目的在于为社会培养心智健全的人。"[③]彼时德国学校的变革依据社会的目的、人类的天性和学校的功能而进行，这三个问题分别对应于社会学、心理学和教育学三个学科。德国教育家的聚焦点在于对个体人格与社会团体特征的研究，在德国学者看来，最大的善是人类的幸福，最有价值的研究对象是全人类，而非其他。"德国教育哲学上，此种冲突（个性与文化）已得相当的解决，即个人的权利（属于心理学方面）、社会的问题（属于社会学方面）及教育的目的（属于文化方面）。从这立场看来，教育是一种基本的文化作用，由个性发展而促进社会的进化。"[④]除了受到蒙台梭利教育理论的影响以外，德国的教育改革所依据的均是本国的哲学、社会学等基本原理，而很少借鉴国外的教育理论与制度。"德意志民族的特性，凡事必先

① 杨人楩.新康德派之教育思潮[J].教育杂志,1929,21(1):9-25;阙名.康德与教育思想[J].江苏学生,1934,3(6):33-38.

② 罗良铸讲,朱端琰笔记.克协斯丹纳教育哲学之批评.国立中央大学教育行政周刊,1929(91):23.

③ 雷宾南.德国新教育哲学[J].民众教育通讯,1931,1(6):21.

④ T.Alexander,B.Parker.德意志新教育之哲学[J].林仲达,译.教育杂志,1931,23(2):59.

经思考，然后实行，务须达到目的后已。因其这种特性，所以德意志的教育与其哲学或宇宙观有很密切的关系。"①

庄泽宣翻译了Fischer的两篇长文，以《德国教育的哲学背境》为题先后发表在《教育研究（广州）》1931年的第30期和第31期上。第一篇对德国教育的研究方法、构成教育上的成因与目标的德国人民与民族、德国的所在地与政治对于心理及教育上的影响等问题进行了分析和论述。"要找到德国教育哲学的一个纲要，先要把民族意识分析一下。更明白的讲，须从自身分析与历史基础两方面进行。"②究其教育成因，与德国人民和民族有关。

在第二篇文章中，Fischer主要围绕德国对于国家与对于教育的概念、国家组织与教育、德国人在教育上的目标与负责人上的价值、德国教育的一般性质、今日德国的教育思潮五个问题进行了分析。Fischer认为："德国是否有教育理论还是一个疑问。对于德国教育而言，伴随教育制度与教育理想的是对生活方式和社会的改造，换而言之，就是哲学的表现及其在教育上的应用。因为统一化与系统化的倾向，德国的教育理想有喜欢理论与主义的弱点。"③在Fischer看来，美国在事实叙述方面、法国在分析方面，都要胜于德国。"德国的教育学说是教育观念的科学不是实际教育的科学，是哲学不是教育方法，是直认与需求不是知识与证据。"④从中也可以看出，为什么人们会在一般的意义上将德国的教育学视之为教育哲学。在Fischer的文章中，充分强调了教育之于德国发展的重要性。在他看来，德国教育决定着德国的命运，教育改造的力量关系德国的未来。德国所取得的成功与成绩是教育的结果，同时它的某些不幸亦是教育所致。

也有学者对德国新教育的哲学思想进行了研究。第一次世界大战爆发以后，德国爆发了社会革命，倡导民治、民享，而不是将权力凌驾于个人之上。同时，个人也充分认识到了自身的价值和义务。民主主义理论产生了新的社

---

① 　T.Alexander, B.Parker.德意志新教育之哲学[J].林仲达, 译.教育杂志,1931,23(2):45.

② 　[德]Fischer, A.德国教育的哲学背境[J].庄泽宣, 译.教育研究(广州),1931(30):42.

③ 　[德]Fischer, A.德国教育的哲学背境(二)[J].庄泽宣, 译.教育研究(广州),1931(31):22.

④ 　[德]Fischer, A.德国教育的哲学背境(二)[J].庄泽宣, 译.教育研究(广州),1931(31):22.

会氛围和国家观念，也推动了新教育的出现。其显著特点就是本土化发展，拒斥国外的教育思潮和方法。从社会和国家观念来看，彼时的德国，一方面，是基于利害关系而构成的功利性社会；另一方面，是基于自然力量的互助性社会。就学校教育而言，重视家长、教师与学生之间的合作；就国家观念而言，重视整个民族的共同责任与同一精神。彼时的德国，除了第一次世界大战前传入的蒙台梭利教育思想产生微弱影响外，盛行于欧洲各国的道尔顿制、文纳特卡制、德可乐利制教学法在德国的教育并未激起波澜。

德国民族有一个特质，即对任何事件，均在探明理论根据的基础上予以实施。德国新教育的哲学基础有三，即"社会的目的、人间的自然性、学校技能。换句话说，社会学、心理学及教育学三者，就是现任德国教育哲学的中心问题"①。就哲学本身而言，人们追求真理的道路不一，有对价值概念的批判性分析，有对人类生活根本意义的探究，也有对问题的调和统一。彼时的德国，思想界盛行的是一元论哲学，即推崇综合性的生命哲学，而非弗洛伊德的精神分析学说。从心理学的发展来看，德国心理学更倾向于哲学性、综合性，而非美国的实验性与分析性。基于社会心理学注重对儿童的精神生活进行整体性观察，培养儿童内在的创造力。彼时的德国，政治、经济由少数财阀所掌控，"教育的地位，真是无微不至地被规定束缚。人民好像国家的奴隶，彻头彻尾依着国家规定的教养而尽教育的义务，严格限制其地位"②。

1934年，德国学者罗荪克兰兹的教育哲学被介绍到中国，在当时的教育学界也产生了重要影响。罗荪克兰兹的教育思想与他的史学研究和哲学研究有着密切关系，自我解放是其教育哲学的基本观念。"罗氏学问渊博，不主一体，于文学，哲学，及教育学均有深切之研究。讲学之暇，发为文章，每一篇出，莫不纸贵洛阳。在其教育论之中，以教育之系统研究一书传诵最广。"③罗荪克兰兹不仅在体系上开启了教育哲学研究的先河，在视野上也非常开阔，影响了人们对这一领域的认识和探索。"罗森克朗之教育哲学思想概书于此。

① 覃国模.德国新教育的哲学思想[J].教育论坛,1933,2(9):71.
② 覃国模.德国新教育的哲学思想[J].教育论坛,1933,2(9):72.
③ 潘雪华.罗森克朗之教育哲学[J].光华大学半月刊,1934,2(10):68.

就其所言论之，其中固亦疵缪多有。罗氏又能不囿门户，自抒机绪，而作为新论，历史哲学之说明也，文化史实之取证也，均发前人之所未思，而肇启后者以研究之途径者也，誉之为教育哲学之始并者，或非过当。受其影响而亦发为教育之哲学演绎者，于德有以康德派自居之教育学家，于美则有好痕（豪恩）等之唯心论教育者。"①

作为黑格尔的学生，罗苏克兰兹在论理学、国家论、方法论等方面对黑格尔的思想进行了发挥。在罗苏克兰兹看来，人与人的关系构成了教育。在这种关系中，自由是解决教育问题的前提性条件，自由精神的成长与培育则是教育的必要手段。他认为，教育不仅关乎道德，也关乎知识的传授、智慧的培养，以及国家对教育的要求。从这些观点可以看出，罗氏的观点既体现了黑格尔的影响，也有对黑格尔的补充。他与黑格尔一样，承认游戏的价值，但是反对游戏教育。罗苏克兰兹认为，教育应该看到游戏与工作的区别，人的认识、意志和生活是具体教育内容的重要组成要素，不能仅仅通过游戏去完成。他和黑格尔都认为语言是最为有效的教育工具和教育方法，但在现实教育中往往被忽视。对于教师而言，本身就是教学的基本条件，其个性化的教学方式是良好教育的前提。

特别值得一提的是，罗苏克兰兹注意到家庭教育的重要性。他认为，家庭教育是人性陶冶的起源场所。这一点与黑格尔颇为不同，黑格尔也重视家庭教育，但他是从国家角度而言来认识家庭教育，认为家庭教育是国家稳固的基础，也就是说，家庭教育的价值在于国家而非其自身。罗苏克兰兹也认为教育应助益于整个国家民族的发展，正是在这个意义上，民国时期的学者认为处于内忧外患的中国，尤有必要了解罗苏克兰兹的教育学说。

在此期间，由孟宪承演讲、王全桂记录的《黑格尔教育哲学》分别在《国立中央大学日刊》②1934年的第1345、1346、1347、1348期连载。黑格尔本人虽然没有教育方面的专著，但是他的"信徒罗苏克兰兹曾收集氏之教育理论，著成'教育哲学'（1848年出版，1886年译成英文出版）一书，而为英美

---

① 潘雪华.罗森克朗之教育哲学[J].光华大学半月刊,1934,2(10):72.
② 国立中央大学出版组编辑并出版的大学刊物,以日刊形式出版。

所谓教育哲学的第一部著作"①。

孟宪承围绕教育本质论、知识论、道德论等问题对黑格尔的教育哲学进行了阐释，在黑格尔等唯心主义者看来，教育就是指主观的超越，教育发展的过程就是主观的客观化过程。在知识论方面，哲学中有唯理主义知识论和经验主义知识论两大派别，前者重视理性，后者重视经验。在黑格尔看来，知识不是什么别的东西，就是理念的自我意识。孟宪承指出，黑氏等唯心主义者都重视努力，以为学习是强迫的，要放弃主观而客观化，也就是人的社会化，在此基础上达到真善美的境界。如此，教育才有了最高的发展，从而与理念合一。道德论亦有功利派和唯心派两大派别，前者注重道德的有利性，后者强调道德的义务性。对于黑格尔来说，正是这种义务的绝对性，使得学生必须无条件服从学校的训育。

在第三次演讲中，孟宪承主要围绕教育本质论、知识论、道德论这三个问题，对黑格尔的教育哲学和以杜威为代表的实用主义教育哲学进行了比较。在教育本质论上，前者注重对未来的预备，"唯心论者以为实在为未定计划的发展，所以各人应该共同负起一部分责任，来求世界的进步"②，后者追求的是教育对经验的持续改组和改造；在知识论方面，杜威强调做中学，通过做与学、兴趣与努力的协调互动在实际应用中求得知识，而黑格尔更注重努力；在道德论上，实用主义认为道德兼具功利性与义务性，道德的实现理应付诸实际行动。尽管在唯心论者看来，实用主义缺乏对宇宙论和本体论的探究，但对于杜威等实用主义者而言，他们不关注对本体论的探究，因为长期以来对这个问题的讨论并没有明确的结果。所以，杜威等实用主义者认为，与其进行没有结论的本体论探究，不如关注处于正在进行时的万事万物。

在这一阶段，德国的文化教育学也被介绍、引进到中国。1928年，赵青誉翻译了日本学者三浦藤作的《精神科学派哲学及教育学说》③一书中的部分

① 孟宪承讲，王全桂笔记.黑格尔教育哲学(续)[J].国立中央大学日刊，1934(1346):2166.
② 孟宪承讲，王全桂笔记.黑格尔教育哲学(续)[J].国立中央大学日刊，1934(1348):2173.
③ [日]三浦藤作.精神科学派哲学及教育学说(未完)[J].赵青誉，译.学艺(上海)，1928,9(2):1-17.

章节，主要包括何谓精神科学派、精神科学派哲学的由来、第尔台（狄尔泰）略传及著作、狄尔泰哲学等内容，在《学艺（上海）》第9卷第2期上发表。在该书中，三浦藤作指出，康德哲学偏于抽象性的理想主义，狄尔泰的精神科学则深入人的内心世界及现实生活，探究生命的本质。康德的理想主义激发了人的生命活力，带来了希望和光明，这是理想主义优于现实主义的地方。康德的重要贡献在于他确立了思维的先验形式，发现了人格的尊严和价值，但也存在不完善之处。这一派的哲学包括柏拉图在内，一味遵循理想主义，易流于概念、脱离现实生活，从而受到一些哲学家的排斥。不仅仅是实用主义、新实在主义反对理想主义，就连德国的哲学家也注意到了理想主义的缺陷，试图将理想主义与现实主义贯通起来。于是，狄尔泰的精神科学哲学开始登上德国哲学的历史舞台，主张直面人的内心生活、体验人的生命，也被称为体验主义。

狄尔泰强调现实的理想主义，注重植根于人的生活探究生命的发展及其本质。他以精神为对象，倡导体验主义，反对主知的立场和抽象的理论，主张以全人的立场观察世界及其置于其中的万物。认为生命的存在就是感觉、意志、表象的活动体现，就是认知、意识的体现。在狄尔泰那里，体验即生命的直接经验、生命的自省状态。生命不是生物层面的生命，而是涉及根本性、精神性的生命。狄尔泰强调体验主义而否定形而上学，在他看来，形而上学主张运用知识来认识实在，是不切实际的，这也决定了形而上学不能成为一个独立的理论体系。康德也反对形而上学，但他主张通过知识来把握真理，这是狄尔泰所质疑的。

1929年，蒋径三在《教育杂志》第21卷第4期上发表了《文化教育学的理论与方法》①一文，对文化教育学的发生、根据、教育意义论、教育方法论、代表性人物及其作品进行了介绍。随后，他在《教育杂志》第21卷第12期上发表了《文化哲学与文化教育学》一文，对文化教育学赖以建立的基础——文化哲学和心理学进行了研究。作为与自然相对立的概念，文化有着自身的

---

① 蒋径三.文化教育学的理论与方法[J].教育杂志,1929,21(4):13-23.

特殊性，康德、文德尔班、里卡特都坚持文化哲学的立场。

狄尔泰是文化哲学的创始者，斯普朗格以文化哲学为基础建设文化教育学，其理论渊源也来自狄尔泰。与康德基于先天形式不同，狄尔泰的文化哲学以直接经验为出发点。在狄尔泰的文化哲学中，无论是个人的生命，还是于此之上的生活和体验，都是他思考和观察的对象。这些对象既融个人的知情意于一体，同时又与个体所处的历史背景与社会环境密切相关，体现特定时期、特定阶段的目的和价值，文化则经由个体的精神构造而实现发展。基于狄尔泰的文化哲学，西方教育哲学中的又一个流派，即文化教育学得以产生。以现象学为立场的学者利脱从形而上学及认识论的角度阐释历史与文化，在《个人与社会》一书中，利脱指出，自然科学心理学的立场是胡塞尔的现象学，而精神科学心理学的立场是狄尔泰及斯普朗格的构造心理学。①

3. 日本教育哲学在中国的传播

1931年，姜琦在《日本现代教育哲学的发生与派别及其趋势》一文中介绍了日本的教育哲学概况，涉及的日本学者主要有吉田熊次、稻毛诅风、迁幸三郎及入泽宗寿等人。吉田熊次于1917年、1922年先后发表《教育哲学是什么》《教育哲学之概念及研究法》，前一篇文章后来由我国学者余中君译成中文。1923年，稻毛诅风出版了《教育哲学概论》一书。1924年，他又出版了《教育哲学之研究》一书。

彼时日本的教育哲学可以分为以吉田熊次为代表的形而上学派、以稻毛诅风为代表的认识论派和以迁幸三郎为代表的新理想主义派，但究其根本，可以统一概括为日本主义的唯心论派别。"日本教育哲学是一种纯粹的唯心论或观念论；极端地说，是一种唯神论。因为日本国家在历史方面以神国自居，在社会方面，以天皇—神之子为中心。"②在姜琦看来，日本教育哲学基于其社会制度和历史背景所产生，日本现代教育哲学就是日本主义的教育哲学。

姜琦指出，正因为以日本主义为中心，导致日本教育哲学的研究在人数上并不多，创新也极为有限。即使是对外国教育学说的引进和介绍，也根据

① 蒋径三.文化哲学与文化教育学[J].教育杂志,1929,21(12):14.
② 姜琦.日本现代教育哲学的发生与派别及其趋势[J].教育研究(广州),1931(32):3.

本国的国情和需求予以进行。所以，在彼时的日本，美国的教育哲学因其平民主义色彩而受到抵制。日本教育学者认为只有德国的教育学说才可以适用，甚至在教育概念和相关术语的运用上，也是取道德国。这也是为什么后来中国是通过日本学者的译介了解赫尔巴特教育学说的原因所在。

正如姜琦所言："单就'教育哲学'名称而论，美国虽早有这个名称之存在，叫做Philosophy of Education。但是德国向来没有与Philosophy of Education相称之名词，只有Philosophische Padagogik 的术语之存在，所以日本学者绝不敢采用美国的Philosophy of Education 一语，把它译做'教育哲学'宁可采用德国的Philosophische Padagogik一语，把它译做'哲学的教育学'。"[1]

按照姜琦的观点，1916年，杜威的《民本主义与教育》（当时副标题被译为"教育哲学箴言"）一书出版后就得到了德国教育学者凯兴斯泰纳等人的重视与推介。正是由于德国学者的重视，日本教育学界才寻踪觅影，经由德国教育学说而关注美国的教育学说。特别是1919年杜威在日本演讲以后，日本教育学者才意识到关注美国教育学说的必要性，"教育哲学"一词在当时的日本教育学界也得到了较之以往更为广泛的应用和认可。尽管如此，在日本学者看来，那托尔普和凯兴斯泰纳的国家社会主义更适用于日本，而不是杜威的平民主义。因此，相对于德国学者的教育学说而言，杜威的影响还是有限的，这也使日本的教育哲学在美德混合风中更多地体现了德国教育学的色彩。

在对教育哲学的研究中，吉田熊次重视人性论而排斥认识论，与美国学者霍恩有相似之处。稻毛诅风则认为，教育哲学的研究应基于认识而展开，强调创作，从中能够看出柏格森创造进化论的影子。对于迁幸三郎来说，他重视人的直觉，主张从唯心论的立场出发研究教育哲学，这可以看到德国魏铿（又译倭铿）的影响。彼时，教育的根本意义成为日本教育哲学研究的中心问题，呈现出自由主义与实用主义相结合的趋势。这一趋势引起了杜威、那托尔普、李特、斯普朗格等学者的关注。

姜琦进一步指出，日本的教育学者注重传统的权威性，无视体系形成的

---

[1]　姜琦.日本现代教育哲学的发生与派别及其趋势[J].教育研究(广州),1931(32):9.

过程性以及真理的相对性。概言之，日本教育哲学的研究是基于本国的历史背景及社会制度，从唯心论或者观念论的立场出发而进行的。每一个国家的教育哲学研究，都离不开所处的时代背景和社会境况。在姜琦看来，日本的教育尤其现代教育哲学是导致其暴力的根源所在。因此，抗日需要将暴力和根源一起除去。他主张中国教育哲学的研究不仅要介绍阐释日本的教育哲学，而且要影响世界教育哲学的发展，体现了一位基于三民主义立场的教育哲学研究者的学术追求。

此外，这一时期传入中国的还有日本学者入泽宗寿的教育哲学。入泽宗寿是日本著名的教育家，其《现代教育哲学》一书的部分内容由宋连鸾翻译发表在《陕西教育月刊》1936年第7期上。据这篇文章的编者介绍，"此书于教育哲学之领域背景派系及其发展，提纲挈领、披析详明，为教育哲学中最有系统之作，我国出版界教育哲学书籍向少，宋君译此，贡献必多，后当逐期发表，以完全壁"①。这篇文章中主要翻译了序言和第一章《经验论派的教育哲学》，共涉及杜威、麦克文纳尔（又译马克凡纳、马克巴内尔）、克里克（又译克利克、葛里克）三人。

入泽宗寿认为，杜威是最早基于哲学的整体性视野，以经验论立场为根据对教育进行考察的现代教育家，他的实用主义哲学思想与行动主义的心理学主张和生物学观点有着密切联系，进而对杜威有关经验、环境、教育价值、职业教育等方面的观点进行了分析；在麦克文纳尔那里，相对于科学而言，哲学是对经验的概括，体现了普遍、统一和综合的特点，同时确立科学研究的假定，以掌握事实的真正意义。在他看来，教育哲学的任务有七种，"看出教育在人生经验中之地位和意义；对于教育经验之假定的结果给以系统解释；组织各种科学原理和教育经验之关系；寻见教育和其他文化活动之关系；决定教育过程和实在过程之关系；作成教育经验之本质即发达的理论；作成教育原理的系统或组织等等"②。简而言之，教育哲学要寻求意义、发现关系，形成规范、构建理论。教育的过程，是个人经验和社会经验相互作用的过程。

---

① [日]入泽宗寿.现代教育哲学[J].宋连鸾,译.陕西教育月刊(西安),1936,2(7):1.
② [日]入泽宗寿.现代教育哲学[J].宋连鸾,译.陕西教育月刊(西安),1936,2(7):8.

麦克文纳尔对经验、儿童，以及实用主义与教育的关系等问题的分析，基本上是依据杜威的见解进行阐释的。克里克则认为，教育研究如果仅仅关注纯粹认识及批判研究，这并不是批判哲学的体现，而是一种基于事实立场的历史主义。对教育本质的探究，不能仅停留在实际规则和方法论层面上，而应将教育视为一种社会现象来进行分析，特别是要关注教育对人性的影响。

入泽宗寿进一步指出："教育哲学之研究，在现代德意志教育思想界中，最为兴盛，但多是偏向于理想主义，然而纯经验哲学者，亦非无其人，如克勒齐马和格里巴哈二氏，即是属于后派之人物，立于经验的，历史主义的立场。"①入泽宗寿认为，现代教育研究有两种路线：一是关于科学、事实的研究，二是关于哲学、综合的研究。在他的著作中，以学者、流派为基点沿着第二种路线对现代教育哲学进行了梳理。在他看来，教育是一种现实的理想化和事实的规范化。对于教育研究者来说，既要运用量化和归纳的方法开展有关事实的教育科学研究，也要进行理想或规范的教育哲学研究。两种路线研究的结合，才是教育学的应有之义。

在《陕西教育月刊》1936年第2卷第10期中，宋连鸾翻译了《现代教育哲学》第二章的内容，即《新康德派的教育哲学》。入泽宗寿在这一章中主要对可恩（又译科恩）和其弟子纳特甫氏的思想进行了介绍，科恩有关教育方面的见解并不丰富，且多出现在有关哲学的著作中。科恩的弟子纳特甫氏则专心致力于教育哲学的研究，在纳特甫氏的学术生涯中，除了社会教育学、社会理想主义和哲学与教育学方面的著作以外，尤以对裴斯泰洛齐的研究和著述为重。纳特甫氏在重视理想社会之理想性、合理性的同时，对历史和心理有所忽视，但这并不能抹杀他在教育领域做出的重要贡献。比如在学校与家庭的关系方面，他认为："学校比较家庭所可注意之点，即在其为家庭和社会之中间团体。由学校到社会，更而至于国家团体，皆非循序渐进不可。裴氏对于此种国家公民的义务，会竭力予以主张，即如卢梭，亦持有同样之态度。"②

① [日]入泽宗寿.现代教育哲学[J].宋连鸾,译.陕西教育月刊(西安),1936,2(7):11.
② [日]入泽宗寿.现代教育哲学(续)[J].宋连鸾,译.陕西教育月刊(西安),1936,2(10):10.

对于社会和个人的关系，纳特甫氏也有自己的见解。在他看来，个人成长于社会之中，社会亦由个人所构成。因此，教育学是无法离开社会而单独存在的。在理念对社会的影响方面，纳特甫氏指出："理念和社会非互相适应不可，健全的理想主义，绝不能持彷徨态度，而行向离开生活之理念的远方。"①

4. 英国教育哲学在中国的传播

这一时期，传入中国的英国教育哲学主要涉及纽曼和怀特海的观点。20世纪30年代左右，教育研究进展缓慢，学术成果质量也不是特别令人满意。有观点认为："近几年来我国对于教育学术一门，还不如民初那几年的进步迅速，教育学术被人渐视为无足轻重的一件事了，一部分有学问的人对于研究教育者也常有轻视态度。"②正是出于此种原因，有研究者将德哦五耳的《现代教育之思潮》中有关纽曼的大学教育思想译成中文。译稿主要涉及纽曼的生平及其教育观点，从中我们可以了解到，1852年5月，纽曼以《大学教育的理想》为题先后进行了九次演讲，构成了《大学理念》一书的主要内容。纽曼的思想虽具有天主教的色彩，但相对于当时在英国教育思潮中占据主导地位的科学观和机械观来说，他对教育意义的分析和论述可谓独树一帜，极其宝贵。纽曼对19世纪德国的机械唯物论教育观进行了批评，对大学文化、公共教育的哲学教育原则做出了重要贡献。译稿文末还介绍了纽曼的《大学教育思想论》、泡尔生的《高等教育史》、凯兴斯泰纳的《教育原论》、密勒的《人生教育》、波特的《现代教育学说》和《教育哲学大意》，以及英国Waston、P.Monroe各自编写的教育词典，德国W.Rein、E.M.Roxoss、Schtwartz各自编写的教育词典。

1934年，张岱年发表了《怀悌黑的教育哲学》一文，围绕怀特海的哲学思想、教育本质论、教育目的论和教育方法论进行了介绍。其中，教育方法论部分主要阐释了他的教育节律说，以及自由与训练之间的关系。怀特海的哲学分为两个阶段：一是自然哲学即科学的哲学阶段，自然就是人类日常所观察、感知的自然；第二阶段是有机体哲学阶段，怀特海试图建立一个宏大

---

① [日]入泽宗寿.现代教育哲学(续)[J].宋连鸾,译.陕西教育月刊(西安),1936,2(10):13.
② 青志.英国大哲学家：纽曼的教育思想[J].北辰,1934,6(7):30.

的系统来解释宇宙和经验，在他看来，世事相互影响，都具有一定的结构且易变。

怀特海的这种哲学观也影响了他的教育观。他的有机体哲学是与胡塞尔现象学并列的现代哲学系统之一，他基于此提出了自己的教育哲学观点，得到了杜威的认同与赞扬。怀特海反对灌输式的机械教育，"所教育者不是机器或器具，乃活的有机体。教育的本质在对于活的有机体之自动发展加以指导辅助"①。对于教育目的，怀特海也有着自己独到的见解。他倡导教育应发展学生的思想，培养学生的审美能力以及运用知识的能力，最终使其拥有修养与智慧。在他看来，修养无外乎是审美、思想和同情心的组合，以及从容达到目的的一种风度，而智慧就是运用知识的方法，以及通过知识增加当前经验的价值，灵活的智慧要好过死板的知识。在教育方法上，怀特海强调教育要尊重学生身心发展的节奏，平衡自由与训练，刺激并指导学生的发展。

5. 法国教育哲学在中国的传播

彼时，卢梭的自然主义教育思想也受到了国内学者的关注。王凤喈的《西洋教育史纲要》（1924年，商务印书馆）、李石岑的《教育哲学》（1925年，商务印书馆）、薛文蔚的《自然主义与教育》（1930年，商务印书馆）、刘建阳的《教育与德谟克拉西》（1925年，商务印书馆），以及朱经农、吴家镇②等人的文章，都对卢梭的自然主义教育思想进行了分析与阐释。商务印书馆出版的《教育大辞书》（1930年为上下两册，1933年缩印为全一册）和《卢梭（百科小丛书）》（1947年）也对卢梭的自然教育思想进行了相关介绍。

也有学者翻译了法国教育与哲学方面的研究成果，1931年，崔载阳翻译了《法国教育制度的哲学背境》一文。在该文的作者Pecaut看来，法国教育有着种种不同的，甚至是相互矛盾的趋向。影响法国教育的两大因素：一是古典的传习，二是教会昔日支配精神的最高权，前者来自人文主义的影响和精神滋养，后者来自天主教会对心灵的训练。"要想分析这些趋向及产生这些

---

① 张岱年.怀悌黑的教育哲学[J].师大月刊,1934(12):43.
② 朱经农.自然主义与儿童本位之教育[J].齐大月刊,1931,2(3):39;吴家镇.卢骚自然主义教育之探究[J].明日之教育,1932,1(6):113-117.

趋向的原因，与这些趋向所有的理想之各种困难，那显然是教育哲学的任务。这种教育哲学颇不同于教育理论，因它少志在改良，而多志在了解。"①

6. 其他国家教育哲学在中国的传播

在此期间，也有研究者介绍了意大利、比利时、奥地利的教育哲学。20世纪30年代的意大利，教育受到法西斯主义与教会的双重控制，Miller曾言："弗西主义与教会既然有许多共同之点，自然可以彼此结合了。国家管理学校与教育，而教会则欲利用教育以达到它的目的。教会管理宗教，国家则至少欲利用学校内宗教的教授以达到它的目的。"②

比利时学者Fr.De Hovre《教育哲学》一书的部分内容由张怀翻译发表在1936年第2期的《明日之教育》上。作者为比利时昂维斯教育学院的教育学教授、哲学博士，该书原为荷兰文，后来由名誉督学 Simeuns翻译为法文，于1927年出版，受到哲学界和教育界的欢迎。《教育哲学》一书共分三卷，第一卷主要对自然主义、社会主义、国家主义的哲学及教育观点进行阐释批判，Hovre不仅反对涂尔干、那托尔普、杜威的激进社会主义，也反对威尔曼、裴斯泰洛齐的缓进社会教育学，以及费希特的德国国家主义教育学；第二卷主要对个人主义、唯智论、一元论等观点进行了讨论；第三卷对美国的Spadling、法国的Dupanloup、英国的纽曼、德国的Willmann、比利时Mercier的教育哲学进行了分析。

在Hovre看来，教育学就是哲学的"应用"，而哲学需要教育学的"实用"，正如作者在该书的绪论中所言："无论何时代，无论哪种教育学说，总以人生观为基础。人生观的大问题，一定要由哲学家在哲学的范围内，详细讨论才得正确的解决。教育学总以哲学的思潮为根据，不依靠哲学，其存在是不能独立自主的。"③而理论的依据与论证既存于古代哲学学派，也体现在近代哲学家的有关论述中，一如卢梭的自然主义教育学，涂尔干、杜威、凯兴

① [法]Felix Pecaut.法国教育制度的哲学背境[J].崔载阳,译.教育研究(广州),1931(29):42.

② E.A.Miller.世界教育新潮:弗西主义意大利教育之哲学[J].林仲达,译.教育杂志,1931,23(7):65.

③ [比利时]Fr.De Hovre.教育哲学[J].张怀,译.明日之教育,1932,1(6):117.

斯泰纳的社会主义教育学,以及费希特的国家主义教育学说。

1932年,林仲达在《东方杂志》上对奥地利的教育现状及教育哲学进行了介绍。受战争的影响,战后的奥地利倡导自由的教育,重视体育教育和艺术教育活动的开展,注重培养青年人的判断力、社会意识和共同责任,以解放个体人格,养成道德。[①]

此外,从西方教育哲学著作在中国的传播概况来看:1928年,杜威的《民本主义与教育》(商务印书馆)由邹恩泽翻译出版。

1929年,英国学者南尼的《教育的重要原理及其根据》(商务印书馆)由刘朝阳翻译出版。全书包括教育的目的、生命与个性、生活的意志、活着的过去、创造要素和保守要素的关系、惯例与仪式、游戏、教育里的游戏的方法、自然与教养、模仿、本能、自我的生长、知识和动作机官、知识的发展、学校与个人等内容。

1929年,腊斯克(又译鲁斯克)的《教育的哲学基础》由瞿世英以《教育与哲学》(北平华严书店)为名翻译出版。该书主要就自然主义、理想主义和实用主义这三个流派对教育的影响进行分析,作者在批评自然主义与试验主义的基础上,提出应根据唯心哲学来研究教育哲学。

1930年,薛文蔚的《自然主义与教育》(商务印书馆)出版。该书包括自然主义的起源、自然主义的意义、自然主义的教育家、《爱弥儿传》、自然主义的教育原理(上下)、自然主义的教材观、自然主义的教育方法观(上下)、自然主义的教育影响等内容,从亚里士多德、卢梭的学说追溯了自然主义的理论基础和发展历程,围绕教材、教育方法等相关问题分析了自然主义对教育的影响。

1931年,朱兆萃的《实验主义与教育》(商务印书馆)出版。该书包括实验主义的起源、意义、智识哲学、自然哲学、人生哲学、教育意义、教育原理、教材观、教育方法观、兴味训练说,以及实验主义教育学说的批评等内容,从詹姆斯、杜威的理论追溯了实验主义的起源及其对教育的影响。

---

① 林仲达.奥国新教育哲学上之个人的和社会的教育原理[J].东方杂志,1932,29(4):24.

1932年，王慕宁的《现代西洋各派教育哲学思潮概论》（华风书店）出版。该书主要包括现代教育哲学思潮、新康德派之教育思潮、实利主义派之教育思潮、文化教育学派之思潮、现象学派之教育思潮等内容。作者认为："现在教育学说虽有种种，概括起来只有欧洲的理想主义和美洲的实用主义两个大支流。"①

1933年，余家菊先后翻译了芬赖的《教育社会哲学》（中华书局）和亚丹士的《教育哲学史》（中华书局）。《教育社会哲学》一书包括略论教育哲学、社会遗业之根源与内容、精神生活之社会性、教育目的的问题、社会的平行原理、教育之宰制的功能、时代精神之迷惘、依社会参与以行教育等内容。《教育哲学史》一书包括教育理论之性质与范围、教育之资据、教育理论之史的观察、史前阶段、教育之社会目的与个人目的、专化教育、教育工具、人本主义、自然主义、教育之理想主义的基础、机械说、教育之前瞻等内容。

1934年，唐惜分、陈礼江、崔载阳、徐锡龄、庄泽宣、陈子明、胡毅等七人翻译了《各国教育的哲学背景》（商务印书馆）一书，对英国、法国、德国、意大利、日本、美国的教育哲学、国家和教育、教育和政治等问题进行了分析。

1935年，张怀编译出版了《教育哲学》（传信书局）一书，主要围绕哲学的意义、教育与哲学的关系、公教教育哲学大意、公教教育学、圣教会教育的功绩等问题进行了探究。

（二）西方教育哲学在中国的研究概况

1. 西方教育哲学代表性人物及著作的研究

1932年，蒋径三在《东方杂志》上发表了《教育哲学的本质及其重要性》②一文。在这篇文章的结尾部分，他列举了杜威的《民主主义与教育》（1916）、霍恩的《教育哲学》（1904）《教育的理想主义》（1910）、麦克文纳尔的《教育哲学教程纲要》、那托尔普的《哲学与教育学》（1909）、罗荪克兰

---

① 王慕宁.现代西洋各派教育哲学思潮概论[M].上海：华风书店，1932：序10.
② 蒋径三.教育哲学的本质及其重要性[J].东方杂志，1932，29(8)：8-15.

兹的《教育哲学》(1848)、斯普朗格的《生活形式》(1914)、李特的《教育学》(1924)、施特恩的《教育学导论》(1922)、莫格的《当代教育学的基本问题》(1923)、克塞勒的《基于哲学的教育学》(1921)等教育哲学方面的重要著作。

1933年,李渊杰在《进修半月刊》上发表《教育哲学ABC笔记》一文,涉及教育思想的趋势和教育哲学的派别。[①]教育思想的三种趋势分别是以斯宾塞为代表的科学趋势、以杜威为代表的社会趋势和以康德为代表的伦理趋势。教育哲学的三个派别是以农恩为代表的自然主义,以杜威、波特、克伯屈为代表的实验主义,以鲁斯克、霍恩为代表的唯心主义。作者认为,研究杜威的教育哲学,首先应研究他的智慧论。

1936年,道敦的《现代公共教育之哲学及其背景》一文由赵演翻译发表在《教育杂志》第26卷12期上。

这一时期,不仅引进了美国、德国、日本、英国、法国的教育哲学,对意大利、比利时、奥地利的教育哲学也有所涉猎。

2. 学习西方教育思想的必要性研究

蒋梦鸿在《我们为什么研究西洋教育史》一文中指出,学习西洋教育史的原因在于:一是教育的社会化趋势,即发挥教育改造社会、培养良好公民的功能。二是教育的普遍化趋势,一方面,是社会发展水平到达一定程度的体现;另一方面,体现了普通民众的受教育权利。三是教育的生活化趋势,通过教育使人们能够更好地适应不同层面的生活。在作者看来,教育史的任务有明变、求因、评判三个方面。明变是在时间的坐标中梳理不同教育思想的演变线索和影响轨迹,求因即分析一种教育制度得以确立、一种教育思想得以产生的内外因素,评判是为客观评价教育学说、教育制度的价值、影响和效果。作为应用性与理论性兼具的科学,教育在关注实际的同时,也应探析其背后的学理根据。教育思想与理论的产生,虽然不一定与彼时的教育实际完全适应,但也并非凭空产生。"杜威的教育学说可以代表几千年来教育演

---

① 李渊杰.教育哲学ABC笔记[J].进修半月刊,1933,2(24):34-35.

进的一个硕果，他的思想，不是他所有，也不是美国所有，而是几千年来人类在教育上的见解与经验，受过许多甄择、遭过许多失败而积累下来的成绩。这种教育总算得到了教育的真谛，今后的教育，也许有增修的地方，但朝着他这条路走是一定不错的。"①

彼时，也有研究者关注到西洋近代教育学术方面的论战，指出西洋教育的学术争论由来已久。总体而言，主要围绕以下几个方面进行：一是人性善恶之战。早在古希腊时期，苏格拉底和普罗泰戈拉就曾围绕道德能否学习这一问题发生过争论。二是兴趣与训练之战。赫尔巴特认为教育的目的在于激发儿童的兴趣，反对者则认为，儿童兴趣的不稳定性使之无法成为教育的目的。这场争论在时间上长达一个世纪之久，在空间上则由欧洲移至美国。及至杜威，辩证地分析了兴趣与努力在教育目的中的作用，指出没有兴趣的努力就会流于纯粹的娱乐而毫无意义，没有努力的兴趣则会导致活动者与活动的分离，使教育目的居无定所。三是科学与哲学之战。经由裴斯泰洛齐、赫尔巴特的努力，将教育学建立于心理学之上，随后引发了教育心理学与教育社会学、教育科学与教育哲学之间的冲突。

双方争论的焦点在于教育科学是否依赖于教育哲学，一方认为教育科学只有依靠教育哲学才能实现自身的发展，另一方认为只有教育科学才能真正为教育发展做出贡献。这一论争的过程表明，彼时西方近代教育学术由神学研究转向科学研究，在教育上由宗教教育进入科学教育，在生活上则由宗教生活转向科学生活。"哲学则周旋于此演进历程之中而督促之，一方反抗神学性恶之迷信，一方抵制科学垄断之偏狭，使教育学术之发展至于无限也。"②从中可以看出，哲学在教育哲学发展中所起到的独特作用，没有科学的方法固然会阻碍教育的发展，但如果没有哲学的省思与批判，教育理论的研究与教育实践的改革会同样受限，甚至是更为根本的限制。

3. 西方教育哲学发展历史的研究

这一阶段，也有研究者从历史角度对西方教育哲学进行了梳理。从其研

① 蒋梦鸿.我们为什么研究西洋教育史[J].现代教育,1929(2):74.
② 陈科美.西洋近代教育学术上之论战[J].教育季刊(上海),1930,1(2):14.

究内容来看，不仅涉及国外教育哲学流派的观点，在此基础上还对我国古代的教育哲学思想进行了比较分析。1929年，邱椿在《教育哲学的历史哲学》一文中围绕什么是教育哲学、什么是教育哲学的历史哲学、教育哲学的历史哲学之出发点、农业派的教育哲学、工业派的教育哲学进行了探究。鲍尔生、柏芝、巴格莱、克里克、克来仔马等人认为教育哲学是综合的学科，梅斯尔、杜威、柯尔文、波特、克伯屈等人则认为教育哲学是研究教育价值的学科，孟子、朱熹、王阳明、王夫之等人的教育思想则或多或少地体现了农业派的教育哲学。

具体来说，鲍尔生认为教育哲学就是要对教育的目的与意义、方法与历程等形成统一的认识。柏芝认为，哲学的目的是发现宇宙间各部分的密切联系及根本意义。对于教育来说，也应该在分析教育要素的基础上，明晰教育与社会、政治、经济以及家庭等方面的联系，进而揭示教育的真谛，简而言之，教育哲学就是对教育意义在社会层面的解释。巴格莱也认为，如果教师仅仅围绕教育的一部分去研究，就会导致学生视野狭窄，忽视不同学科之间的联系，而教育哲学能突破教育科学的界限，在综合事实的基础上找到最高的原则。克来仔马指出，教育哲学应综合关于不同教育学科的基本原理，使学生能够从整体上认识不同教育学科的联系，以及教育的发展历程。

在梅斯尔看来，教育哲学就是哲学或价值哲学的一部分，这一论断反映了20世纪20年代德国新兴教育哲学的趋势。文化教育哲学的代表人物斯普朗格则认为，文化的价值包括经济、美术、知识、社会、政治、宗教六个方面，相应的人格也包括上述六个方面，充分体现了教育哲学具有文化哲学和价值哲学的属性，或者说三者的同一性。杜威也认为，教育哲学就是研究价值冲突的学科。尽管在表述上各有所异，但巴格莱、柯尔文、克伯屈、波特等对于教育哲学的看法与杜威基本一致。如巴格莱认为，教育哲学给人以鉴别力去选择与环境相适应的教育理想。柯尔文则指出，作为自发性的、建设性的教育哲学，重新估定经验的价值是其职责所在。克伯屈和波特则坚持教育哲学应对相互冲突的社会价值做出调和。

也有研究者对西方教育哲学的发展历程进行了追溯，认为广义的教育哲学始自柏拉图，这位伟大的西方先哲正是基于哲学立场开始了对教育的研究。包括赫尔巴特的科学教育学、新康德派、文化学派、现象学派，无一不是哲学的教育学。狭义的教育哲学则指在20世纪30年代的美国，以教育哲学为名在大学开设的独立科目和师范学校中的必修课程，但是"美国的所谓'哲学'，实际与普通所谓'理论''原理''系统'等的意味没有多大差异，因而，其所谓教育哲学，也不外于'教育科学'上加上些少的哲学的研究而已"[1]。这使得教育哲学虽然已经成为一个独立的学问领域，但作为始生之物，无论是形式与内容，还是概念与意义，都有待进一步的探究。

1933年，王梧峰在《教育哲学大纲》一文中，对教育哲学的意义、教育的心理基础、教育的社会基础、学校的管理原则等问题进行了探讨。其中，教育哲学的意义主要论述了什么是教育、什么是哲学、什么是教育哲学、现代教育哲学派别这四个问题。[2]对于教育哲学的定义，作者列举了鲍尔生、巴格莱的综合之学，梅斯尔、杜威为代表的调和价值冲突之学，以及稻毛诅风的教育意义及价值之学。该文指出，历来的教育哲学涉及柏拉图主义、卢梭的个人主义、斯宾塞的实利主义、德国的国家主义和美国的平民主义。现代教育哲学派别有注重自然科学与科学方法的自然主义，以杜威、波特、克伯屈为代表的实验主义，以及琴谛尔（又译香第耳）、鲁斯克为代表的唯心主义。

这一阶段，近代西方教育哲学的发展趋势也进入彼时研究者的视野。1934年，陈守正以《近代教育哲学的趋势》为题发表了论文，对自然主义、实验主义、唯心主义三个流派进行了分析。文章指出，自然主义、实验主义、唯心主义的趋势是近代教育哲学中较为重要的三个趋势。自然主义以卢梭为代表，主张基于自然科学的立场去运用实证方法解决教育问题。受自然主义的影响，斯宾塞、赫胥黎、艾略特等人坚持将各门科学加入课程内，吉特、密勒、农恩则主张运用科学方法解决教育问题。斯宾塞认为，人的活动包括直接自存活动、间接自存活动、生育及养育子女的活动、休闲活动和社会政

---

① 蒋径三.教育哲学的本质及其重要性[J].东方杂志,1932,29(8):8.
② 王梧峰.教育哲学大纲[J].乡村改造,1933,2(15-16):1-2.

治活动五种，无论哪种活动的开展，都离不开科学知识。因此，在斯宾塞看来，教学程序应遵循以下六个步骤："由简而繁、由粗至精、由具体到抽象、循人文的历史、由经验而推理、启发儿童使其独立的研究。"①美国教育家吉特主张编制课程应遵循训练主义、自然主义、个别主义、生活教育主义的原则。在农恩看来，教育的最高目的是发展个性，同时也要注意个人与社会的互动关系。

自然主义以苦乐作为行为标准，以自然结果作为道德教育的方法，认为人的生长应遵循自然规律。这一流派主要通过结果来判断善与恶，但偏于个人自由，其主要贡献在于教材教法方面；实验主义以杜威、波特、克伯屈为代表，认为教育应满足社会的需求，使个人拥有社会生活所需的知识和能力。实验主义在平民主义教育哲学的影响下，以生活为基础，丰富了教材、教法，使机械固定的教育目的转变为活动的目的，但是该流派一味强调实际生活而忽略了教育的其他方面，其片面性一如以科学世界为全部的实在主义者。功利性的实验主义以是否得到满意的适应作为行为标准，以道德行为作为实施道德教育的方法，注重教育社会化功能的发挥。这一流派通过社会效能来判断善恶，但偏于社会自由，主要贡献在于教育组织方面。以鲁斯克、琴谛尔、雷登、霍恩为代表的唯心主义者重视精神生活，在他们看来，人与动物的区别就在于人有形成文化、艺术、宗教与道德的能力，教育的目的就是促进自由以实现理想生活。唯心主义认为教育既要发展个人，也要使个人能够过上一种理想的生活。这一流派通过行为的动机来判断善恶，主要贡献在于教育目的方面。

4. 中西教育哲学的比较研究

这一时期，也有研究开始注重中西教育哲学思想的比较。如有研究者指出，早在古希腊时期，苏格拉底就认为知识即道德。孔子则认为相对于知识来说，道德更为重要。可见，对于人类自身的发展来说，知识与道德二者不可偏废其一，正是在知识与道德的共同作用中，实现了培养全人的教育目

---

① 陈守正.近代教育哲学的趋势[J].教育丛刊(开封),1934(1):2.

的。^①只有进行社会化的教育，才能促进教育与社会的相互影响。学校与社会的关联，应以良好的社会环境为前提，否则就会产生适得其反的影响。在作者看来，无论是心理学还是社会学的研究，都有助于教育哲学的发展与应用，从而为教育的发展做出更多的贡献。

有研究者撰文从教育学科、教育家、教育著述、教育目的、教育理想与关系等方面对中西教育哲学发展进行了比较，认为从学科的发展来看，中国还缺少原创性的研究成果。"哲学之思想与教育之制度，虽发达颇早；然而教育哲学、教育原理、教育科学、教育学或教育概论等，截至现今为止，除贩卖舶来品外，不见有道地土货之产生。"^②作者认为，18世纪以前，无论是中国的教育家还是西方的教育家，均是自然形成而非培养所致。18世纪以后，欧洲大学开始设立教育学讲座，而中国19世纪末才建立起师范学校。"中西教育家，或因对人性观察之不同，或因对哲学立场不同；故所能拟定之教育目的，殊不一致。然在西洋方面有一种趋势，即以前教育多注重个人，近代教育多注重社会。"^③反映在教育目的上，西方的教育目的经历了从古希腊的公民理想、宗教理想、调和理想、道德理想、社会理想等，到现代的增进社会效率、发展人格、改造经验、发展个性、陶冶人格、准备生活、培养审美理想等的变化。

在何谓教育哲学这一问题上，中西研究者也有着不同的观点，在杜威看来，教育哲学就是基于经验和人生态度批判教育制度与教育现实。许里夫认为教育哲学关系教育意义和价值，马克文纳尔则认为教育哲学是对教育理想的批评。我国教育研究者吴家镇则认为："由教育理论与教育事实之解释批评，遂成立今日之所谓教育哲学。"^④

这一阶段，尽管传播的内容在广度和深度上不一，但是在时间维度上，从古希腊、古罗马的教育哲学思想到近现代的西方教育哲学，基于马克思主义哲学的教育思想都有所涉猎。由于之前西方教育哲学的零散传播，使国内

---

① 熊世琳.教育哲学的问题[J].江西教育行政旬刊,1932,4(1):3.
② 吴家镇.中西教育哲学之比较观察[J].民族(上海),1934,2(9):1379.
③ 吴家镇.中西教育哲学之比较观察[J].民族(上海),1934,2(9):1395.
④ 吴家镇.中西教育哲学之比较观察[J].民族(上海),1934,2(9):1384.

学者在这一阶段对其开展综合性、系统性的研究成为可能，主要表现在：一是对西方教育哲学不同流派产生的理论渊源进行探索，二是注重对不同流派的主要观点、优劣之处进行系统总结和专题研究，三是注重对西方教育哲学的批判性分析与选择性接受。

但同时我们也应注意到，一方面，这一时期西方教育哲学的引进多停留于介绍的层次，对其观点的理解有待进一步深化；另一方面，引进的理论与中国社会、中国教育的实际需求还有距离。从国别上来看，英国、美国、德国、法国、日本、意大利，甚至比利时等国的教育哲学都有介绍和引进。彼时，真正对中国教育和社会发生实际影响的，除了杜威的实用主义教育哲学以外，其他的教育哲学并没有引起很大的反响。中国教育哲学的发展，需要借鉴、吸收西方教育哲学的有益成分，更需要与中国优良的教育传统相结合，建立与中国社会、中国教育实际相适应的教育哲学，但是连年战争的社会环境和凋敝的经济环境，使上述任务难以实现。

四、西方教育哲学在中国传播的低潮阶段（1937—1949）

全面抗日战争爆发后，民族矛盾居于主要地位，社会环境动荡不安，客观上影响了学术的发展。在此期间，"'学术中国化'思潮与'马克思主义中国化'进程相互激荡，马克思主义者与反马克思主义者彼此辩驳，不仅促进了马克思主义中国化命题之学理依据的进一步完善，而且奠定了中国化学术的历史基础"[1]。"这一阶段的几本教育哲学多是在1945年抗日战争胜利之后出版的，内容偏向于三民主义与马克思主义，更接近于中国社会发展的现实和需要。"[2]

当时有研究者关注到西方教育哲学的形态与社会经济基础的关系问题，"如菲希特（Fichte）的军国主义教育哲学出现于1807年拿破仑率军入侵柏林以后。卡斯（Kass）以提倡小手工业生产为中心的教育思想，则出现于工业落后的丹麦。而赓蒂莱（Gentile）底汎系主义的教育思想之出现于意大利，

---

① 周石峰.旨趣与绩效:抗战时期学术中国化思潮透析[J].贵州师范大学学报(社会科学版)，2013(1):73.

② 冯建军,等.共和国教育学70年·教育哲学卷[M].北京:北京师范大学出版社,2020:2.

施普朗格（Spranger）与克利克（Krieck）的国社主义教育思想之出现于德国，平克微支（Pinkevitch）以工业生产为中心的教育思想之出现于建设时期的苏联"①。

1941年，朱经农的《近代教育思潮七讲》（商务印书馆）出版。该书主要包括近代教育思潮鸟瞰、自然主义与儿童本位的教育、唯实主义与科学教育、民族思潮与普及教育、唯物史观与劳动教育、新理想主义与人格教育、三民主义与教育政策等内容。此外，在附录一和二分别讨论了人文主义与艺术教育、心理学对于教育之上的贡献两方面的问题。

1947年，樊兆庚翻译了F.Eby与C.F.Arrowood合著的《近代教育之发展》的结论，主要从重要原理与态度上的变迁、教育机会组织上的变迁、课程与方法的变迁三个方面进行了总结，如近代教育经历了从经院哲学对完美启示与完全知识的追求到对工具性知识的认识。结合上述几个问题的分析，作者指出："近来教育问题极复杂，四百年前评论教育问题的文学，仅概括少数古代作家经验的学理与实际，现在世人都感觉到彻底的教育科学与哲学之重要，而教育家亦正黾勉以求之。"② 同年，莫洛以《正视现代西洋教育的危机》③为题翻译了节选自Stephen Leacock原著的部分内容，描述了教育中存在的一些现象和问题，对教育目标、学科设置、教育期限等问题进行了分析。作者认为，彼时的教育是中世纪学校的产物，学科因循而设，没有让受教育者认识到究竟为何求学。其目的并不是教给人才能，而是教会人虔诚以拯救世人的灵魂。

1948年，柴尔兹的《教育与实验主义哲学》（正中书局）由许孟瀛翻译到中国，该书包括一个根生土产的美国哲学、实验主义与美国社会背景、实验主义有宇宙哲学吗、实验主义与人性、经验假设与教育、教育与自由、实验主义与民众、实验主义与个体等内容。总体而言，这一时期，无论是对西方教育哲学的传播和引进，还是对西方教育哲学的研究与述评，成果并不多见。

---

① 卢心远.我们需要什么教育哲学[J].思想月刊,1937,1(5):36.

② [加]F.Eby, [美]C.F.Arrowood.四百年来西洋教育之发展[J].樊兆庚,译.教育通讯(复刊),1947,3(10):27.

③ Stephen Leacock.正视现代西洋教育的危机[J].莫洛,译.人生杂志(上海),1947,1(1):14-17.

第三节　20世纪下半叶西方教育哲学在中国的传播

一、西方教育哲学在中国传播的曲折阶段（1949—1978）

1949年是中国现代化过程中的一个重大转折点，从当时的国际环境来看，社会主义与资本主义、东方文明与西方文明处于对立状态。20世纪50年代，由于历史的原因，西方哲学传播一度受阻。尽管如此，一些学者也致力于西方哲学经典原著的翻译和出版，在康德、黑格尔的哲学传播和研究方面取得了一定的成果。

1966—1976年，随着国内外政治环境的变化，中国与西方哲学的对话与交流出现了暂时的中断。在中世纪的西方，哲学扮演了神学婢女的角色，而此时的中国，西方哲学多被视为代表资产阶级利益的腐朽性、反动性哲学，拒斥西学的引进。在此期间，西方哲学的传播与研究工作，受到很多限制。

这一阶段，学界对西方哲学的认识基本围绕主客二分，思维与存在、物质与意识何者为第一性等问题而展开，唯物主义与唯心主义之争成为哲学领域探讨的主要问题。在此期间，有关沙特和梅劳·庞蒂（又译梅洛·庞蒂）的存在主义美学也被介绍到国内。在美国学者魏克看来，"存在主义和现象学派哲学家对这些问题都作了深入的探索，当然还不是完全有把握，但却是令人鼓舞的"[1]。尽管也不乏对部分成果的客观表达，但限于当时的政治环境，这一阶段有关西方哲学的研究主要服务于当时的政治斗争。直到20世纪80年代以后，学术研究的氛围才有所改观。

彼时，西方教育哲学面临与西方哲学同样的传播境遇。20世纪上半叶，西方教育哲学的传播随着当时社会环境的变化跌宕起伏，其在20世纪下半叶

---

[1]　[美]魏克.一种存在主义美学:沙特和梅劳·庞蒂的学说[J].仲清,译.现代外国哲学社会科学文摘,1964(1):32.

的传播也并非一帆风顺。20世纪50年代后期，由于国内外各种环境的制约与影响，这一阶段西方教育哲学呈曲线传播方式，引进受阻，处于一种被对立、质疑的局面，师范学院的教育哲学课程被取消，教育哲学的研究进展缓慢甚至处于停滞、中断状态。20世纪60年代左右是西方教育哲学传播的一个短暂高峰期，目力所及，在此期间有18篇文章被翻译到国内，均发表于《现代外国哲学社会科学文摘》。除实用主义教育哲学之外，分析主义、存在主义、改造主义、观念主义等流派也在上述文章中得以介绍和传播，详见下表：

序号	期数	文章名称	作者及译者
1	1960(1)	《菲尼克斯：教育哲学》	［美］格鲁克，赵祥麟译
2	1960(3)	《进步教育的遭遇》	［美］克莱明，黄敬思译
3	1960(5)	《现代分析哲学和教育理论的关系》	［美］毛根拜索，吴棠译
4	1960(6)	《杜威和美国教育》	［美］却尔兹，吴棠译
5	1960(3)	《进步教育的遭遇》	［美］克莱明，黄敬思译
6	1961(7)	《教育与人类社会：一个实在主义的观点》	［美］约翰·怀尔德，黄敬思译
7	1961(7)	《杜威的教育、社会思想回顾》	［美］李尔奇，金冬日译
8	1961(7)	《教育哲学》	［美］史密斯，谭书麟译
9	1961(7)	《美国教育哲学近著简况》	［美］克赖顿，定扬译
10	1962(3)	《克伯屈：通过志愿活动的品格教育》	［美］却尔兹，陈科美译
11	1963(6)	《格林的观念主义教育哲学观》	［美］格林，姜文彬译
12	1964(3)	《对尤里契：〈教育哲学〉一书的讨论》	［美］约翰霍布金斯大学，陈科美译
13	1964(6)	《需要一个改造的教育哲学》	［美］布拉米尔得（又译布拉梅尔德），姜文彬译
14	1964(11)	《金贝尔、麦克莱伦：〈教育与新美国〉一书的讨论与答辩》	［美］约翰霍布金斯大学，陈科美译
15	1965(3)	《杜威以后美国教育哲学前提的新评价》	［美］勃鲁纳，吴棠译
16	1965(1)	《1961—1963年教育哲学的动向》	［美］麦克米伦，尼勒；姜文彬译
17	1965(6)	《派克：〈罗素论教育〉》	［美］索尔蒂斯，姜文彬译
18	1965(6)	《钱伯里斯：〈波德的教育哲学〉》	［美］索尔蒂斯，姜文彬译

由上表可以看出，这一时期的引介工作主要聚焦于美国的教育哲学，包括以下四个方面的内容：一是关于美国教育哲学相关文献的翻译。如美国学者布鲁纳的《杜威以后美国教育哲学前提的新评价》一文于1964年发表在《今日美国教育》上，1965年由吴棠翻译到国内。这篇文章谈及杜威的《我的教育信条》一书，在布鲁纳看来，杜威的教育信条鼓舞人心且具有预言性，但是杜威本人的乐观态度掩盖了彼时美国社会那些令人悲观的现实情况。社会环境的变化使人们开始重新思考、评价教育哲学的基本前提，19世纪的美国学校教育倡导形式主义，压抑了儿童的天性，杜威为此强调直接经验和社会活动的重要性。20世纪五六十年代的美国，则更需要教育承担起传承知识、发展智力的双重使命。如果人们还完全以杜威的理论去审视教育的发展，就会走向事物的反面。"教育不仅是文化的传递，也需要提供对世界的不同看法。教学也不能一直顾及儿童的兴趣，而应该让他们以一种更深刻的方式认识世界。学校不仅是家庭与社会之间的过渡场所，它也应该培养、塑造人的优异形象。"[①]教育，不能为了成人的要求而无视儿童的乐趣，反之亦然。教育应该让学生掌握关联性的知识结构，运用合适的教学方法引导儿童去发现知识自身的统一性。

二是关于美国教育哲学发展评论的介绍。这些文章多集中在对美国教育哲学的相关理论、著作的介绍及其评价上，如美国不同学者对尤里契的《教育哲学》一书进行了评论。奥康瑙尔（又译奥康纳）认为，尤里契的教育哲学主要讨论了教育追求的目的，以及达到目的的有效手段这两个问题，以此试图检验教育的职能，但该书能否被称为哲学，则是需要讨论的；勃烈青卡（又译布雷岑卡）指出，该书并没有提供系统的教育理论，作者将"宇宙的虔诚""有秩序的制度和理想"试图与基督教，以及希腊、罗马的人生观相结合，使他所提到的一些概念不仅抽象，而且远离了日常生活，对教师提出的要求不切实际且无法产生影响；哥伦比亚大学的弗朗克尔同奥康瑙尔持部分相同的观点，认为尤里契未能将事实概括和抽象理论加以区别。教育哲学的

---

① [美]勃鲁纳.杜威以后美国教育哲学前提的新评价[J].吴棠,译.现代外国哲学社会科学文摘,1965(3):16-21,39.

聚焦点不在于事实，而在于目的和理想的正确，它能够让人们清楚地知道学校存在的意义到底是什么。社会的变化、知识的创新、教育的进步、学生的发展，都要求"教育哲学是任何一代所进行的一项任务，不管是业余地或专业地进行，也不管是在哲学名义或在其他名义之下进行的，除非人民全都睡着了"①。约翰霍普金斯大学的普莱斯认为，尤里契的教育哲学重思辨轻分析，或者说，该书中所谓的哲学是一种唯心主义的形而上学与伦理学。但是，即使该书处于思辨和教育理论的极端，其中所包含的建议对于美国彼时混乱的意识形态和民族主义都是非常重要的。

1958年，菲尼克斯的《教育哲学》一书在美国出版，这本书涉及的研究范围非常广泛，不仅包括学校教育和社会教育的根本问题，也包括自然科学、社会科学与教育之间的关系。1959年6月，格鲁克对该书的评论发表在美国的《哲学杂志》上。1960年，赵祥麟将这篇评论翻译到国内。在这篇评论中，格鲁克对菲尼克斯的《教育哲学》提出了自己的看法。他认为，该书中谈到的许多问题对于教育和教育哲学来说都非常重要，但是菲尼克斯所运用的文字不够丰富和细致，使得他试图让读者根据争论本身进行讨论的尝试并未达到应有的成效。②

三是美国教育哲学流派的引介。如格林的观念主义教育哲学就是在这一时期被介绍到国内的。格林是美国的哲学家、教育家和美学家，曾任耶鲁大学哲学教授，著有《自由的基督教观念主义教育哲学》等。《格林的观念主义教育哲学观》这篇文章节选自派克编著的《教育哲学文选》第三部第十二章，原标题为《高等普通教育的再探讨》。格林在这篇文章中指出："教育目的是培养训练良好、高度个性化和富有创造性的智力，教育训练应该包括语言的熟练、事实的发现、规范的评价和简要的解释。理想的学术社团自由且充满活力，关注科技进展、社会正义、道德权利与义务等事关人类自身发展最迫

---

① [美]约翰霍布金斯大学.对尤里契:《教育哲学》一书的讨论[J].陈科美,译.现代外国哲学社会科学文摘,1964(3):38.
② [美]格鲁克.菲尼克斯:教育哲学[J].赵祥麟,译.现代外国哲学社会科学文摘,1960(1):31.

切的问题。"①

四是对不同观点的讨论与探索。1959年，布拉梅尔德与奈勒就文化与哲学讨论的一篇论文被翻译到国内。奈勒认为，哲学是一种置于文化的模式、力量和争执之上的理智训练；布拉梅尔德则认为，作为文化的一部分，哲学是文化的产物和工具。奈勒曾指责布拉梅尔德是文化决定论者，具有文化主观性；布拉梅尔德则坚持，"把生活的哲学，从而把教育的哲学看作生活的一个重要部分，它既是文化的产物又是文化的模铸者，这一假设在我看来，比以前更站得住了"②。

因社会环境的影响，这段时间西方教育哲学方面的专著翻译到国内的并不多。1949年，康德的《论教育学》由赵鹏等译，由上海人民出版社出版。1964年，瞿菊农以《当代资产阶级教育哲学》为名翻译出版了美国学者白恩斯、白劳纳编写的《教育哲学》一书的部分内容。翻译到国内的主要是教育哲学部分的内容，从译序中也可见当时政治环境对学术研究的影响，"这一部分的文字可以大体上反映出当代资产阶级，尤其是美帝国主义对于教育的看法，这是一本反面的材料书"③。"从当代资产阶级教育哲学的特点可以看出它们的反动实质。"④

二、西方教育哲学在中国传播的恢复阶段（1978—1999）

1978年以后，改革开放政策的实施解放了人的主体性和能动性，哲学社会科学的发展也迎来了属于自己的春天。思想的解放唤醒了学术界的批判质疑精神和发展的自觉性，人们开始重新认识评价西方哲学，而不是一边倒地

---

① ［美］格林.格林的观念主义教育哲学观[J].姜文彬，译.现代外国哲学社会科学文摘，1963(6):22.

② ［美］布拉米尔得.文化与哲学:对奈勒教授的答复[J].导之，译.现代外国哲学社会科学文摘，1959(5):10.

③ ［美］白恩斯，白劳纳.当代资产阶级教育哲学[M].瞿菊农，译.北京:人民教育出版社，1964:译序1.

④ ［美］白恩斯，白劳纳.当代资产阶级教育哲学[M].瞿菊农，译.北京:人民教育出版社，1964:译序6.

反对拒斥。20世纪80年代后期，人们开始重新思考社会的发展与信念、生命尊严与人生价值等问题，存在主义哲学的向死而生、自由与选择、责任等问题直击人们心灵的深处，萨特、弗洛伊德、尼采等人的学说遂引起了国内学界的广泛关注。在特殊的历史境遇下，这些西方哲学家的理论观点在情感上引起了很多知识分子的共鸣，推动人们开始思考价值理想、人生信仰等深层次的问题。值此，西方教育哲学的传播在时代和现实的迫切需求中又进入了一个新的阶段，专业性的研究团体、研究会得以建立，学术期刊也开始纷纷发表相关研究成果，客观上加速了西方教育哲学的传播。特别是20世纪80年代以后，西方教育哲学的翻译出版和研究总结工作取得了长足进展。

（一）西方教育哲学在中国的传播概况

"在建国后长达30年的时间里，西方教育哲学在中国的传播基本处于停滞阶段。当时教育哲学在我国已经中断了近三十年的时间，直到80年代，随着高师教育系重开教育哲学课，以高师学者为传播主力，西方教育哲学在中国的传播才重新开始并取得新的进展。"[①]

1980年，范斯科特等人的《当代西方教育哲学流派》由蔡振生翻译发表在《外国教育动态》上，该文主要对要素主义、永恒主义、进步主义和改造主义这四个流派的产生背景、教育目的观、课程观、教育观等内容进行了分析。除上述几个流派以外，作者自称以一种"温和的改造主义"立场，对唯心论、实在论、实用主义、存在主义和分析哲学在教育上的见解和观点进行了述评。[②]

1980年，莫理斯·比格的《实证相对主义：一个崭新的教育哲学》由上海译文出版社出版。该书由金冬日译，包括实证相对主义是如何成为一个崭新的教育哲学的；人的心理本质和他的动机怎样有目的地相互作用的；什么是实在，它是如何被感知的；什么是相对主义真理，以及它如何同价值发生

---

① 李兴韵.西方教育哲学在中国的传播[J].学术研究,2004(1):118.

② [美]R·D·范斯科特,R·J·克拉夫特,J·D·哈斯.当代西方教育哲学流派[J].蔡振生,译.外国教育动态,1980(37):56.

关系；什么是相对主义者的学习观点；学校在民主社会中的作用是什么；实证相对主义教育哲学对课堂教学有什么意义；怎样实现反思的教育学等内容。

1984年，陆有铨翻译了罗伯特·梅逊的《西方当代教育理论》，由文化教育出版社出版。该书主要包括19世纪的时代背景、科学主义与人文主义之争、传统的文科教育、进步教育、学科结构运动等内容。

1987年，王承绪等译布鲁贝克的《高等教育哲学》由浙江教育出版社出版。该书主要包括高深学问、学术自治、学术自由、高等教育为谁服务、普通教育和专业教育、高等教育学、治学的道德、作为教会的大学等内容。此外，作者在导言部分对高等教育哲学的发展进行了回顾和分析。

1988年，宋少云、陈平翻译了麦克莱伦的《教育哲学》，由生活·读书·新知三联书店出版。该书主要包括什么是教育哲学、教的类概念、教的特定概念、教的活动、道德教育：教的道德与道德的教等内容。

1989年，春秋出版社出版了由董占顺、王旭译翻译的杰·阿基比鲁的《教育哲学导论》。该书主要包括关于教育哲学、20世纪前的教育思想家、20世纪的教育思想家、教育哲学流派、哲学分析之一：教育概念、哲学分析之二：教育中的问题与争端"等内容。其中，20世纪前的教育思想家包括柏拉图、亚里士多德、伊索克拉底、昆体良、夸美纽斯、卢梭、裴斯泰洛齐、福禄贝尔、赫尔巴特，20世纪的教育思想家涉及怀特海、尼雷尔、布来顿以及当代非洲教育改革家。教育哲学流派主要包括唯理论、唯用论、实用主义和存在主义四个流派。

（二）西方教育哲学在中国的研究概况

《共和国教育学70年·教育哲学卷》一书围绕现代西方教育哲学研究的历程、主要流派、总结与展望这三个问题进行了梳理总结，主要涉及实用主义、存在主义、分析主义、现象学、后现代主义五个流派。该书统计了20世纪80年代以来国人撰写的部分教育哲学著作，[1]这些著作在内容基本上包括了西方

---

① 冯建军,等.共和国教育学70年·教育哲学卷[M].北京:北京师范大学出版社,2020:305-307.

教育哲学的主要流派，如西方古代和近代的教育哲学思想，以及永恒主义、要素主义、进步主义、改造主义、实用主义、存在主义、分析主义、结构主义、行为主义、未来主义、新马克思主义、后现代主义、批判主义、精神科学教育学等。

在此期间，介绍研究西方教育哲学的部分著作、论文及其主要内容如下：

1979年，张焕庭主编的《西方资产阶级教育论著选》由人民教育出版社出版。该书对夸美纽斯、洛克、卢梭、爱尔维修、裴斯泰洛齐、欧文、赫尔巴特、福禄贝尔、第斯多惠、别林斯基、斯宾塞、乌申斯基等人的代表性作品进行了讨论和分析。

1980年，华东师范大学教育系和杭州大学教育系编译的《现代西方资产阶级教育思想流派论著选》由人民教育出版社出版。该书主要包括实用主义教育、新教育、要素主义教育、永恒主义教育、新托马斯主义教育、存在主义教育、新行为主义教育、结构主义教育、分析哲学与教育九个流派，对各个流派及其代表人物的主要观点、产生的时代背景和发展过程进行了介绍和评论。

1982年，陈友松编译的《当代西方教育哲学》由教育科学出版社出版。该书主要涉及奈勒的教育哲学导论、苏霍多尔斯基的哲学与教育、诺登博的西方教育哲学近25年发展趋势、伯内特的如何评价杜威、普特拉的《分析的教育哲学：历史的观点》、存在主义教育哲学的理论与实践、《不列颠百科全书》中关于教育哲学的辞目释义等内容。同年，黄济在《教育哲学初稿》的绪论部分对进步主义、要素主义、改造主义、永恒主义、存在主义、分析哲学、行为主义、结构主义、西方马克思主义等流派进行了梳理。

1986年，《教育哲学教学参考资料》由北京师范大学出版社出版。该参考资料包括绪论、教育本质论、人性论与教育、教育价值论、教育目的论、知识论与教学、道德论与教育、美学与美育、教育哲学与教育科学研究、西方现代教育哲学流派等内容。其中，西方现代教育哲学流派有皮亚杰的《明日教育的结构基础》（傅统先译）和陈列的《西方马克思主义教育理论》述评两篇文章。陈列指出，西方马克思主义教育理论沿袭于当代西方马克思主义哲学思潮的两个方向：一是人本主义的马克思主义，以马尔库塞、哈贝马斯为代表；二是科学主义的马克思主义，主要理论基础是马克思的再生产理论，以鲍尔斯、金蒂斯、阿尔都塞、阿普尔为代表。前者重视人的自由发展和学校教育的独立性，认为教育可以对社会产生影响，后者则认为个人和学校教育都要受社会和经济基础的影响。作者认为："西方马克思主义是马克思主义的'爱好者''修正者''歪曲理解者'，在许多方面并没有真正领会马克思主义关于国家、阶级、教育诸方面的基本原理，割裂了马克思主义发展的连续性和整体性，错误地甚至歪曲地理解了马克思主义。"[①]

1987年，吴元训等译自美国学者S.E.佛罗斯特的《西方教育的历史和哲学基础》由华夏出版社出版。该书主要包括史前和古代文化中的生活与教育、古典文化中生活与教育、中世纪各国的生活与教育、现代世界的生活与教育等内容。其中，现代世界的生活与教育主要对文艺复兴时期、宗教改革时期、欧洲理性时代、18和19世纪的欧洲与美国的教育理想及教育实际状况进行了梳理和分析。

1989年，崔相录的《二十世纪西方教育哲学》由黑龙江教育出版社出版。该书主要包括教育哲学的历史考察、永恒主义教育哲学、精神科学教育学、进步主义教育哲学、要素主义教育哲学、存在主义教育哲学、教育人类学、改造主义教育哲学、结构主义教育哲学、分析教育哲学等内容，共涉及九个流派。

1993年，陆有铨的《西方现代教育哲学》由河南教育出版社出版。该书主要对进步主义、要素主义、永恒主义、改造主义、新行为主义、存在主义、分析教育哲学七个流派的发展过程、思想基础、基本主张进行了梳理和评论，在附录中对当代西方新马克思主义教育观进行了述评。

1996年，单中惠在《河南教育学院学报（哲学社会科学版）》以《当代欧

---

① 《教育哲学教学参考资料》编辑组.教育哲学教学参考资料[M].北京:北京师范大学出版社,1986:403.

美十大教育思潮述评》^①为题，对改造主义教育、要素主义教育、永恒主义教育、新托马斯主义教育、存在主义教育、新行为主义教育、结构主义教育、分析教育哲学、终身教育、人本化教育等进行了述评，分三期连载。

2009年，黄济的《教育哲学通论》一书由山西教育出版社出版。该书的第二编《现代西方教育哲学流派》中对各流派及其思想渊源进行了概括和总结，并对进步主义、改造主义、要素主义、永恒主义、存在主义、分析哲学和西方马克思主义七个流派的主要观点进行了评价和分析。

在前期传播的基础上，20世纪80年代后期，西方教育哲学传播取得的新进展主要表现在以下两个方面：一是翻译国外学者的研究成果，介绍西方教育哲学的发展概况，梳理总结其存在的问题、代表性人物和主要观点。^②二是翻译出版、修订西方教育哲学名著，如麦克莱伦的《教育哲学》一书由生活·读书·新知三联书店翻译出版。三是开展关于西方教育哲学的研究，有对实用主义、存在主义、分析哲学、现象学等流派的述评，对柏拉图、布卢姆等人教育哲学思想的探究，以及实用主义、存在主义、现象学等教育哲学流派对美国教育哲学发展影响的总结，也有研究从整体上对西方教育哲学的产生和发展、影响等问题进行了梳理，对进步主义与要素主义、永恒主义与进步主义，杜威与陶行知的教育哲学进行了比较研究。

---

① 单中惠.当代欧美十大教育思潮述评(一)[J].河南教育学院学报(哲学社会科学版)，1996(4):1-6.

② 王佩雄.当代西方教育哲学发展中的若干问题[J].教育评论，1986(1):77-83;王佩雄.当代西方教育哲学发展情况简介[J].外国教育研究，1984(1):57-60;[美]R·D·范斯科特，R·J·克拉夫特，J·D·哈斯.当代西方教育哲学流派[J].蔡振生，译.外国教育动态，1980(6):56-60;[美]W.K.法兰肯纳.关于教育哲学的一般看法[J].张家祥，译.全球教育展望，1981(2):62-65;陈锡章.现代西方教育哲学批判[J].社会科学，1990(6):17-22;王长纯.20世纪与西方教育哲学(论纲)[J].外国教育研究，1995(4):1-7.

第四节　21世纪以来西方教育哲学在中国的传播

一、西方教育哲学在中国的传播概况

这一阶段，随着全球化、一体化趋势的增强，中西学术交流更加密切，西方教育哲学成果传播、引进的数量也日益增多。2007年，哈佛大学教育研究生院、哲学系教授凯瑟琳·埃尔金的《急剧变革世界中的教育哲学》一文在《全球教育展望》刊出。在作者看来，教育哲学的基本使命是对急剧变革世界中出现的教育问题进行反思，对什么是知识、什么是教学等基本问题予以说明。教育不仅应该教会学生学习，还应培养学生成为一个审慎的质疑者和批判性的反思者。[①]在此期间，引进的主要教育哲学著作及其内容如下：

2005年，贾晨阳翻译了乔尔·斯普林格的《脑中之轮：教育哲学导论》，由北京大学出版社出版。该书主要围绕自由、文化关系、学校制度、人权等问题，结合相关人物及代表性思想进行了分析讨论。全书共包括五部分，第一部分为教育与专制国家、民主国家的教育问题，涉及柏拉图、马卡连科、古特曼、杜威、吉鲁等人的思想；第二部分为官方教育的分歧传统、自由学校、自由空间和废除学校；第三部分涉及文化整体性和文化素养、民族文化还是世界文化；第四部分涉及古典自由主义和性别政治、母性与理性；第五部分包括被压迫者的教育学、人权教育。

2006年，德国学者沃尔夫冈·布列钦卡的《教育知识的哲学》由杨明全、宋时春译，华东师范大学出版社出版。该书在导论部分对教育学、科学和元理论等问题进行了分析，明确了教育学知识的类型和元教育理论的任务，前三章分别对教育科学、教育哲学和实践教育学等进行了探究。该书基于哲学的概念对有关教育哲学的观点展开了论述和分析，并对经验的教育科学、教

---

① [美]凯瑟琳·埃尔金.急剧变革世界中的教育哲学[J].钱雨，译.全球教育展望，2007(9):3.

育哲学和实践教育学各自的目的和任务进行了说明。

2006年，美国学者奥兹门和克莱威尔的《教育的哲学基础》由石中英、邓敏娜等译，中国轻工业出版社出版。作者依据主要的哲学派别进行了著作的架构，对理念论、实在论、东方哲学和宗教、实用主义哲学、改造主义、行为主义、存在主义和现象学、分析哲学、马克思主义哲学，以及哲学与现代主义的挑战等进行了介绍和分析。该书在导论部分对教育哲学的必要性、哲学的分支领域、教育理论与实践、教育哲学的追求、哲学视野中的教育这五个问题提出了自己的观点和看法，并推荐了每一流派代表性人物的著作。

2008年，美国学者理查德·普林的《教育研究的哲学》由李伟译、北京师范大学出版社出版。该书共分8章，分别就教育研究的批评、教育研究的焦点：教育实践和政策、各种类型的研究和它们的哲学基础、教育研究中的基本概念及其冲突、相互竞争的哲学立场、对实践的研究：行动研究和实践者研究、教育研究的伦理维度、教育研究的性质和未来进行了探讨。作者认为，无论是教师还是研究工作者，都应对教育的意义、目标和价值等问题进行反思，并将这种反思作为自身教育实践活动的主要组成部分。

2008年，美国学者古特克的《哲学与意识形态视野中的教育》由陈晓端译、北京师范大学出版社出版。该书以教育哲学为聚焦点，对那些影响教育思想、教育实践的主要哲学和意识形态的观点进行了概括和梳理，同时介绍了主要代表人物的生平。该书共分四部分，第一部分主要围绕哲学与教育的关系进行了阐释与论述，向人们呈现了对教育进行哲学化思考的基本框架；第二部分介绍了理念论、实在论、神学实在论、自然主义等传统哲学流派的教育思想；第三部分从不同的政治和社会背景出发，对民族主义、自由主义、保守主义、乌托邦、马克思主义和极权主义等不同的意识形态理论进行了考察和说明；第四部分探讨了理论与教育的关系，对要素主义、永恒主义、进步主义、社会改造主义和批判理论进行了分析。

2008年，诺丁斯的《教育哲学》由许立新译、北京师范大学出版社出版。该书共分10章，主要涉及20世纪之前的教育哲学，杜威的哲学和教育思想、分析哲学、欧洲大陆哲学、逻辑与批判思维、认识论与哲学、社会科学哲学和教育研究、伦理学与道德教育、社会和政治哲学、女性主义、哲学和教育等内容。在这本书中，作者不仅提供了自苏格拉底以来关于教育问题的一般知识，而且还阐明了哲学家思考这些问题的方式。既涉及存在主义、现象学、批判理论、解释学、后现代主义等欧洲大陆哲学对教育的思考，也按照哲学的方式对认识论、伦理学、科学哲学等视野中的教育问题进行了探究。

2008年，杜普伊斯、高尔顿的《历史视野中的西方教育哲学》由彭正梅、朱承译，北京师范大学出版社出版。该书共分12章，涉及教育与哲学、自由主义和保守主义、古典教育理论、教育保守主义的巅峰、教育自由主义的兴起、教育自由主义的繁荣、新保守主义的回应、教育自由主义的重新界定、可能的解决之道、教育心理学、后现代主义、多元的统一等内容，每章围绕人是什么、如何认知、什么是真理、什么是善、学校的目的、教什么、如何教、如何评价学生、如何协调自由和纪律这九个问题展开。在教育哲学阵营的归属上，以源自柏拉图和亚里士多德的保守主义与始于卢梭的自由主义为两条主线，结合上述九个问题，从历史的视野对西方教育哲学进行了梳理和分析。保守主义先后经历了古希腊、古罗马、基督教哲学，以及14世纪的文艺复兴时代。及至17世纪，曾经崭露头角的自由主义，开始与保守主义决裂。经过了19世纪的缓慢生长，自由主义在20世纪的美国得以繁荣发展。在杜普伊斯、高尔顿看来，教育哲学的存在与发展并非孤立事件，而是与社会、政治、技术的变革紧密相关。该书新版在内容上做了调整，删除了有关苏联教育哲学的章节，代之以后现代主义教育哲学的内容，目的是在临近新千年时体现教育哲学的新发展，[①]但对于研究内容的完整性和全面性来说，或许是一种缺憾。

2008年，古特克的《教育学的历史与哲学基础：传记式介绍》由缪莹译、湖南教育出版社出版。正如作者在前言中所言，他是基于世界和西方历史的主要进程对该书进行组织架构的，围绕古代中国、古希腊、古罗马、中世纪、文艺复兴、新教改革、启蒙运动、革命时代、工业革命、进步运动等不同历

---

① [美]杜普伊斯,高尔顿.历史视野中的西方教育哲学[M].彭正梅,朱承,译.北京:北京师范大学出版社,2008:前言2.

史阶段，建构了一幅关于在教育哲学发展过程中做出重大贡献人物的认知地图。①这些人物主要包括柏拉图、亚里士多德、阿奎那、夸美纽斯、卢梭、裴斯泰洛齐、福禄贝尔、杜威、蒙台梭利、弗莱雷等，作者结合这些人物的生平和所处的时代背景，探究他们是如何建立自己的教育哲学的；结合这些教育家对教育的思考和认识，力图引导人们在欣赏教育遗产的同时充分发挥其价值，以解决当下教育所面临的问题。

该书在第四版中增加了孔子和批判教育家弗莱雷的教育故事。作者对孔子生活的历史背景、生平及职业生涯、教育哲学、作为教师的哲学家，以及中国文化中的儒家等问题进行了研究。古特克认为，孔子的哲学关乎文、道、仁、勇、信、敬，尤为重视礼仪，致力于君子这一道德形象的塑造，对亚洲的社会和文化产生了深刻影响。"其教育哲学从根本上来说是一个道德理论，目的是引导人们通过正确的行为来实现仁的人生。"②尽管该书的主要目的是阐释教育学的历史与哲学基础，但作者在自己的教学过程中，发现这些教育学家的教育哲学观聚焦在什么构成了受教育的人这个问题上。对这一问题的思考加深了作者和他的学生们对教育哲学的理解，而围绕生活故事的传记式写法，不仅凸显了个体在教育哲学发展史上的意义，也提醒作为读者的我们深思那些事关教育发展的基本问题。

2008年，由英国学者乔伊·帕尔默主编，任钟印、诸惠芳翻译的《教育究竟是什么？100位思想家论教育》在国内翻译出版。该书囊括了孔子、苏格拉底、卢梭、康德直至弗莱雷、吉鲁等古今中外100位思想家有关教育的论述。正如作者在前言中所说，对每一位人物的介绍都遵循"共同的版式"，提供每一位思想家的工作概要、基本传记资料，随后批判性地讨论了每位人物的主要思想在教育理论和实践中产生的结果。③

---

① [美]吉拉尔德·古特克.教育学的历史与哲学基础:传记式介绍[M].缪莹,译.长沙:湖南教育出版社,2008:前言2.

② [美]吉拉尔德·古特克.教育学的历史与哲学基础:传记式介绍[M].缪莹,译.长沙:湖南教育出版社,2008:19.

③ [英]乔伊·帕尔默.教育究竟是什么？100位思想家论教育[M].任钟印,诸惠芳,译.北京:北京大学出版社,2008:前言1.

2009年，爱尔兰学者弗兰克·M·弗拉纳根的《最伟大的教育家：从苏格拉底到杜威》①在国内翻译出版。该书基于历史的维度展现了教育思想的变化与发展，从理论和实践两个方面总结了每一位教育家所做出的独特贡献。该书与《教育究竟是什么？100位思想家论教育》均基于历史之维提供了一幅教育思想的概略图，有助于人们在时间的流变中了解不同教育家的学说。

2009年，美国学者加拉格尔的《解释学与教育》由张光陆译、华东师范大学出版社出版。正如作者所言，该书出版后无数次被创造性地解读和应用，远远超越了他本人的观点。书中的思想不仅被应用到教育领域，而且被应用于音乐、艺术和建筑、精神治疗，以及新闻学等其他领域，显示了解释学的普遍性和重要性。作者在当代解释学和教育理论的语境中，力图揭示二者之间联系的必然性，试图为规范性的教育改革界定一个合适的程度，并从中获得新的看法和理解。该书共分10章，主要讲述了解释学的本质及其对教育理论的适切性、解释和教育经验、解释循环和教育循环、解释学的限制、解释学的可能性、教育的本质、保守解释学和教育理论、批判解释学和教育理论、激进解释学和教育理论、教育和解释学等内容。加拉格尔对保守解释学、中庸解释学、激进解释学和批判解释学进行了区分，指出解释学之于教育理论、教育经验分析之于解释学，二者具有彼此的适切性。通过对二者关系的探讨，不仅打破了各自所在领域的僵局，也有助于澄清解释学和教育的本质，进而形成一种中庸解释学的教育方法。

2011年，库伦主编的《教育哲学指南》由彭正梅等译、华东师范大学出版社出版。该书包括历史的及当代的教育哲学思潮、教学和学习、学校教育的政治和伦理、高等教育四部分，涉及53位教育哲学研究者。其中，第一部分历史的及当代的教育哲学思潮，主要讲述了苏格拉底运动，斯多葛学派，犹太教的教育传统，奥古斯丁的教育思想，人文主义，启蒙自由主义，卢梭、杜威与民主，康德、黑格尔，以及教育科学的兴起，浪漫主义学派，希腊主义、古典中学和古典学，批判理论，分析运动，女性主义，后现代主义等内容。

---

① [爱尔兰]弗兰克·M·弗拉纳根.最伟大的教育家:从苏格拉底到杜威[M].卢立涛,安传达,译.上海:华东师范大学出版社,2009.

2011年，菲利普斯主编的《教育大百科全书·教育哲学》由石中英译、西南师范大学出版社出版。该书对教育哲学、教育哲学中的分析传统、教育中的认识论问题、科学哲学、政治哲学、社会哲学和道德哲学，以及几种主要宗教传统中的人性论等问题进行了回顾和梳理，也对批判性思维、政治和道德哲学、课程理论等具体问题，及其对教育的影响进行了分析。

2015年，奥康纳的《教育哲学导论》由宇文利译、中国人民大学出版社出版。该书于1957年首次出版，是分析教育哲学领域的代表性著作。这本著作包括哲学与教育、哲学的本质、价值判断的辩护、理论与解释、何为教育理论、关于道德与宗教等内容。作者通过对重点概念、术语的解释，意在揭示哲学与教育理论、教育理论与教育实践之间的联系。

2015年，英国爱丁堡大学教育学院教育哲学教授戴维·卡尔的《教育的意义》由徐悟译、中国人民大学出版社出版。该书包括教育、教学和专业实践，学习、知识及课程，学校教育、社会及文化三大部分，围绕事关教育发展的重要问题，不仅阐释了柏拉图、亚里士多德、笛卡尔、休谟、康德等人对教育哲学的影响，而且对后分析哲学影响下的教育哲学新动态进行了说明。该书的内容在延续分析传统的基础上，反映了时代的要求和教育领域的最新研究成果。

2016年，李秋零翻译的《康德教育哲学文集》由中国人民大学出版社出版。该书部分内容来自康德为学生开设的系列讲座，包括康德对自然的教育、实践的教育等问题的相关论述。康德指出："教育是一门艺术，其实施必须经过许多世代才能够完善，每一世代都配备有前一世代的知识，能够越来越多地实现均衡且合目的地发展人的一切自然禀赋，就这样把整个人类导向其规定的教育。"[①]为实现作为艺术的教育和有规定的教育，康德又围绕教育的整体目的及实现方式提出了系统的概念，认为教育关涉对心灵力量的普遍培养和特殊培养。

2017年，卢彩晨的《中国高等教育重审：基于约翰·S·布鲁贝克的高等

---

① [德]康德.康德教育哲学文集[M].李秋零,译.北京:中国人民大学出版社,2016:15.

教育哲学视角》一书由北京理工大学出版社出版。该书基于布鲁贝克对高等教育哲学基础、学术自治、学术自由、高等教育为谁服务、普通教育与专业教育、高等教育学、治学的道德等问题进行了分析，探究中国高等教育发展中存在的问题，旨在为中国高等教育改革提供参考。

此外，还有亚领域的相关著作被翻译到国内，涉及道德教育、音乐教育、艺术教育、儿童哲学等。[①]这一阶段的传播与研究从内容上来看更加全面，体现了中国教育学者在引介西方教育哲学方面所做出的努力。

二、西方教育哲学在中国的研究概况

1997年，金生鈜的《理解与教育：走向哲学解释学的教育哲学导论》由教育科学出版社出版。该书主要对人类的自我认识与教育、理解、理解与教育意义的生成、理解与受教育者的精神建构、理解与师生交往关系的建构、理解与课程、从理解到实践等问题进行了探究。作者认为："教育是一种复杂的社会人文现象，它具有社会性和历史性，它的每方面都摆脱不了人类的文化和价值、社会关系和意识形态。"[②]"理解的目的不仅在于意义的生成，而且在于精神自我的成长。"[③]

2004年，张全新的《二十世纪西方教育哲学》由泰山出版社出版。该书涉及实验主义教育哲学、新托马斯主义教育哲学、存在主义教育哲学、结构主义教育哲学、分析学派教育哲学、后现代主义教育哲学六个流派，主要对

---

① 如[美]柯尔伯格.道德教育的哲学[M].魏贤超,柯森,等译.杭州:浙江教育出版社,2000;[美]贝内特·雷默.音乐教育的哲学[M].熊蕾,译.北京:人民音乐出版社,2003;[德]沃夫冈·布雷钦卡.信仰、道德和教育:规范哲学的考察[M].彭正梅、张坤,译.上海:华东师范大学出版社,2008;[英]詹姆斯·D.马歇尔.米歇尔·福柯:个人自主与教育[M].于伟,李珊珊,译.北京:北京师范大学出版社,2008;[美]加雷斯·B.马修斯.童年哲学[M].刘晓东,译.北京:生活·读书·新知三联书店,2015;[美]埃德蒙·伯克·费德曼.艺术教育哲学[M].马菁汝,译.杭州:浙江人民美术出版社,2016.

② 金生鈜.理解与教育:走向哲学解释学的教育哲学导论[M].北京:教育科学出版社,1997:48.

③ 金生鈜.理解与教育:走向哲学解释学的教育哲学导论[M].北京:教育科学出版社,1997:27.

各流派的发展历程和特征、主要观点及内容进行了探究，在此基础上做出评价并寻求启示。

2012年，陆有铨的《现代西方教育哲学》由北京大学出版社出版。该书对进步主义、要素主义、永恒主义、改造主义、新行为主义、存在主义、分析教育哲学等流派的主要观点进行了系统分析与评价。

2012年，曹永国的《自然与自由：卢梭与现代性教育困境》由福建教育出版社出版。该书围绕自然与自由、社会改造与自由完善、作为个体自由历险的教育、知识人与道德人、群氓时代的无根基教育和教育希望等问题进行了探究，对教育与完整、美好和卓越的本质性关系进行了分析，力图揭示卢梭教育思想的时代价值。

2012年，渠敬东、王楠的《自由与教育：洛克与卢梭的教育哲学》由生活·读书·新知三联书店出版。该书聚焦于成人，对洛克和卢梭的教育思想进行了解读。在作者看来，于洛克而言，人通过理性认识自身的责任，以一种开放性态度与他人进行交流，养成良好的品质，才能成为合格的公民并拥有真正意义上的自由；于卢梭而言，他围绕自然对教育与自由人之间的关系进行了卢梭式的解读，试图抵抗社会对人自然发展能力的危害。该书在解读洛克、卢梭教育哲学的基础上，对现代人如何处理自由的问题进行了思考。

2012年，杨旭东的《时间意识与教育之思：现象学态度与教育研究》由中国传媒大学出版社出版。该书围绕时间意识与面向教育本身、从教益的领受出发思教育的时间性、教育语言的时间性、教师被给予的时间性和课堂时间意识、哲学作品中的时间研究与可能的教育之思、经由时间之思打开教育学史等问题进行了研究。

从西方教育哲学发展历程及研究动态的梳理来看，这一阶段，人们开始对西方教育哲学的产生、形成与发展进行了全面梳理。"自苏格拉底以来，西方教育哲学中就存在如下两种隐而不显的教条观念：'客观知识与真正的教育无关'以及'学校教育等于教育'。"[①]也有研究者认为，柏拉图的理性价值教

---

① 汪邦琼.西方教育哲学中的两个教条[J].化工高等教育,2009(6):1.

育传统和伊索克拉底的修辞教育传统是西方教育哲学产生的最初源头，前者重视理性认知对价值获取的重要性，但忽视了语言运用时的价值教育功能；后者重视语言表达合理性的同时，却忽视了其在价值方面的引导意义，对我国近代以来的教育产生了一定的消极影响。[①]

有研究者认为，从19世纪末西方教育哲学的传入到20世纪中期为止，其传播历程可分为三个阶段：第一阶段是前导时期；第二阶段是杜威来华后形成了西方教育哲学在中国传播的高潮时期；第三阶段是20世纪30—40年代初，杜威的教育哲学受到反思与批判，西方教育哲学在中国的传播进入多样化时期。[②]西方教育哲学流派众多，多以其所依据的哲学流派为基础进行分类，但也有学者从其他维度对其进行梳理，认为"永恒主义、存在主义教育哲学流派代表'人文精神'，进步主义、要素主义、结构主义等教育哲学流派则代表着科学精神"[③]。

在研究动态上，"从《哲学与教育研究》杂志2010—2019年刊载文章的数量和内容可以发现，国外教育哲学研究依然将教育本体及教育哲学学科建设看作教育哲学研究者关注的重心；儿童教育哲学、空间教育哲学、数字教育哲学和生态教育哲学等研究领域得到拓展；杜威、康德、哈贝马斯等教育哲学家的文本解读仍是研究热点；世界主义、批判教育学、存在主义等流派受到广泛关注"[④]。从文章的梳理结果来看，批判教育学、存在主义、理性主义、后结构主义、后现代主义、新康德主义、建构主义、实证主义等诸多流派在该杂志中都有所涉及。其中，对批判教育学的研究成果数量相对多一些。

这一时期的西方教育哲学研究，除了历史性的回顾和梳理以外，还有以下几个方面的研究：一是对西方教育哲学的批判性研究。如认为永恒主义的

---

① 黄义玲,梁中和.西方教育哲学的原初分野及当代启示:论古希腊教育哲学中价值教育与修辞教育的分离[J].教育理论与实践,2006(11):2-3.

② 李兴韵.西方教育哲学在中国的传播[J].学术研究,2004(1):115-119.

③ 张乐天.西方当代教育哲学对西方教育变革的影响及其借鉴意义[J].教育理论与实践,1994(1):59.

④ 张卓远,侯怀银.十年来西方教育哲学研究的进展与反思:基于《哲学与教育研究》刊文的分析[J].当代教育与文化,2020,12(2):22.

哲学基础是荒谬的，所谓人性永恒论是一种公然抹杀人性的资产阶级论调，它所坚持的复古主义也有脱离社会生活之嫌，不能适应现代科学技术发展的需求。同时，这一流派对注入式、传授式教育的坚持，也限制了学生学习的自主性。精神科学教育学强调人之精神重要性的同时却游离于社会环境的制约之外，不可避免地陷入悲观主义；进步主义教育哲学重视直接经验的同时，忽视了对间接经验的学习，以儿童为中心则削弱了教师的主导权，不仅遭到来自永恒主义等流派的批判，而且也受到了美国公众的质疑；结构主义教育哲学以皮亚杰的发生认识论为基础，具有相对的合理性，但是它有脱离人类实践的个体生物学化倾向，一些观点要么是流于片面，要么是难以完成。[①]这一阶段还出现了对西方教育哲学已有研究成果的反思。如有研究者针对陆有铨的《现代西方教育哲学》一书提出了自己的质疑，认为该书对教育哲学、西方教育哲学、现代西方教育哲学的概念界定不够清晰全面，现代西方教育哲学是否就是进步主义、要素主义、永恒主义、改造主义、新行为主义、存在主义、分析教育哲学这七种主义下教育哲学的统称？[②]

二是关于西方教育哲学的专题性探究。如对西方教育哲学各流派课程观的研究。[③]作为教育改革的一环，课程改革的科学性关系教育改革能否顺利进行。对于永恒主义来说，注重文化遗产的同时因其保守性而无法摆脱形式训练的弊端，不能很好地适应社会变革的要求；要素主义则要求学生掌握人类文化遗产的永恒要素以更好地适应现实生活，但因其重视课程的逻辑组织、分科课程、学术训练而忽视课程的心理组织、综合课程和职业训练受到批评；进步主义对传统教育的批判为教育领域带来了积极的影响和新的活力，但是20世纪30年代的经济危机和苏联人造卫星上天，还是让人们开始质疑以经验和兴趣为中心的课程观；改造主义教育哲学与进步主义教育哲学都以实用主义哲学为基础，相对于后者的经验课程而言，前者更加重视社会中心课程，但试图通过课程解决贫困、犯罪等重大社会问题，进而建设正义平等的民主

---

① 陈锡章.现代西方教育哲学批判[J].社会科学,1990(6):17.
② 张毓.评陆有铨《现代西方教育哲学》[J].文学教育,2017(7):174.
③ 靳玉乐.现代西方主要教育哲学流派的课程观述评[J].外国教育研究,1991(3):11-14.

社会则是不现实的。还有研究基于不同流派对教师教育、职业教育、道德教育、音乐教育、主体间性、师生关系等问题进行了思考，也有围绕存在主义与实用主义两个流派之间的师生观进行比较。

三是对西方教育哲学传播的研究。如有研究者以《教育世界》为载体，对西方教育哲学思想的导入情况进行了系统总结。该研究对《教育世界》和《教育丛书》的关系进行了梳理，分析介绍了西方教育哲学思想导入的原因、文章数量、主要内容，以及主要作者的基本情况等。在此基础上，总结了西方教育哲学思想导入的三大特征，即以翻译日本和直译西方两种渠道作为主要材料来源，以西方近代进步教育哲学思想为主导，在融会贯通的基础上加以本土化，并归纳了《教育世界》对西方教育哲学思想导入的影响。[①]

这一阶段，教育哲学的国际性学术交流也进一步开展。2008年7月7日—7月18日，在美国伊利诺伊大学香槟校区举办了第一期"复旦—伊利诺伊教育哲学高级研讨班"，主旨在于探讨教育的哲学基础、教育所面临的困境以及可能的解决方案，在对教育哲学的核心问题进行分析的基础上，进一步加强中美两国学者在教育哲学、教育理论、教育政策以及教育实践各个层面的交流对话与理解。通过对柏拉图基于灵魂认识的教育、卢梭自然主义的教育和杜威进步主义的教育这三种典型范式的分析，揭示出其隐含在西方教育哲学传统中的核心理念，即自治。杜威认为教育最根本的目的就是自治，而达成这种教育最有效的方法就是通过科学的探究。[②]从交流的主要内容可以看出，柏拉图、卢梭和杜威等人的教育哲学思想仍然是人们关注的重点问题。

2008年12月29日—2009年1月9日，第二期"复旦—伊利诺伊教育哲学高级研讨班"在复旦大学哲学学院举办。作为教育哲学研究推进计划合作项目的第二期活动，研讨班主要围绕教育研究中的哲学与价值问题这一主题展开。美国的三位教育专家结合各自的研究领域，以专题报告的形式提出了对教育研究及其方法论基础的哲学主张。弗吉尼亚大学教育学院的埃里克·布莱多

---

① 杨光《教育世界》对西方教育哲学思想的导入[D].硕士学位论文,辽宁师范大学,2013.
② 张奇峰.以"自治"为核心的西方教育哲学传统:第一期"复旦—伊利诺伊教育哲学高级研讨班"综述[J].复旦教育论坛,2009,7(1):40.

教授介绍了美国教育研究中诸多争议性话题产生的历史与社会背景，分析了教育研究方法论的冲突，指出人们应该对哲学反思的作用和可行性、哲学反思的理论基础进行反思。斯坦福大学教育学院名誉教授菲利普斯围绕关于教育研究科学性标准的争论，以一种后实证主义的立场表达了对实证主义的哲学批判。在他看来，人们所持有的不同研究目的和教育研究严谨性的缺乏，反映了这一领域的复杂性。研讨班的第三个专题报告由美国伊利诺伊大学教育政策研究及教育哲学名誉教授范博格主持，主要围绕教育研究中的价值问题进行了讨论，分析了麦金太尔的新绝对主义伦理学、罗蒂的新相对主义哲学对美德、真理和价值的理解，强调了哲学家、教育哲学家在重建价值与教育研究关系中的重要作用。[①]

近代以来，西学的传入引发了中国哲学、社会学、教育学等学科的创建与自我认知。在此学术背景下，西方教育哲学的传播与影响，既与不同阶段中国社会发展的客观需求密切相关，也与教育对教育哲学的迫切需要紧密相连。百余年来，书籍的翻译出版、期刊报纸对研究成果的刊登、学校课程的开设，都成为传播西方教育哲学的重要媒介。在内外因素的综合作用下，西方教育哲学在中国经历了引进传播、认同接受、批判质疑、融合改造的复杂过程，形成了翻译、教学和研究并存且相互影响的发展态势。"2000—2019年，我们自己编写的教育哲学近百种，但翻译的著作不足20种，总体数量不多。与前一个阶段相比，译著的质量明显提高，但我们对西方教育哲学的研究显得不足。"[②]时至今日，进一步加强西方教育哲学研究的意义在于：及时了解其发展动态，积极借鉴，互通有无，在此基础上进一步加强中西教育哲学的会通，积极探索中国教育哲学未来的发展，为人类教育哲学知识体系的完善与更新做出贡献。梳理西方教育哲学在中国的影响，意在凸显中国教育哲学自己的立场和风格，进而提升中国教育哲学的国际影响力。

① 复旦大学教育哲学研究中心.教育研究中的哲学与价值问题：第二期"复旦—伊利诺伊教育哲学高级研讨班"综述[J].复旦教育论坛,2009(4):27.
② 冯建军.中国教育哲学百年[J].中国教育科学,2019(5):15.

第三章　初建与发展：西方教育哲学对中国教育哲学学科建设的影响

西方教育哲学涉及的时间跨度长、空间范围广、流派数量多，受理论渊源、文化背景和思想资源等因素的影响，各流派在研究内容和研究主题上有共同之处，在观点的表达上则各有所异。每个流派及其思想的形成既与所处时代背景和教育环境有关，也与研究者个人的生命感悟和学术偏好有关。思想的丰富性带来了传播和研究的多样性，西方教育哲学在中国的传播可以分为两种类型，即引进性传播和研究性传播，前者侧重于对西方教育哲学的引进与介绍，后者侧重于对其具体观点的阐释与理解。"如果把教育哲学作为教育思想来考察，古代的中国和西方都有教育哲学，但教育哲学作为一个学科是近代的事情。教育哲学学科的发展，经历了从思想史向学科史的转变。在考察其学科发展时，必须做到学科发展和思想演进的统一。"[①]就此而言，西方教育哲学对中国教育哲学的影响，除了学科发展层面的分析外，还有与其相关的另一条线索，即需要在研究内容和研究方法方面梳理其影响。

对西方教育哲学在中国传播与影响的梳理，学界主要有以下几种解读方式：一是对原始文本的引进与介绍，主要是对西方教育哲学论文、著作的翻译出版与节选编著，这种方式凸显了第一手资料的重要性。二是在解读文本的基础上开展批判性借鉴与反思。文本并不是一个孤立的产物，而是受著者所处社会的影响，展现了社会、文本、作者之间的交互作用。作者的生活环

---

① 冯建军,等.共和国教育学70年·教育哲学卷[M].北京:北京师范大学出版社,2020:前言1.

境、受教育经历、工作经历都影响着他对教育问题的认识和分析，使教育哲学的研究与表达既有所处时代的共性特征，同时也附着了不同研究者的个性特征与风格。这就需要了解不同教育哲学流派背后的立论基础和哲学根基，对其观点、研究方法等进行述评，客观分析各流派的优劣得失，及其在教育实践中的有效程度。三是在学术交流与对话中，思考如何开展中国教育哲学的原创性、本土性研究。20世纪，特别是在杜威来华以后，中国教育哲学在西方教育哲学的影响下，萌发了学科意识，经历了由传播引进到学习接受，再到反思创建的过程。

第一节　思想奠基：学科前史的影响

前已述及，对教育哲学学科发展的考察，需做到思想演进和学科发展的统一。从思想演进来看，西方教育哲学之于中国教育哲学学科前史的影响，主要体现在哲学和教育哲学思想两个方面，在时间上主要指1919年以前。

一、西方哲学的传入

哲学的研究方法和体系建构与教育哲学的研究有着重要关系。哲学思维方式和方法的运用，意味着对问题的批评和澄清。民国时期的教育研究者就已经意识到，明晰中国教育哲学的研究内容，应从哲学出发。哲学，即是运用抽象思维、逻辑推理研究根本问题而得到具有普遍性的知识。彼时，西方学术的影响不仅体现在教育哲学方面，也体现在教育哲学的学科基础——哲学方面。

20世纪，人类的生存条件与发展环境、对人生意义的探寻、文化危机的展现影响了现代思潮的发展与走向。在这一过程中，也伴随着东西两种不同文明的碰撞。王国维认为："余非谓西洋哲学必胜于中国，然吾古书大率繁散而无纪，残缺而不完，虽有真理，不易寻绎，以视西洋哲学之系统灿然，步伐严整者，其形式之上孰优孰劣，故自不可掩也。且欲通中国哲学，又非通西洋之哲学不易明也。"①在这段话中，王国维客观地指出了学习西方哲学的理由，在于其系统性和逻辑性，且研究西方哲学也有助于对中国哲学的理解。"西方哲学的中国化乃至整个西学中国化可以划分为三个历史阶段：明清之际（16世纪末至18世纪初），晚清（19世纪下半叶）至20世纪70年代末，20世纪70年代末迄今。这三个历史阶段之间的中国学术思想和西方哲学本身都发生了巨大的变化，中国学术思想发生的是古今之变、学统之变、学术建制之变，表现出明显的整体性断裂。西方哲学发生的是典范之变、思潮之变、风格之变。"②维新变法时期，很多中国青年学生留学日本接触了西方哲学，日后成长为传播西方哲学的人才，经由日本引进西方哲学。

西方哲学传入之初，主要是介绍亚里士多德的哲学，以及托马斯主义的经院哲学。除了具体的哲学观点以外，也将西方哲学中的形而上等问题带入中国哲学的语境之中。经院派和实用派同时被介绍到中国，前者以费希特、黑格尔、新康德派为主，强调伦理哲学和价值的意义，重视人性修养与人格的健全。依据这一理论流派培养的教师，将对价值的追求和道德的培养置于自然探索之上。对于后者来说，主要以介绍杜威和詹姆斯的观点为主，强调客观的科学方法和纯粹经验的应用，重视儿童的自由发展，认为道德训练应内化于其中。两种不同倾向在教育中所产生的结果和价值也有所不同。对于师资培养来说，经院派认为哲学是高深学术而非师资教育的必备科目，实用派则认为提高哲学修养需依赖科学知识。

此外，也有研究者关注到西洋哲学的发展趋势。在《关于哲学与教育的对话》一文中，李石岑指出，海德格尔因其哲学内容的丰富和广博在哲学界享有很高的地位，但是他以观念论为出发点，注重思辨而流于玄虚。进而，李石岑从实证派、新观念论派、新唯物论派的代表人物及主要观点分析了西洋哲学的发展趋势。对康德派和以西南学派、马尔堡学派为代表的新康德派进行了说明，指出真善美源自康德哲学，又在新康德派中得到了进一步的阐明。在这篇文章中，李石岑主要围绕西洋哲学的趋势、什么是真善美、哲学

---

① 姚淦铭,王燕.王国维文集(第3卷)[M].北京:中国文史出版社,1997:5.
② 丁耘.论西方哲学中国化的三个阶段[J].天津社会科学,2017(5):15.

思想对教育有何影响、教育与人生有什么关系、教育是否有最后目的、教育的本质、教育的功能、教育哲学的重要性、对杜威教育思想的批评、荀子的哲学思想，阐述了自己的观点和见解。在李石岑看来，如果说教育学始自赫尔巴特，那么教育哲学则始自罗苏克兰兹。一方面，是因为该书的英译本取名为《教育哲学》所致；另一方面，也是因为作者以哲学的眼光研究教育使然。在罗苏克兰兹看来，教育的功能有三种限制：一是个体限制，如果缺少某种素质，无论施以何种教育，也无法实现某种主观目的；二是客观限制，如果缺少一些必备条件，教育功能也无法得以实现；三是绝对性限制，比如学校教育的阶段性。[①]因此，教育功能既非神圣，亦非万能。

二、哲学与教育的关系探究

从西方教育哲学思想的影响来看，20世纪初国内研究者就已经注意到西方教育思想与哲学之间的密切关联。1906年，《教育世界》刊出《述近世教育思想与哲学之关系（承前）》一文。文章指出："而使人于其自身。所以得有价值者。一以为在于道德，一以为在于人类的天性之发展。前者于汗德之严肃道德主义发表之，后者于新人文派之思想显示之……以上所述不过教育思想兴哲学之关系之一端。至最近世因哲学思想之发达而其关系益复杂。有未易述者矣。"[②]

国内有研究者深入思考了哲学与教育的关系，根据三段论推断，"大前提为教育之本务在于世运进化，进化之本质于宇宙大精神，教育顺乎大精神其本务乃完。小前提为研究宇宙大精神者哲学也，进而得出'故必根据哲学乃形成完全之教育学'的结论"[③]。因此，教育应从哲学的本体论、认识论寻求自身的根据。在作者的后续文章中，对以柏拉图为代表的形而上学唯理论、以洛克为代表的经验论进行了分析。前者主张思想中所呈现的世界才是一个真正的世界，在黑格尔的思想中也能看到唯理论的影子。还有一种形式的唯理

① 李石岑.关于哲学与教育的对话[J].教育学期刊,1933,1(2):5-6.
② 佚名.述近世教育思想与哲学之关系(承前)[J].教育世界,1906,129(13):2.
③ 挚哉.教育学之哲学根据(未完)[J].教育周报,1913(27):11.

论，即康德对经验论与唯理论的折中，康德认为先天的范畴具有永恒性。经验论者洛克则主张，科学之所以不同于数理学的唯理论，主要在于：科学是事实的科学，而唯理论为概念的科学。唯理论的缺陷在于：唯概念至上，否认了科学来源于经验这一事实。在作者看来，人们认为哲学研究高深而不实用的观点是偏颇的。对于以育人为主要功能的教育来说，与哲学有着直接且重要的关系。教育目的与伦理有关，教育方法与心理有关，而人们对伦理与心理的认识，都离不开哲学在本体论、认识论方面的探究。归根结底，"哲学者，谓之为教育学不可须臾离之根据"①。

1916年，志厚在教育杂志第8卷第3期上发表了《近世教育与哲学之关系（未完）》一文，在介绍洛克、卢梭等人的教育思想后，指出"从事实际教育者，多疑哲学之于教育毫无关系。即不然，亦以为关系甚浅。噫，岂其然哉。夫欲造就完人，自必先有坚固之世界观人生观以为基础。不有哲学之根本思想，勿足以建设教育"②。说明彼时部分教育研究者重教轻哲学，认为二者的联系并不密切，这一现象已经引起了有关学者的注意。

西方近代教育与哲学之间的关系也引起了人们的关注，有研究者探讨了基督教、理想主义、自然主义、社会主义、个人主义的人生观对教育的影响。③在这篇文章中，作者指出，对于理想主义人生观来说，强调人的灵魂和精神，追求至善纯美，但如果将其作为人生发展理论指导，这一类型的人生观则缺乏一个现实的基础，况且纷繁复杂的人类世界并非只由精神世界所创造。因此，当时间的指针走到近代，理想主义的人生观渐由自然主义人生观所代替。起源于机械论的自然主义人生观，认为精神生活乃附属于自然界，精神生活本身并没有价值所在。对于这一类型的人生观来说，适于且能够维持个体之生存的就是真，有益于生存的就是善。在自然主义人生观看来，竞争与功利是人类社会生活的不二法则，但是对于现实生活来说，不仅有竞争和功利，亦有合作与道义。因此，自然主义人生观存在自相矛盾之处。此时，

---

① 挚哉.教育学之哲学根据(续)[J].教育周报,1914(35):10.
② 志厚.近世教育与哲学之关系(未完)[J].教育杂志,1916,8(3):27.
③ 志厚.近世教育与哲学之关系[J].教育杂志,1916,8(4):41-49.

社会主义人生观又登上了历史舞台。

如果说自然主义人生观将人置于自然界中，认为自然凌驾于人类社会生活之上，那么社会主义者则将人类社会置于特殊地位，认为同胞关系才是主导人类社会运行的法则。需要注意的是，社会主义人生观虽能够推动人外部生活的发展，却又忽视了人内部精神的独立，而教育的目的就在于拓展精神生活的范围，让精神生活丰富多样，包括科学认识、艺术创造、伦理行为、宗教信仰等。个人主义强调教育目的的育人性而忽视精神生活，流于肤浅；社会主义强调教育目的的社会性而将个人视为手段，忽视了人本身的价值而流于狭隘。彼时教育重知识轻道德修养，对于教师来说，如果没有科学合理的世界观、人生观，则缺乏信仰。一方面，无助于学者之道的形成；另一方面，亦不能有效引导学生精神的独立，形成健全的人格。

1919年，等观在《教育杂志》第1期翻译的《教育者与哲学》一文中指出，有研究者认为教育学自身就很深刻且已有较为明确的教育目的与方法，没有研究哲学的必要，但在他看来，要想成为一名真正的教育家，是离不开哲学的，更不能将哲学拒于教育学的门外。[①]从上述内容来看，彼时的研究者不仅分析了教育者对哲学的误解，而且论述了哲学的精神及其之于教育的必要性，进而探讨了教育哲学的职能所在，有助于学界理解、认识教育哲学的重要性和存在价值，客观上为西方教育哲学在中国的进一步传播奠定了初步的思想基础。

第二节 传播引进：推动了中国教育哲学学科的初建

中国教育哲学的发展历程与西方教育哲学的传播和影响密切相关。有鉴于此，我们结合前者的发展阶段和后者的传播历程，对西方教育哲学在学科层面的影响进行梳理。"在西方教育哲学思想的影响下，作为学科的教育哲学

---

① 等观.教育者与哲学(未完)[J].教育杂志,1919,11(1):16.

先后经历了赫尔巴特学派教育哲学思想、实用主义教育哲学思想、三民主义教育哲学思想以及马克思主义教育哲学等阶段。"[①]

从中国教育哲学的发展阶段来看，学界主要有以下几种观点：第一种观点认为，"20世纪上半叶中国教育哲学的发展经历了引进（1919—1922年）、初创（1923—1926年）和成型（1927—1949年）阶段"[②]。

第二种观点认为，"20世纪上半叶中国教育哲学学科的发展可以分为孕育期（1901—1919年）、诞生期（1919—1927年）、繁荣期（1927—1937年）与低迷期（1937—1949年）四个阶段，先后受到实用主义、三民主义、马克思主义等哲学思想的影响"[③]。

第三种观点认为，"20世纪下半叶中国教育哲学的发展经历了中断（1950—1977年）、重建（1978—1990年）、发展（1991—2000年）三个阶段"[④]。

第四种观点认为，"中国教育哲学的百年发展历程大致可以分为四个阶段。第一个阶段是初建阶段（1919—1949年），从引进、借鉴到中国教育哲学的探索，形成了教育哲学发展的第一个高峰。第二个阶段是断裂期（1949—1979年），第三阶段是恢复重建阶段（1979—1999年），第四阶段是新世纪以来（2000—2019年）的发展期，出现了教育哲学发展的第二个高峰"[⑤]。

从西方教育哲学的传播历程来看，1919年杜威来华以后，学科意义上的西方教育哲学开始传入国内。也正是在此意义上，有研究者将20世纪上半叶西方教育哲学在中国的传播分为三个阶段："第一阶段为前导时期，即1919年杜威来华以前的20年左右。第二阶段为高潮时期，即杜威来华之后。第三阶段为传播的多样化时期，即20世纪30年代末至40年代初。"[⑥]

---

①　冯建军.中国教育哲学研究:回顾与展望[M].北京:北京师范大学出版社,2015:13.

②　侯怀银.20世纪上半叶中国学者对教育哲学学科建设的探索[J].教育研究,2005(1):7-16.

③　胡金木.20世纪上半叶中国教育哲学学科发展的回顾与审思[J].高等教育研究,2016,37(8):26-34.

④　侯怀银,田小丽.20世纪下半叶教育哲学学科建设的本土探索[J].当代教育与文化,2012,4(3):6-7.

⑤　冯建军.中国教育哲学百年[J].中国教育科学,2019(5):3.

⑥　李兴韵.西方教育哲学在中国的传播[J].学术研究,2004(1):115.

上述观点在具体时间的划分节点上有所不同，但是反映出一个共性问题，那就是西方教育哲学的影响与中国教育哲学自身的发展是分不开的，或者说，当中国教育哲学的学科建设开始启动后，它的发展足迹就与西方教育哲学的传播和影响息息相关。正是在此意义上，我们借鉴已有研究成果，在初建、断裂、恢复重建和新世纪以来的发展期四个阶段内，对西方教育哲学在学科层面的影响进行梳理。

一、提供了构建学科体系的参照

"中国的教育哲学不仅学科历史短暂，并且带有浓厚的西方教育哲学发展的痕迹，主要是在'翻译'的基础上'引进'；在'模仿'的基础上'创立'；并在'本土化'的诉求下成长、壮大、发展。"①在西方教育哲学的影响下，中国教育研究者开启了中国教育哲学学科的建设之旅，在体系和内容上体现了美国教育哲学和德国教育哲学的影响。"20世纪上半叶，教育学科改造的方式有删削式、添加式、参合式、改易式和融化式。"②在经历了1927—1937年的黄金10年后，这种探索虽因时代背景和社会环境的变化时而缓慢，时而间断，甚至处于停滞状态，但是从历史发展的长河来看，一旦原创性探索的意识觉醒后，就会一直伴随着中国教育哲学的发展历程。特别是1927—1949年，随着西方教育哲学的译介与传播的繁荣，引发了国内研究者对教育哲学更加深入全面的思考，如教育哲学与哲学、教育原理、教育学的关系等，以及教育哲学的主要任务、学科体系、基本问题等在此期间均有涉及。

有学者在回顾20世纪中国教育哲学的发展时指出："不同的教育哲学流派基本上都受到了国外相应教育哲学流派的影响，有的影响还很深。"③伴随着对西方教育哲学的翻译引进与传播借鉴，我国学者开始构建中国自己的教育哲学。"中国教育哲学在借鉴、移植、模仿中逐渐形成了自己的学科体系，主要有三种。一是'哲学之教育的应用'体系，主要以范寿康的《教育哲学大纲》

---

① 冯建军.中国教育哲学研究:回顾与展望[M].北京:北京师范大学出版社,2015:6-7.
② 范寿康.教育哲学大纲[M].福州:福建教育出版社,2007:代序14.
③ 石中英.20世纪中国教育哲学的回顾与展望[J].教育研究与实验,2000(5):2.

和吴俊升的《教育哲学大纲》为代表。二是'教育之哲学'体系，以范锜的《教育哲学》为代表。三是混合模式，以张栗原的《教育哲学》为代表。"①

社会和教育自身的复杂性，使得教育存在种种冲突，而教育哲学就是以综合的、整体的视野力求各方面的平衡。有研究者在梳理美国教育哲学趋势时指出："哲学有两个最为重要的应用领域，一个是政治哲学，一个是教育哲学。教育哲学，乃对于教育根本问题作一种综合之解释者也。以经验全体为范围，以生活全体为目标。"②受杜威的影响，胡适言及，传统儒家的人才培养虽然有助于个人心性的完善，但脱离了社会的发展。因此，教育对个体的培养和发展必须与社会改造相结合。在中国教育哲学的初建阶段，西方教育哲学特别是美国和德国的教育哲学产生了深远影响。

"据不完全统计，从1919年到1949年之间，我国教育学者编写的教育学教科书达40种之多，其中绝大部分都或多或少地受到了杜威实用主义教育学理论的影响。如王炽昌编写的《教育学》是较早反映杜威教育观点的著作。"③1919年10月，在太原召开的中国第五届全国教育联合会通过了建议教育部废除教育宗旨的一个提案，原因就在于："施教者不应以特定一种宗旨或主义束缚被教育者"，这个意见就来自杜威。同时，杜威的教育哲学思想对当时中国的学校教育制度、教学制度和方法也产生了一定的影响。④萧恩承、瞿世英、陆人骥、吴俊升、林砺儒、傅统先等人的教育哲学著作在体系构建和观点言说上，均在不同程度上体现了杜威实用主义教育哲学的影响。

1926年，萧恩承的《教育哲学》由商务印书馆出版。该书主要受克伯屈的影响，作者在序言中写道："此书系根据科伦比亚大学师范学院教授启尔拍特立（克伯屈）所编之教育哲学略说立论……乃将各原书内容遍览无遗，然后融会其大意，将各家之说提纲挈领，构成篇幅，并随地将数年来课堂笔记

---

① 胡金木.20世纪上半叶中国教育哲学学科发展的回顾与审思[J].高等教育研究，2016(8)：31-32.
② 菊农.近年来美国教育哲学之趋势[J].大江季刊，1925(2)：121.
③ 李文鹏.1919—1949年中国教育科学的初步发展[J].教育评论，2002(1)：58.
④ 王为农，郑希晨，黄元贞.教育哲学[M].哈尔滨：黑龙江教育出版社，1990：294-295.

及个人心得列入。"①在该书即将出版时,作者又意识到唯心主义之于教育的重要性。因此,又将美国纽约大学霍恩的《教育中的唯心主义》一书选择部分内容翻译,作为该书的下编。这本书分上下两编,上编主要包括教育哲学的意义、行为的基础、人类建设的性质、个人与社会、社会教育、平民主义与教育、国家与教育、教育的宗旨、教学法、课程问题和道德教育等内容,下编包括造就人的哲学、遗传与教育、环境与教育、意志与教育等内容。

作者认为,彼时关于教育宗旨最有影响的三种理论分别是:注重个人,以自然发展为宗旨;注重公民资格,以社会效率为宗旨;注重理想与鉴赏力,以文化为宗旨。②该书在体系建构和具体观点的陈述上,都深受克伯屈的影响。在克伯屈看来,设计教学法是有目的性的试验,源自内部需要而非外部注入。这一方法有三个要素,即一定的目的、有方法的历程,以及由动机驱使所发出的动作。这意味着,这一方法与生活中的需要密切相关,是由于内部的原因而生发出解决问题和困难的需要。萧恩承认为,设计中就包含着问题。设计与练习密切相关,在高年级的实施较之低年级更为容易。同时,也有助于密切学生与教师的关系,使教师的训育工作更为顺利地开展。

瞿世英著有《现代哲学》一书,该书对德、法、英、美等国家的现代哲学进行了述评,对自然主义、实验主义和唯心主义的观点进行了梳理,哲学方面的研究也影响着他对教育哲学派别的认识。1929年,瞿世英的《教育哲学ABC》一书出版。该书包括哲学与教育、教育哲学之问题、人格唯心论与教育等内容。第一章涉及哲学是什么、哲学的标准、理论与实行、哲学与科学、哲学与教育、教育哲学之问题六个方面的内容;第二章涉及教育之性质、教育之各方面、教育思想之趋势、教育哲学之派别、实验主义(杜威)、唯心主义(琴谛尔、雷登)六个问题;第三章涉及人格的唯心论、人生理想与教育理想、几派人生哲学、人格实现与教育、自由之分析五个方面的内容。作者在序中写道:"这本小册子的目的,只想提出教育哲学的问题,现代各派教育哲学的趋势,同时略述著者的意见。这绝不能算是详细的研究,只是提出

① 萧恩承.教育哲学[M].上海:商务印书馆,1926:序2.
② 萧恩承.教育哲学[M].上海:商务印书馆,1926:98.

写问题，引起读者的思索而已。"①上述言说虽有作者自谦的成分内含于其中，但在一定程度上也反映出当时的中国教育哲学处于起步阶段，引进介绍、述评总结西方教育哲学的内容较多。

在关于教育与哲学的关系上，能够明显看到杜威、霍恩等人观点的影响，"从广义来看，教育的范围是与生活同其大小的。从狭义来看，即对于儿童之系统的形式的训导而言，亦为生活全部经验中最重要之一部分"②。在关于教育哲学研究的问题上，杜威提出了"教育即生长"的观点，教育的性质为社会的，其作用在于完成生活。霍恩则基于历史、理想、实行这三个维度来探讨教育的意义。瞿世英认为，这些观点对于国人探讨教育哲学都很有意义。在杜威看来，应付生活的种种冲突是为哲学的根本，这也是教育哲学的中心问题。瞿世英对此提出质疑，认为应付生活的冲突的确是重要的，但不应该将其视为唯一的问题。在此基础上，他提出教育哲学应该讨论研究如下问题："教育经验的意义、教育史的哲学、个人之天性与理想、社会之性质与理想、教育理想与教育价值、调和生活中各种对于教育的要求之冲突。"③进而又说明，教育史或者教育思想史记载了以前教育哲学家所付出的努力与成绩。作者认为，教育思想的趋势即可反映教育哲学的派别，说明了教育哲学的发展与教育史、教育思想史发展之间的密切联系，同时也反映出教育哲学学科独立性的问题。

在教育思想之趋势这部分内容中，瞿世英指出，以杜威为代表的社会趋势是现代教育思潮中比较有影响的一支力量，在教育价值上较为注重工具性和对问题的解决，这一观点也引发了人们对教育与生活、学校与社会之间关系的深入思考。在瞿世英看来，杜威的思想可以分为以下三个阶段："第一阶段是新康德派的惟心论者，第二阶段是工具主义者，第三阶段是自然主义者和行为主义者。"④

---

① 瞿世英.教育哲学ABC[M].上海：世界书局,1929:24.
② 瞿世英.教育哲学ABC[M].上海：世界书局,1929:22.
③ 瞿世英.教育哲学ABC[M].上海：世界书局,1929:30.
④ 瞿世英.教育哲学ABC[M].上海：世界书局,1929:51-52.

1934年，陆人骥的《教育哲学》出版。该书分为上中下三编，上编讲述了教育哲学的意义、教育哲学在教育学科中的地位、教育哲学问题、教育哲学的功用，中编讲述了教育的性质、教育的目的、教育的价值、教育上两个重要名词的审察、教育上几种重要学说的批判，下编讲述了现代教育哲学的派别。陆人骥进一步指出："柏拉图等一般人，早已有很详细的教育哲学。不过严格的说，正式成为教育学科的一门，确在1848年以后。在美国方面，关于题名'教育哲学'的书籍，比较上要算得出最多了。"①从上述言论可以看出，关于教育哲学的发展可以追溯到柏拉图，学科意义上则始自布莱克特的《教育学的体系》。在西方教育哲学的发展历程中，美国教育哲学发展要较快一些。据作者所言："中编是教育哲学的本论，在每个标题之下，虽然有时列数各家的意义。不过就大体上说，是基于杜威氏的立场的。这一点，希望读者要认清的。"②

1935年，吴俊升的《教育哲学大纲》由商务印书馆出版。该书分两编，第一编探究教育哲学的性质，第二编就教育哲学的根本问题进行研究。傅统先认为，吴俊升的立场深受杜威和涂尔干的影响，在观点的阐释上比较偏于实用主义和社会主义。③在吴俊升看来，教育哲学具有多元性，应运用历史的、比较的、批判的方法，按照以下三种程序进行研究：一是以心灵论、知识论、道德哲学、社会哲学等与教育密切相关的主要哲学问题为纲，以各派哲学的解读为目，分析其影响；二是以自然主义、理想主义、社会主义等各派哲学为纲，以各派对教育问题的解答为目，评述其影响；三是以本质论、目的论、方法论、价值论等问题为纲，以各派哲学解答为目，针对教育问题的分析和实际结果进行评价。④黄济对吴俊升的《教育哲学大纲》给予了高度评价，认为该书无论在体系上，还是在内容上都给予了他很大的启发，甚至说如果没有吴俊升的这本著作，就不会有他的《教育哲学初稿》。他进而指出："从思

① 陆人骥.教育哲学[M].上海：商务印书馆,1934：导言1.
② 陆人骥.教育哲学[M].上海：商务印书馆,1934：导言3.
③ 傅统先.教育哲学讲话[M].上海：世界书局,1947：121.
④ 吴俊升.教育哲学大纲[M].福州：福建教育出版社,2011：42.

想倾向上来说，它比较重视实用主义的思想；但从其论述的方法和体系来看，又不囿于实用主义的范围和叙述方法。"[1]

1946年，林砺儒的《教育哲学》由开明书店出版，于1947年再版。这本书是林砺儒在抗战期间为桂林师范学院学生写的一本讲义，尽管不到10万字，但是内容清晰，观点明确。作者认为"教育哲学是从社会底生成、发展及其演变底必然过程中，探究人间形成客观的法则底实践哲学。教育哲学具有客观性、实践性、阶级性和战斗性"[2]。该书主要包括总论、教育之本质、教育目的、教育底效能、教育方法、现代教育学演进之鸟瞰共六讲的内容，还有以《教育配合政治还是政治配合教育》为题的附录。总论部分主要阐释了教育哲学的必要性、哲学与教育的关系，以及教育哲学的性质；第二讲教育之本质主要包括从教育看人类生长、社会作用、文化繁殖，从人类文明史看教育演进等内容；第三讲教育目的涉及所谓教育无目的说、教育毕竟有没有目的两个问题；第四讲教育底效能包括教育给受教育者的作用、教育在社会过程中之作用两个问题；第五讲教育方法包括实践与学习、学习方法与学习资料、学习方法与学习环境三个问题；第六讲现代教育学演进之鸟瞰包括滥觞、赫尔巴特教育之称尊、文化学派之修正、新康德派之修正、现象学派之修正、实用主义之修正和结论等内容。

有关实用主义的影响主要涉及杜威关于社会环境与教育之间关系的观点，以及教育目的和教育方法的认识。在林砺儒看来，杜威看到了社会环境对教育作用发挥的促进作用，但是杜威没有看到参与社会活动对人类自身生长、发展和转变的促进作用。那托尔普提出的"陶冶的社会条件与社会的陶冶条件"，以及克里克的"社会是教育的主体"的观点也失之偏颇，掩盖了教育的革命性与实践性。杜威所设想的平民主义的社会，仅仅有学校教育是远远不够的，还需要教育与革命实践的配合。

在教育目的上，林砺儒认为，杜威对教育外铄目的的批判固有可取之处，但从教育的社会作用来看，教育有目的是一种客观存在的事实。在此基础上，

---

① 黄济.教育哲学通论[M].太原：山西教育出版社,2009:299.
② 林砺儒.教育哲学[M].上海：开明书店,1946:15-18.

林砺儒进一步指出，当人成为自然和自己的主人，自觉地创造出属于自己的历史时，实现由必然到自由的飞跃。这样的社会是杜威的民主主义社会，是那托尔普理想的、人道的社会。

在教育方法上，林砺儒认同杜威所强调的实践对于学习的意义，正是在不断的实践中，体现了经验的连续性与改造性，体现了主体与客体的统一，科学地解释了杜威所说的教育过程就是教育目的的体现。杜威认为，学习方法就是在各种场合运用材料的过程，林砺儒则坚持在唯物论的立场上来看待方法与资料的关系。在他看来，正是因为杜威过于强调实用性，使得关于经验、实践、生长的观点有了一定的局限性。

林砺儒认为，在当时的中国，教育有着太多未能解决的问题，一些研究者要么是随意批评有关教育的进步言论，要么是随波逐流，追逐当时的流行语。教育哲学有正确与庸俗之别、进步与落后之分，如果是后者，则于教育的发展无益。因此，人们应该从客观现实出发，探究正确的教育哲学。正确的教育目的应能推动人们追求真理、驱逐黑暗，坚定改造生活的信念。他进一步指出，良好的政治环境是教育能够配合政治的前提条件。这些论说体现了作者强烈的批判性和现实性。

1947年，炎如在《介绍林砺儒著〈教育哲学〉》一文中指出，彼时的中国，教育哲学著作为数不多，"而在这仅有的几册著作中，几乎都跳不出美国教育者杜威氏的圈子"[①]。杜威的教育学说生发于民主社会发展程度较高的美国，相对于德国观念论而言，杜威教育哲学的实用色彩较为浓厚。炎如认为，杜威的"教育即生活""学校即社会"，在陶行知那里成为"生活即教育""社会即学校"，这一观点的转变是中国教育的一大进步。

1947年，傅统先的《教育哲学讲话》由世界书局出版。该书共涉及以下七讲：教育何以需要哲学、教育哲学之发展及其时代影响、教育哲学的科学基础、教育中的哲学问题、几个根本的教育问题、教育哲学的研究方法、在追求中的中国教育哲学。其中，第二讲对希腊教育理论及其时代影响、寺院

---

① 炎如.介绍林砺儒著《教育哲学》[J].文汇丛刊，1947(3)：5.

教育之理想与基督教生活、文艺复兴与教育哲学、启蒙运动与自然主义的教育哲学、民主主义与社会主义哲学这五个问题进行了梳理和分析。"宗教思想、黑格尔学派哲学思想与自然科学思想是他学术体系的基础，而杜威则建构了傅统先的学术信仰，马克思主义理论的指导为他的哲学体系发挥了变革性的作用。傅统先在'教育哲学'的话语与学科引入方面功不可没。"[①]这在傅统先晚年与张文郁合著的《教育哲学》一书中有着明显的体现："本书作者力图根据马克思列宁主义来阐明教育的本质和现象、教育的理论和实践，以及它们之间的关系和联系。"[②]该书分总论、分论、当代西方教育哲学的新发展三编内容。其中，人的本质基于马克思、恩格斯对历史唯物主义的探讨，围绕他们对人的本质的科学论述进行了系统梳理和阐释。价值论与教育围绕教育目的、教育目的的一般性和特殊性、人的全面发展与社会的发展、教育与生产劳动相结合和人的全面发展等问题进行了研究。在黑格尔、杜威、马克思等人的影响下，傅统先提出了教育哲学研究中的很多问题，虽然这些问题并不一定都能在他的著作中找到答案，但是至少被提了出来。

《教育哲学》一书的撰写，是新中国成立以后教育哲学草创工作的一部分，属于1978—1985年高等学校文科教材选编计划中的一本。在编写的过程中，陆有铨等人也参加了整理原稿的工作，反映了一代又一代学人在建设中国教育哲学、研究西方教育哲学过程中所做出的持续性努力。该书在第三编当代西方教育哲学的新发展中，用一章的内容对分析主义、存在主义、杜威的实验主义、改造主义、要素主义和结构主义这六个流派的发展历程和主要观点进行了简要介绍。

杜威所强调的观察、假设、实验的方法影响了傅统先对教育哲学科学基础的认识。"傅统先关于教育的看法在他所著的《现代哲学之科学基础》一书中便已有雏形，经过对杜威理论的学习又有了进一步的思考与理论上的提升，

---

① 张敬威,于伟.教育哲学的知识划界与学科体系:以傅统先学术旅程为中心的考察[J].教育理论与实践,2017(25):6.

② 傅统先,张文郁.教育哲学[M].济南:山东教育出版社,1986:前言1.

直到在《教育哲学讲话》一书中才较为完善地重新呈现。"①傅统先在写作本书时，曾在圣约翰大学讲授教育哲学课程，该书中的许多材料就是课堂讨论的结果。从《教育哲学讲话》一书的内容来看，杜威对傅统先的影响主要体现在对教育基本问题的认识和教育哲学研究方法这两个方面。

就教育的基本问题而言：一是关于教育本质的认识。从经验论的角度来看，儿童教育应在与实际生活紧密结合的具体环境中开展；从实验主义的角度来看，教育是一个持续的生长过程而非静止的目标。傅统先认为，杜威的教育即经验改造说对教育准备说、教育为理性之表现说、教育即机能训练说、教育即心理养成说等观点的批评和补充是其最精彩的部分。他也针对杜威的主张提出了补充性的观点，即教育也应该培养儿童严密的组织精神，在重视儿童个性的同时也应注重社会性的培养。教育的过程不仅是维持人类的生活，而且要追求一种真善美的生活。②

二是关于教育目的的认识。在傅统先看来，当谈到教育目的时，需要先明确目的的意义。目的的意义主要包括以下四个方面的问题：目的是生而有之，还是后天习得？目的是来自以往形成的文化制度，还是以自己的需要为出发点？目的是绝对的，还是相对的？是否应该有总的目的或一般的目的？如果将目的视为能够预见行为和可能效果的一种预知之明，在杜威看来，这种预知是个人的主观经验，而非传统社会所给予的一种标准化的模范。傅统先对此持怀疑态度，他认为一个人的理想不能和来自社会的标准截然分开，即使教育有了新的理想和目的，也应该是在社会中可以实现的。

杜威认为，衡量一个目的是否优良有三个标准：目的应基于现实环境而产生，随时代的改变而改变，且能引起新的行为。目的既然产生于现实之中就无法超越现实，既然是变化就不能静止，既然是个人内在需要就不可能为外在客观标准所制约。杜威认为目的与手段、目标与行为具有一致性。当将来的结果和现在的具体情况相联系时，有目的的行为就产生了，这一点是傅

---

① 张敬威,于伟.教育哲学的知识划界与学科体系:以傅统先学术旅程为中心的考察[J].教育理论与实践,2017(25):5.

② 傅统先.教育哲学讲话[M].上海:世界书局,1947:86.

统先所赞同的。在杜威看来，优良的教育目的应该有以下三个特点；第一，基于学生的兴趣、活动和需要确立，而不能以社会的需要将其标准化；第二，应有助于学生合作活动的开展；第三，具有特殊性而非一般性。傅统先对此提出质疑，认为教育的目的在顾及学生兴趣的同时，也要考虑社会的传统和需要。教育目的固然有其特殊性，但应该是在普遍之下的特殊，否则容易沦为极端的个人主义。

三是关于教育方法的影响。在杜威看来，教育就是生活的进展，而教育方法就是如何推动生活的进展。杜威对形式训练法和赫尔巴特的五段教学法提出批评和质疑，在他看来，教育方法的组成包括以下五个方面：兴趣的激发始于个体的经验和所处的具体情境，在情境中与问题相遇，进而收集资料寻求解决问题的相关经验，在此基础上提出假设并进行实证的检验。杜威的观点进一步引发了傅统先对上述问题的思考，那就是在运用教育方法时，如何处理形式训练与充实内容、逻辑程序与心理程序、兴趣与训练、广义方法与狭义方法之间的关系。在他看来，二者不能截然对立或者分开，而应结合起来加以运用。

四是关于教材的认识。傅统先在他《教育哲学讲话》中指出："现代的教科书大半都是和学生生活不发生关系的东西，这些东西即使在学生饥饿的时候，也不能用来充饥。"[1]在杜威看来，教材和课程各有自己的特点和作用，二者不能等同。教材意味着生活所需要的知识，而历史、数学、物理、化学等学校的课程，只有被学生在实际生活中加以运用时，它们才能变成教材，也就是说，课程应该符合人性的发展，以及学生的个性化需要。在此基础上，傅统先进一步指出，关于教材的内容可以分为以下四类："直接控制活动的知识是人类生活中最原始的知识，传递的知识为人类生活所必需。科学知识是经过实验之后比较确定的事实，它是人类思想的根据。美感的知识是指为人类直接享受的一种复杂知识。"[2]

五是关于教育价值的认识。杜威认为，儿童发展的过程即生活的过程，

---

① 傅统先.教育哲学讲话[M].上海：世界书局,1947:96.
② 傅统先.教育哲学讲话[M].上海：世界书局,1947:96-98.

这一过程本身就是教育价值的体现。因此,教育没有工具性的价值。这是傅统先所反对的,在他看来,任何一种教育都有工具性价值,自己通过学习实现发展,体现了教育的内在价值。当个体通过自己的发展影响别人时,就体现了"教",也就是教育的工具性价值。相对于较为次要的工具性价值来说,内在的价值更为根本,但这并不是说将二者截然分开,而是适用于不同的情境。"教育的最高价值是学校各种科目的统一性,在个人方面则是人格的完整性。"①

从对教育哲学研究方法的影响来看,杜威认为,研究教育哲学,需认识所在社会状况及文化思想的趋势、哲学的基础、心理学,以及关于教育的一般认识。在杜威这一观点的影响下,傅统先进一步指出,教育哲学的发展应考虑两个因素,从一般方面来看,应有完整的哲学系统,以便于认清方向,因为哲学关系理想的树立和人生的自我反省;从特殊方面来看,应注意中国的国情。"教育哲学是在现实生活中所创造的一种理想,而这种理想决定着我们将来生活的进展,它的方向应取决于一般人生态度和特殊社会需要两方面。"②

傅统先在这部著作中还提到他认为对于教育哲学研究来说非常重要的参考书,一是霍恩的《教育哲学》(1904),阐释了作者基于理想主义的教育观;二是麦克文纳尔的《教育哲学教程纲要》(1912),作者主张教育是一种社会制度,要适应、配合整个社会的进展;三是杜威的《民主主义与教育》(1916),该书由邹恩泽翻译,商务印书馆出版;四是芬赖的《教育社会哲学》,该书从社会学的立场研究教育问题,认为在完整的社会过程中,不同个体之间互相学习,彼此影响,从而产生了广义的教育;五是克伯屈的《教育哲学课程纲要》,该书对哲学与教育的关系、人类与自然界的关系、人类经验的形成、个人与文化的关系、新道德、美感经验在生活与学校中的意义等内容进行了探讨;六是1935年由商务印书馆出版的吴俊升的《教育哲学大纲》。③

傅统先认为杜威的《民主主义与教育》一书非常重要,但原著文字难懂,译文又是文言文,他甚至还表达了将来重译此书的想法。他写道:"这本巨著

① 傅统先.教育哲学讲话[M].上海:世界书局,1947:101.
② 傅统先.教育哲学讲话[M].上海:世界书局,1947:139.
③ 傅统先.教育哲学讲话[M].上海:世界书局,1947:113-121.

可以说是教育哲学的圣典，一则是因为它流行广、影响深，一则是因为杜威以圆融一贯的思想体系对于教育中的各个重要问题进行了精确的讨论。是研究教育哲学的人必读之书，且需要多读仔细咀嚼。"[①]

那托尔普的《哲学与教育学》主要受康德哲学的影响，围绕伦理学、论理学和美学等对教育问题进行了探究。其思想传播到中国以后，对我国教育哲学体系的构建产生了深远影响。刁培萼认为，吴俊升、范寿康的《教育哲学大纲》都参照了那托尔普的《哲学与教育学》。[②]

范寿康的《教育哲学大纲》（1923）一书由导言、教育哲学、教育论理学、教育美学、教育伦理学、结论6章内容组成。范寿康认为，论理学与教授的关系是首要应该研究的问题。教授目的无外乎形式陶冶与实质陶冶，而论理学与此密切相关。论理学有助于教育者和受教育者明晰谬误的来源，实现理性而精细的思考，进而对苏格拉底、亚里士多德、夸美纽斯、洛克、卢梭、裴斯泰洛齐等人在论理学方面的观点逐一进行阐释。在他看来，教育学与论理学的关系得到了西方教育研究者的重视，无论是那托尔普，还是杜威，都将论理学应用于教育学中。在体系上，范寿康基本借鉴了那托尔普的架构，按照伦理学、美学、论理学三个方面对教育哲学进行研究，并没有建立一个新的体系。范寿康自称，他本人的《教育哲学大纲》一书从立场来说不完全属于新康德派。在该书出版10年后，他认为自己的思想发生了很多变化，以前的研究方法也应该发生转变，即采用唯物辩证法开展教育哲学方面的研究，但他并没有就此进行更为深入的探索。

1925年，李石岑的《教育哲学》由商务印书馆出版。该书主要包括教育哲学、教育与人生、教育上新价值之估定、东西人的教育之不同、中国教育与西洋教育之异点、机械主义与生机主义的教育、近世教育与哲学之关系等内容。在李石岑看来，"愚于诸思想中认为最有价值且最有进步者，为教育即过程论与教育及生活论二者"[③]。它们皆反映了现代教育思想的特征和时代精

---

① 傅统先.教育哲学讲话[M].上海：世界书局，1947：115.

② 刁培萼.追寻发展链：教育的辩证拷问[M].北京：教育科学出版社，2010：16.

③ 李石岑.教育哲学[J].教育杂志，1922，14(3)：2.

神。同时，他指出："杜威此著，推论颇广，固不得谓于教育哲学上无所贡献；然属之教育一般理论者，仍居泰半，而遽以教育哲学名，颇嫌不类。若那托尔普之教育哲学，则不过教育学制基础科学，所谓论理学、伦理学、美学上一种之议论而已，纷而无当若此，又焉望斯学之确立耶。"[1]

冯建军在《中国教育哲学百年》一文中指出，1927—1937年，被称为教育哲学发展史上的黄金10年，我国教育哲学试图超越西方教育哲学，提出在介绍外国教育文化理论的同时，根据中国的实际和发展需要，探索中国教育哲学的路向。[2]在学习借鉴西方教育哲学的基础上，中国教育哲学研究更加重视原创性，围绕中国教育的现实问题，建立、完善中国自己的教育哲学。1937年到新中国成立前，国内的学术环境虽遭到破坏，但也出版了一些教育哲学著作，详见下表：

序号	作者	书名	出版社	出版时间
1	邱椿	《教育哲学的新生命》	文化社	1928 年
2	瞿世英	《教育哲学 ABC》	世界书局	1929 年
3	杨贤江	《新教育大纲》	南强书局	1930 年
4	陆人骥	《教育哲学》	商务印书馆	1934 年
5	王慕宁	《现代西洋各派教育哲学思潮概论》	华风书店	1932 年
6	姜琦	《教育哲学》	群众图书公司	1933 年
7	范锜	《教育哲学》	商务印书馆	1933 年
8	余家菊	《教育原论》	大陆书局	1933 年
9	吴俊升	《教育哲学大纲》	商务印书馆	1935 年

[1] 李石岑.教育哲学[J].教育杂志,1922,14(3):2.
[2] 冯建军.中国教育哲学百年[J].中国教育科学,2019(5):4-5.

序号	作者	书名	出版社	出版时间
10	张怀	《教育哲学》	传信书局	1935 年
11	毛礼锐	《民生教育哲学大纲》	国立中山大学师范学院	1943 年
12	林砺儒	《教育哲学》	开明书店	1946 年
13	袁公为	《三民主义教育哲学概论》	南京独立出版社	1947 年
14	傅统先	《教育哲学讲话》	世界书局	1947 年
15	张栗原	《教育哲学》	生活·读书·新知三联书店	1949 年

二、促进了教育哲学基本问题的探究

20世纪上半叶，在西方教育哲学的影响和带动下，中国教育哲学萌发了学科意识，不论是引进基础上的传播，还是模仿基础上的创造，终是拉开了发展的帷幕，开始了中国教育哲学体系的构建并为之做出了相应的努力，为新中国成立以后教育哲学的发展奠定了基础。

1936年，姜琦在他的《八年来中国教育哲学之研究》中指出，彼时中国的教育哲学主要有三派：一是杜威的经验论派或实用主义派，二是范寿康的新康德派，三是邱椿的唯物论派。姜琦同意杜威"教育即生活"的主张，但他认为杜威的主张有妥协、调和之嫌，杜威应该进一步认定教育就是社会生产力。那托尔普在解释教育现象时较为彻底地运用了辩证法，这是姜琦所赞同的，但那托尔普以理念为出发点的教育主张则是姜琦所质疑的。桑代克等人以唯物论为出发点的教育哲学虽为邱椿所推崇，但是他们所理解的物质是静止的而非运动的，体现了一种机械论的唯物观。对于姜琦来说，他所主张的唯物辩证法，"既不是马克思的理论的唯物辩证法，也不是列宁的实践的唯物辩证法，而是孙中山先生的实践的民生辩证法"[1]。

徐伯申曾经于1935年在美国康奈尔大学和哥伦比亚大学学习，在离开哥

---

[1]　姜琦.八年来中国教育哲学之研究[J].教育研究(广州),1936(65):5.

伦比亚大学前夕，他曾经和克伯屈围绕中国教育哲学的发展进行了讨论。归国后，徐伯申将对话笔记进行了整理，以《中国需要什么样的教育哲学：与克伯屈先生的谈话》为题发表在1937年第1卷第3期的《教育改造》上，这个对话还以节选的形式发表于1937年第1卷第6期的《教育论文摘要》。彼时的中国，到底需要什么样的教育哲学，已经引起众多学者的关注。尽管还未形成共识，比如有人认为教育哲学应重视对教育的批评与改造，有人认为教育哲学应重视品格教育与公民教育，也有研究者强调教育与政治的相互作用，认为教育哲学受当时政治、经济、文化等因素的影响，应以抗敌与民族振兴为重。

从这篇在对话基础上整理的笔记来看，克伯屈对中国教育哲学的讨论重在强调教育哲学是实际环境的产物，中国教育哲学的讨论与探究，应与中国的历史和社会问题相结合。在克伯屈看来，当时中国的问题主要有以下几个方面：一是外有日本的压迫，内有旧文化对人民的局限。二是中国传统文化的影响问题，这一问题的解决虽有难度，但也充满希望。克伯屈进一步指出："中国的文化向来将经济、道德、哲学这几方面揉成一片，这是世界上很不多见的。在西洋方面，很多的学者讨论文化落伍问题，可是在中国就没有这回事。"[1]这一观点失之偏颇，在当时的中国，也有很多学者关注文化发展滞后的问题。三是中国的新文化还处于幼年时期，在由静到动的社会发展过程中，文化问题的解决有一段很长的路要走。四是中国家庭的问题，彼时的团结由于时代所限，具有一定的狭隘性。五是中国的政治问题。克伯屈认为，中国人的传统观念根深蒂固，思维改变有困难，要想改变也并非一朝一夕之事。六是教育的责任问题。中国的教育应注重推动国人思维的改变，注重合作精神的培养，通过教育为个人和整个社会找到新的发展道路和事业。七是关于教育的哲学问题。对于教育的哲学思考，不能只限于学校教育。教育活动的进行，不仅关系人才的培养，还关系整个社会生活的进行。克伯屈指出："中国的学校教育，是模仿日本、法国、德国而来的，世界上没有一个独立自主

---

① 徐伯申.中国需要什么样的教育哲学：与克柏屈先生的谈话[J].教育改造,1937,1(3):2.

的国家能够依赖模仿而可以发扬光大的。"①因此，对于中国的教育来说，应与本国实际和人民生活相联系，找到适合自己的发展路径和方法。

在教育哲学发展方向上，张君劢在《中国教育哲学之方向》一文中指出，在儿童教育方面有注重智识和注重道德两种取向，英、美等国重视个人主义和个性的发展。对于具有继往开来之特点的教育目的来说，如何处理知识与道德、个人与团体等问题，都属于哲学问题。中国的教育到底需要哪一种哲学，是迫切需要解决的问题。在作者看来，中国研究教育哲学的困难在于：一是没有注意探究欧美教育发展的思想过程与哲学基础，如洛克和那托尔普教育理论中所包含的教育哲学；二是对欧洲思想史的关注不够，如洛克、卢梭、孟德斯鸠等人的观点。对于彼时的中国来说，思想界并没有达成共识，"故单以一派哲学作中国教育之指南是不够的。如罗素之仅论知识而不论善恶之哲学，亦不足为中国教育之指南针"②。不同派别的哲学既相互对立也相互补充，比如经验主义与理性主义的斗争在康德的批判主义中得到了调和，进化论的观点也可以补充道德观念的天赋说。在关于心灵认识的问题上，既涉及经验主义，也离不开理性主义；在关于智识的问题上，经验主义注重外界刺激，理性主义注重形式方面的训练。杜威则将伦理学上的动机与效果相结合、近代发生论与心理学相结合，调和了功利主义效果论和康德的善意动机论，注重对儿童兴趣的激发与实际生活的结合，这是其教育哲学的优点所在。在张君劢看来，中国的教育哲学，应综合不同时代文化的内容，借鉴裴斯泰洛齐、赫尔巴特等人在心理学上对教育的贡献，包括已有关于古典教育与自然教育、书本教育与劳作教育、班级教育与集团教育关系等方面的成果，也包括杜威在教育哲学方面做出的贡献。

在教育哲学与相关概念的关系上，彼时已有研究者认识到，教育原理与教育哲学虽有密切联系，但它们有着各自的任务和目的。克伯屈和杜威对教育哲学与教育原理的观点也引发了国内研究者对这一问题的思考。克伯屈认为，教育哲学可以概括教育原理，教育研究者只需关注教育哲学即可。在杜

---

① 徐伯申.中国需要什么样的教育哲学：与克柏屈先生的谈话[J].教育改造,1937,1(3):5.
② 张君劢.中国教育哲学之方向[J].东方杂志,1937,34(1):260.

威看来，"教育原理，根据于某种价值之标准，对于教育上通用之方法与材料予以解释及评判"①。在对这一问题的看法上，作者的观点与杜威并无二致，"教育原理是就教育本身（方法与材料等）而论教育，为一种就事论事之学科。意义仅止于对于教育上通用之方法与材料等等加以诠释或批评"②。

正如张栗原在《教育哲学》一书中所说："伟大的哲学者，是世界的，不属于哪一国。"③从西方教育哲学传播与影响的百余年历程来看，那些教育哲学发展史上的经典著作，其观点与思想在今天仍然熠熠生辉，在不同问题领域内发挥着各自的影响力，得以让我们站在巨人的肩膀上，不断探究教育哲学研究的地平线，看到属于教育世界独有的美丽风景；在教育的漫漫征程中，看到社会的发展、文明的进步，以及个体生命的完善与精彩。

这一时期，马克思主义哲学对中国也产生了广泛影响。以马克思主义哲学为指导构建教育哲学体系的著作主要有：1930年，李浩吾的《新教育大纲》由上海南强书局出版。该书对教育的本质、教育的效能、教育与经济和政治、教师与学生等问题进行了讨论。1934年，钱亦石的《现代教育原理》由中华书局出版，也是以马克思主义哲学为依据所作。该书主要讲述了教育的本质与目的、教育原理的生物学基础、教育原理的社会学基础、教育原理的哲学基础、政治教育、生产教育、文化教育、教育与人类前途等内容。其中，教育原理的哲学基础主要涉及辩证的宇宙观、认识的过程、实践的作用等内容。

林砺儒和张栗原的《教育哲学》均是运用马克思主义观点和方法写成的教育哲学专著。林砺儒的《教育哲学》主要从教育的本质、教育的目的、教育的效能和教育的方法四个方面去构建教育哲学体系。张栗原的《教育哲学》一书的前编写于1939—1940年，后编写于1940年以后，该书主要对唯物论的教育哲学、观念论的教育哲学、唯用论的教育哲学、教育本质论、教育目的论、教育价值论等内容进行了阐释。在张栗原看来，马克思的教育思想包括在他的社会哲学之中，从严格意义上来说，并不是一个系统完整的教育哲学

---

① 万此夏.教育原理与教育哲学(一)[J].国立中央大学教育学院教育季刊,1930,1(3):24.
② 万此夏.教育原理与教育哲学(一)[J].国立中央大学教育学院教育季刊,1930,1(3):24.
③ 张栗原.教育哲学[M].福州:福建教育出版社,2008:111.

体系。

此外，天主教的教育哲学也引起了部分学者的关注。1935年，张怀的《教育哲学》由传信书局出版。该书包括哲学的重要与意义、教育与哲学的关系、公教教育哲学大意、圣教会的功绩等内容，对公教人生哲学的普遍主义、公教教育学的特质与基础、公教教育的组织、宗教教育等问题进行了探究，体现了天主教对教育哲学的影响。

三、引发了教育哲学研究范畴的思考

西方教育哲学的传入，不仅直接推动了中国教育哲学的学科建制，也对当时中国教育哲学的研究范畴产生了深远影响，主要对中国社会与文化、教育哲学讲授、教育哲学与哲学的关系等问题进行了讨论和思考。关于中国社会与文化的关系问题，克伯屈认为，教育哲学应基于社会和文化问题为起点而讲授。对于中国而言，则更应关注国民性、民主政治、文化、经济等问题。在克伯屈看来，"中国内乱频仍，百业俱废，推及原因，由于华人缺乏合作精神；在中国讲授教育哲学时所应讨论的第一个问题是：为什么中国人不能合作？何种教育能培养合作精神？其次是平民政治、中国文化、中国经济以及教育哲学与艺术等问题"①。中国学生应该思考中国哲学和西洋哲学的区别，中国哲学的永久价值，以及中国艺术的地位。柴尔兹认为，经济问题是中国的根本问题，因此教育哲学应以讨论经济问题为中心。梅尔文与杜威则都主张中国的旧文化应该成为新文化改造的出发点，前者特别指出，中国不能完全移植欧美文化，而应该结合实际使其中国化并适合自身的新需要，明确中国教育哲学的发展需要何种工具。

邱椿与杜威等人也围绕教育哲学的讲授进行了讨论，邱椿之所以提出这一问题，是因为在他看来，美国人只讲授自己的教育哲学，有"宣传"之嫌。杜威对上述问题的答案是，中国教育哲学应关注哪一种教育哲学对自己发展

---

① 邱椿.关于讲授教育哲学的几个问题之讨论：杜威、克柏屈等的意见[J].教育杂志,1936,26(11):2.

最为重要，而不是去找一种最好的体系，这是因为：第一，绝对正确的教育哲学体系是不可能存在的；第二，每一位教师都有自己的政治立场，这就无法公平地去讲述不同的教育哲学。因此，如果要运用比较法，就应该由多人而非一人来讲授教育哲学。杜威特别指出："平开微支的教育哲学代表俄国政府的立场，克里克的教育思想代表德国政府的立场，香第耳的理想主义代表意大利政府的立场。他们的存在是靠政治力量去维持的。但实验主义的教育哲学并非美国政府御用的哲学，其存在与发展亦并不依靠政治力量。这种比较亦是应注意的。"①

克伯屈则认为，对比较法的应用，包括对不同教育哲学的批判与比较应以中国社会的实际需要为标准。在他看来，学界盛行一时的教育哲学并不代表其在教育实践中有同样的影响。如在美国教育实践中居于主导地位的是个人主义，而非当时广受关注的实验主义。无论是马克思的唯物论，还是涂尔干的实证主义，它们能否在教育实践中占据优势地位，事实上都存在着同样的问题。

关于教育哲学和哲学的教学顺序问题，杜威认为，教育哲学和哲学由一人讲授即可，至于谁先谁后的问题则可由自己的兴趣决定。在杜威看来，教育问题是起点，教育哲学是终点，普通哲学则是二者之间的桥梁。杜威认为，教育哲学的讲授可以按以下三个步骤进行："第一选出目前社会上争辩最激烈的几个教育问题，使学生多看参考书，提出各派互相冲突的主张，比较异同、批评优劣，并陈述自己意见。第二讨论相关的普通哲学问题，注意其历史背景和其与教育哲学问题之联系。第三再回到教育问题，决定一个根本态度，变成一个接近真实性的教育哲学。"②克伯屈则认为，学生应该先选择教育哲学，再去学习与自己研究或者教学有关的哲学内容。对于教育哲学来说，"应先讨论生活或社会问题，其次讨论从生活问题中产生出来的若干教育问题，

① 邱椿.关于讲授教育哲学的几个问题之讨论：杜威、克柏屈等的意见[J].教育杂志,1936,26(11):4.

② 邱椿.关于讲授教育哲学的几个问题之讨论：杜威、克柏屈等的意见[J].教育杂志,1936,26(11):5.

复次讨论与这些教育问题有关系的伦理学、美学、认识论、宇宙论等"①。劳甫认为学习哲学的目的是为了解决社会、政治、经济等问题，因此学习的顺序应由社会到教育再到教育哲学的基础。梅尔文则认为教育与哲学没有密切关系，学生可以仅学教育哲学而不学普通哲学。

关于教育哲学的功用问题，杜威认为，教育哲学是为了使学生在了解道德、理智和社会的背景下更为深刻地探究教育的含义。在他看来，教育哲学的内容应该包括个人与社会、民主与政治、心与物、知与行、情感与知识、想象与思考等。在克伯屈看来，帮助学生制订个人和社会的生活计划，是教育哲学最为重要的任务。劳甫则认为，教育哲学应在批评新中国教育计划、发现更为明确的文化概念的基础上，提出一个社会计划。柴尔兹认为，教育哲学应制订与新的经济计划相关的教育计划。梅尔文则指出，教育哲学除了应说明教育与成人、教育与儿童对社会的适应关系以外，还应该说明教育与社会制度之于个人行为改造的关系。基于上述观点，邱椿认为，几位学者对中国教育哲学的看法虽不一定完全为中国学者所认同，但是也让中国教育研究者更加明确地意识到，那就是应以中国的政治、社会问题为基础开展教育哲学研究。

关于哲学与教育哲学的关系，"因为教育科学之脱离哲学，其中并不含有教育与哲学从此就分离之意味。更进言之，教育科学或许无需要借重哲学，（假定如此）然而人间的教育的行动，却断然不能需臾离开哲学"②，换言之，教育哲学的存在与教育科学的独立性二者并不矛盾，教育活动的开展离不开对哲学的学习与思考。作者进一步指出，即使在哲学研究兴趣不像欧陆各国浓厚的英国，也认为教师应该基于经验与思考形成自己的教育哲学。

有研究者认为，了解哲学的意义与本质是研究教育哲学的前提条件，进而指出："哲学和教育的关系既是这样的密切，哲学可以说是教育的一般的原理，教育可以说是哲学的具体的实行。而所谓教育学实亦不外是一个具体的

---

①　邱椿.关于讲授教育哲学的几个问题之讨论：杜威、克柏屈等的意见[J].教育杂志,1936,26(11):5.

②　常道直.教育者之哲学的素养[J].师大月刊,1934(12):1-2.

哲学。这个具体的哲学即使叫他做教育的哲学或哲学的教育学，不然，就叫他做哲学也未尝不可的。所谓教育哲学也不过是这些名称当中的随意的一个称呼，并不是在一般哲学以外，另自还有一种教育哲学。"①从这段话中我们可以看出杜威教育哲学的影响，但作者在指出教育哲学与哲学密切关系的同时，也抹杀了教育哲学存在的独立性和必要性，认为教育哲学只不过是一个随意的名称而已。

第三节　融会贯通：促进了中国教育哲学学科的发展

中国教育哲学在西方教育哲学的影响下，经历了学科建设的初步启动后，学科发展建设的自觉性、主动性日益凸显。"从20世纪初到1949年中华人民共和国成立，是我国教育哲学学科从国外引进和初创时期。自1949年建国以后至党的十一届三中全会，是我国教育哲学学科发展的第二个时期。"②在历史的转折点上，社会环境的变化也影响着西方教育哲学的传播和中国教育哲学的发展进程。

一、教育哲学的研究内容日趋丰富

1933年，邱椿指出，教育哲学研究大致涉及哲学与教育的关系、近代各派的教育哲学、各国教育之哲学的基础、教育哲学的问题、一派或一家的教育哲学、教育价值、历代教育哲学变化的规律、教育的根本问题、对现代教育的批评、各自教育哲学的表达十个方面。上述范畴在我国教育哲学的研究中均有不同程度的体现。

1949年6月，张栗原的遗稿《教育哲学》由林砺儒编辑成书，生活·读书·新知三联书店出版。该书对教育与哲学、教育学与教育哲学、为什么研

---

① 许崇清.教育哲学是甚么[J].新声,1930(15):6.
② 王为农,郑希晨,黄元贞.教育哲学[M].哈尔滨:黑龙江教育出版社,1990:313.

究教育哲学等问题进行了分析探究，对唯物论、观念论、唯用论等派别的历史渊源、代表性人物、主要观点进行了梳理。在《唯物论的教育哲学》一章中，对马克思有关教育的论述进行了分析。回顾了马克思对18世纪唯物论者的批判、对19世纪中叶教育事实的分析，以及生产制度与生产教育之间的矛盾。作者指出："马克思的教育思想，只是他的社会哲学关于教育所必有的涵义，并不算一个教育哲学的体系的。"① 在《唯用论的教育哲学》这一章中，作者对杜威的生平，科学工业与民主主义，教育的目的、内容与方法，杜威以后进行了梳理和探究，并提出了自己的理解与阐释。

民主主义在杜威的教育世界里，不仅是一种政治制度，而且是一种融入了他个人思考与体验的人生哲学与社会理想。这种融入体现在字里行间，使《民主主义与教育》有了一种独特的理论价值和思想魅力。杜威的教育哲学既有对教育是什么的讨论，也有对教育一般目的和特殊目的的分析；既有对方法、教材、历史、地理等具体问题的探究，也有对兴趣和训练、经验和思维、劳动和闲暇、自然主义和人文主义、教育与职业等问题的阐释。杜威始终遵循"三点一线"进行教育哲学思维运动和观点表达，那就是以他的民主主义社会理想为主线，围绕学校、生活、经验这三个基点而展开。

民主的社会应以发展个人的才力为己任，这就需要有致力于个人经验不断增长的教育。这种经验与增长体现了行与知的结合，体现了儿童所感知到的意义的增长。杜威的民主主义教育改造理论在我国产生了深远的影响，尤其是他有关教育目的、学校与社会、经验与思维等问题的论述。学校本身就是一个典型的民主社会，儿童在其中既能够接受技能的训练，也能接受文化的陶冶，在知识和道德方面得到培养。传统教育在文雅教育与职业教育之间构筑了一道不可逾越的鸿沟，催生了犯罪现象的发生和阶级的对立与冲突。静止、抽象的知识不仅无益于儿童心理的发展，而且违背了社会和道德的进步。在杜威看来，思维与行动的关联在经验的改组、改造中发生，正是在行动中，思维得以培养和提升，进而助力于儿童心智的发展。活动的背后是思

---

① 张栗原.教育哲学[M].福州:福建教育出版社,2008:88.

维，自由的背后是自律。杜威并没有将儿童中心视为教育不可逾越的金科玉律，这一观点的提出背景源自传统教育对儿童的过度管理和压制。杜威认为，教育的确应该以儿童为中心，或者说儿童关系教育出发的起点、归来的终点。无论是以儿童为中心的圆周运动，还是以儿童为起点和终点的循环运动，杜威都极为重视儿童生活于社会和自然中这一事实。"教育即生长"不是一个孤立的命题，不是仅仅指身体的成长，更不是没有教师指导的纯粹自然意义上的生长，而是一种有智慧、有思维、有自律的自由生长，是行动与思维、经验与知识的结合。

在杜威的思想中，教育目的有以下两个要义：一是与过程的合一性，二是基于教育者的角度而言。教师要有求知的渴望，有广博的知识，有对儿童行为发生的敏锐观察，有对儿童心智成长的及时关注。杜威有关教育哲学的论述，不仅拓展了彼时学者的研究视野，也引发了人们围绕其观点展开的比较性思考。

张栗原就在他的《教育哲学》一书中阐释了唯物论者和观念论者对杜威的批判，包括实用主义者的自我反思。唯物论者如平克维奇（又译平克微支、平开微支）对杜威的社会理论提出批评，认为杜威所提倡的民主主义只是体现了劳动者对剥削制度的协调。在张栗原看来，杜威对生产劳动的重视和强调，具有一定的价值和意义，杜威的著作应是教育研究者的必读书目。同时，他指出："不过杜威终于是一个资产者的代表，虽然是一个有才能的代表，所以他的思想体系和我们并不相融。"①

20世纪上半叶，基于内外因素的双重作用，西方教育哲学在中国的传播先后经历了先导阶段、初始阶段、繁荣阶段和低潮阶段，美国、英国、德国、法国等国家的教育哲学思想纷纷传入中国。从传播内容来看，既有对代表性及著作观点的介绍，也有对其发展历程的梳理，为国内学者了解、深入研究西方教育哲学奠定了基础。在西方教育哲学的传播与影响下，中国教育哲学开始思考、探究自身的发展。

---

① 张栗原.教育哲学[M].福州:福建教育出版社,2008:129.

　　1949—1978年，中国学习苏联的教育经验，在教学大纲、教学计划和课程开设上都借鉴了苏联的做法，教育哲学课程被取消，导致教育哲学的发展一度停滞。西方教育哲学也从最初模仿、学习的对象成为此时批判的众矢之的，尤以对杜威教育哲学的批判为甚，使彼时的教育哲学研究处于一个封闭的环境之中，发展受阻。1978—1999年，中国教育哲学处于恢复重建阶段。1979年，全国教育科学工作会议召开后，教育哲学被重新列入高校教学计划。一是为了扩大学生视野、增进知识，提高理论思维水平的需要；二是运用哲学探讨教育基本理论问题的需要；三是适应时代发展对教育工作新要求的需要。[①]

　　这一时期，教育哲学课程不仅在师范院校得以开设，而且在北京大学、清华大学、厦门大学等高校的教育系也得以开设。国内学者对教育哲学发展，教育哲学与教育科学，教育哲学的特点、功能、研究对象、研究方向等问题进行了探索，[②]并对中国教育哲学的未来发展进行了思考。西方教育哲学又重新进入国人的研究视野，一些著作和文章对相关流派及代表性人物进行系统、全面的介绍，人们开始重新认识、评价其思想和观点。"20世纪中国教育哲学的建设是从课程建设和教材编写开始的。"[③]20世纪70—80年代的教育哲学专著或者教材基本上有以下三种情况：一是从教育的根本问题出发上升到哲学分析，基本围绕本质论、目的论、价值论等展开，如黄济的《教育哲学》；二是以教育价值学说为基础，围绕知识论、道德论、美学探究教育哲学；三是哲学的教育思考或者教育的哲学思考。[④]"'哲学之教育的应用'体系、'教育之哲学'体系和'混合模式'这三种教育哲学体系，深深影响了20世纪80年代

---

① 黄济.雪泥鸿爪：新中国教育哲学重建的探索[M].北京：北京师范大学出版社,2010：313.
② 黄济.关于教育哲学研究的几个问题[J].北京师范大学学报,1981(2)：59-66；桑新民.教育哲学的历史和现状[J].中学政治课教学,1984(5)：42-43；卢曲元.论教育哲学研究的任务[J].湖南师大学报(哲学社会科学版),1985(6)：72-77；洪强强.对教育哲学的特点和功能的再探讨[J].教育评论,1988(1)：11-15；桑新民.世纪转换年代的教育哲学思考[J].哲学动态,1990(9)：9-13.
③ 石中英.20世纪中国教育哲学的回顾与展望[J].教育研究与实验,2000(5)：1.
④ 刁培萼.追寻发展链：教育的辩证拷问[M].北京：教育科学出版社,2010：47.

我国教育哲学的重建。"①

1982年，黄济的《教育哲学初稿》由北京师范大学出版社出版。附录内容是郭晋华从奈勒的《教育哲学导论》一书中编译的七个西方现代教育哲学流派的资料，主要是实用主义、进步主义、永恒主义、要素主义、改造主义、存在主义、分析哲学的主要观点。1985年，该书改名为《教育哲学》出版。

1990年，王为农、郑希晨、黄元贞主编的《教育哲学》由黑龙江教育出版社出版。在该书《演进篇》中，对实用主义、改造主义、要素主义、永恒主义、结构主义、存在主义等欧美各国教育哲学流派，以及赞可夫、苏霍姆林斯基、巴班斯基等苏联教育家的思想进行了介绍，对马克思主义、杜威教育哲学对中国教育、教育哲学的影响进行了分析。

2009年，黄济在《教育哲学通论》一书中聚焦教育的基本问题，兼顾以往的理论体系，提出了教育哲学体系建设的初步构想，主要包括教育本质论、教育价值论、教育目的论、知识论与教学、道德论与道德教育、美学和美育、宗教与教育、社会和科技发展与教育哲学的未来等内容。②其中，第十四章以《教育哲学学科的建立和发展》为题，主要围绕教育哲学的由来、教育哲学的对象和范围进行了分析讨论，对教育哲学的界定、体系内容和研究方法展开了深入探究。

2010年，刁培萼的《追寻发展链：教育的辩证拷问》出版，该书是1987年出版的《马克思主义教育哲学》的修订版。该书对教育哲学的研究对象与学科地位、马克思主义教育哲学的基本问题及其与西方资产阶级教育哲学的关系进行了探究，对发展的价值辨析与教育的辩证诉求，人类教育基本观念的辩证发展与更新，实践辩证法、人学辩证法、教育辩证法关系等进行了解读。作者认为，马克思主义教育哲学应以实践、劳动范畴为基础，以人类教育实践和过程为研究对象，从中揭示教育的根本规律。在作者看来，马克思主义教育哲学能够从整体上把握教育现象及其背后的本质与规律，进而超越西方教育哲学各流派的局限性，不应将马克思主义教育哲学与其他西方教育

---

① 冯建军.中国教育哲学研究：回顾与展望[M].北京：北京师范大学出版社,2015:25.
② 黄济.教育哲学通论[M].太原：山西教育出版社,2009:326-327.

哲学流派并列，"从原则上说来，就其意识形态倾向而言，二者是对立的；马克思主义教育哲学绝不是某种派别学说，而是具有广阔发展前景的全新共产主义教育哲学"①。

二、教育哲学的分支领域得以发展

"学科建设，就是以学科、学科制度与学科建制为中心，其间配合学科划分、学科设置等过程进行的研究领域的学科化，以及单一学科的'学科群化'。"②在西方教育哲学的影响下，带动了我国教育哲学分支学科和亚领域的发展，这一现象引起了学界的关注。随着西方教育哲学流派的增多和研究范畴的拓展，涉及越来越多的知识领域，即教育哲学的亚领域，包括课程论、教学论、认识论、美学、逻辑学、伦理学、社会哲学、科学哲学、形而上学等领域。③"进入新世纪之后，我国教育哲学的分支领域式研究得到快速发展，分支领域涉及分学科、分领域、分学段、分专题的教育哲学。在分专题教育哲学中，涉及教育解释学、教育现象学、教育认识论等。"④

2001年，布鲁贝克的《高等教育哲学》由王承绪等译、浙江教育出版社出版，引发了我国高等教育哲学研究的热潮。有观点认为，无论是政治论，还是认识论的高等教育哲学观都有其局限性，人本论也应成为高等教育存在发展的哲学基础之一。⑤正是不同高等教育哲学观的冲突与共存，才推动了高等教育的多元化发展。在工具合理性和价值合理性的二元对立中，人们开始重新深思高等教育的主体——大学所处的生态环境，进而寻求对西方传统高等教育哲学的超越。"在方法论上，前者以实证主义为导向，重视条件、手段与功利目的之间的关系，后者则以人文主义为导向，强调为求知而求知、为学术而学术。在判断标准上，前者重结果、重效益，后者重理想和信念。在

---

① 刁培萼.追寻发展链:教育的辩证拷问[M].北京:教育科学出版社,2010:4.
② 王建华.学科、学科制度、学科建制与学科建设[J].江苏高教,2003(3):56.
③ 刁培萼.追寻发展链:教育的辩证拷问[M].北京:教育科学出版社,2010:28-30.
④ 冯建军.中国教育哲学百年[J].中国教育科学,2019(5):12.
⑤ 李志峰.西方高等教育哲学观的反思与批判:兼评布鲁贝克高等教育哲学观[J].现代教育科学,2006(5):1-4.

思维的源泉上，它们都没有超越主观与客观的二元对立。因此，应基于生态本位追求价值的合理性，实现真正意义上学术价值的合理性。"①也有研究者关注到西方高等教育哲学中贵族哲学、英才哲学和平等主义三种力量之间的竞争与平衡。在西方高等教育民主化进程中，这三种力量此消彼长，最终形成了平等主义与英才哲学双峰对峙的格局。②

2007年，张斌贤、刘慧珍主编的《西方高等教育哲学》由北京师范大学出版社出版。该书对康德、费希特、施莱尔马赫、洪堡的高等教育思想，纽曼的哲学，韦伯、涂尔干、杜威、赫钦斯等人的高等教育哲学思想进行了梳理和总结。2010年，张楚廷的《高等教育哲学通论》一书由高等教育出版社出版。该书共13章，第四章《较早的高等教育哲学》对雅斯贝尔斯的高等教育哲学、永恒主义教育哲学的基础进行了分析，第五章《若干哲学观点》中论述了杜威的观念。

在课程与教学哲学方面，2003年，张楚廷的《课程教学哲学》由人民教育出版社出版。该书对结构主义与后结构主义、后现代主义的课程观进行了述评。

2008年，陈晓端、郝文武主编的《西方教育哲学流派·课程与教学思想》由中国轻工业出版社出版。该书共分15章，第一章《西方教育哲学流派的哲学基础》涉及哲学的基本分支及其对教育的影响、主要哲学流派与教育哲学发展的关系两个问题，在后续的章节中分别对实用主义、存在主义、要素主义、永恒主义、结构主义、分析哲学、批判理论、后现代主义等流派的课程和教学思想进行了分析。在最后一章对传统教育哲学与当代教育哲学进行了纵向比较，对主要教育哲学流派的课程与教学思想进行了横向比较。

2012年，李臣之、郭晓明、和学新、张家军的《西方课程思潮研究》一书由人民教育出版社出版。全书共分7章，在第一章《学科中心课程思潮》中涉及要素主义、永恒主义和结构主义的课程思想，第三章《儿童中心课程思

① 刘贵华.西方高等教育哲学的困境与大学学术"生态合理性"的确证[J].比较教育研究，2002(3):1-6.
② 潘艺林.西方国家平等主义教育哲学的制衡机制探析[J].教育理论与实践，2010(2):11.

潮》涉及进步主义、人本主义课程思想的生成基础与基本主张，第四章《社会中心课程思潮》涉及社会改造主义的课程思想，第五章《技术本位课程思潮》主要对逻辑实证主义理论和行为主义理论的课程思想进行了分析，第六章《理解本位课程思潮》对现象学、后结构主义的课程思想进行了分析。作者认为，要素主义使学科中心课程的理论形态得以确立，永恒主义起到了推波助澜的作用，结构主义则使学科中心的课程思潮走向了现代化。上述流派的课程观拓展了我国学者研究课程的国际视野，推动了人们思维方式的变革，在一个开放性的学术语境中深化了课程哲学的理论研究与实践研究，为课程的深化改革奠定了理论基础。此外，基础教育哲学、大学教育哲学、教师教育哲学、成人教育哲学等领域也出版了相应的学术译作和著作。[①]

百余年的中国教育哲学发展历程，是在西方教育哲学影响下开始建立并逐步实现本土化、原创性发展的历史。学术研究的开展和相关课程的开设使西方教育哲学得以进一步传播和推广，为中国教育哲学的研究注入了新鲜的血液。教育哲学由专业研究、理论探讨走向课堂教学，再走向研究者、教育者和受教育者的个体精神世界。通过对西方教育哲学研究成果的翻译和引进，实现了跨越文化和国界的交流。西方教育哲学在中国经历了传播、接受到意识形态层面的批判反对，再到辩证性的会通融合，体现了中国教育哲学在发展过程中的主动性和自觉性。在此期间，随着马克思主义哲学在中国革命实践中的广泛运用，民主革命胜利的取得，马克思主义教育哲学的研究也取得了长足进展。教育哲学的未来发展，应立足于本国的文化传统、学术基点和价值追求，辩证地看待西方教育哲学与马克思主义教育哲学之间的关系，以马克思主义哲学为指导，推动中西教育哲学之间的深度对话与融通。

哲学事关人生发展的省察与指导，也关系整个民族的生存与未来。于教育哲学而言，它影响着教育理念、教育活动价值取向的确立。"中国文明总的来

---

① 陈建华.基础教育哲学[M].北京:北京大学出版社,2009;刘智运.大学教育哲学[M].北京:人民教育出版社,2008;高伟.回归智慧,回归生活:教师教育哲学研究[M].北京:教育科学出版社,2010;舒志定.教师教育哲学[M].北京:北京大学出版社,2012;[美]伊里亚斯,梅里安.成人教育的哲学基础[M].高志敏,译.北京:职工教育出版社,1990.

说是以人类行为规范作为取向，它是一种取向于传统的经书文化，而不是一种公共话语文化。希腊人对思辨的系统的哲学的兴趣，印度人对解放和拯救的兴趣，在这里都没有多少，中国文明更多的是实践的和实用的取向。"①儒家以仁为中心强调伦理观念，反映在教育上，即推行忠诚宽恕之道。其修身明德重在个体人格的完善，治国平天下重在社会责任与伦理的实现。

人们意识到，以往化民成俗或者伦理人本主义的教育哲学已不能适应20世纪30年代教育的发展，教育还应服务于国家、民族对一个现代公民的要求。"此种需要，我们曾经向日本寻求，所获得的是狭隘爱国观念。也会向欧洲各国寻求，所获得的是个人主义与社会主义，国家主义与民族主义，唯心主义与唯物主义。"②实践表明，这些寻求并不完全符合我国发展的需要，理应寻求一种本土化的教育哲学。因此，在抗战时期，国防教育、民族复兴教育、国难教育、抗战教育等观点相继提出。"就教育哲学在中国的情况来看，20世纪上半叶较为活跃的学者，基本上是对欧美国家教育哲学的整理和传播，把各种教育哲学作品或结果引介到中国。"③民国时期，随着"西学东渐"浪潮的兴起，西方教育哲学在拓展国人研究视野的同时，也促进了我国学者对中国传统教育哲学思想的探究。我国研究者对孔子、孟子、荀子、庄子等人的教育思想进行了研究。④西方教育哲学这一他者镜像，影响着我们对中国传统教育

① [挪]G·希尔贝克，N·伊耶.西方哲学史：从古希腊到20世纪[M].童世骏，郁振华，刘进，译.上海：上海译文出版社，2004：25.
② 陈科美.中华民族的教育哲学发端[J].教育通讯周刊，1939，2(1)：5.
③ 刘庆昌.教育哲学新论[M].北京：科学出版社，2018：24.
④ 如林龚谋.孔子教育哲学概观[J].协大艺文，1938(9)：29-32；苏业梄.从论语分析孔子的教育哲学[J].湖南教育，1940(3)：18-30；施学仁.孔子的教育哲学(续)[J].县政研究，1941，3(5)：27-29；杨森.孔子哲学与建国教育[J].贵州省政府公报，1946，10(5)：1，6-8；刘德丰.孟子教育学说[J].哲学与教育，1933，2(1)：1-10；张为铭.荀子教育思想[J].哲学与教育，1933，2(2)：1-7；杨骏.荀子教育哲学(下)[J].周行，1936(18)：293-297；杨荣春.荀子教育哲学研究[J].中华教育界，1935，22(11)：37-46；杨荣春.荀子教育哲学研究(续完)[J].中华教育界，1935，22(12)：9-19；吴竹友.荀子之教育哲学[J].江苏教育，1936，5(7)：54-58；程宗潮.大学中庸的教育哲学[J].民铎杂志，1924，5(3)：91-100；逌如.老庄之反对教育论[J].哲学与教育，1933，2(1)：1-3；任继愈.宋明理学家的教育哲学[J].读书通讯，1947(133)：2-6；任继愈.朱子的教育哲学[J].教育短波，1947，1(2)：4-5.

哲学思想的理解、阐释和表达。西方教育哲学在中国的传播不仅在形式上有所体现，即相关著作和文章的翻译介绍，同时在内容上也开启了西方教育哲学中国化的篇章，主要体现在体系建构、研究方法、理论基础等方面对国内教育哲学著作和教科书编写方面的影响。

新中国成立以来，现代西方教育哲学在我国的研究经历了以下三个阶段：批判与停滞（1949—1976）、重启（1977—1999）、全面深化研究（2000—2019）。[①]在第一阶段，部分研究成果服务于政治斗争的需要，偏离了学术本身；第二阶段，改革开放为人们解放思想、汲取智慧，释放活力、努力前行创造了良好氛围，西方教育哲学的研究进入一个新的阶段，学术著作得以继续翻译出版，人们开始重新评价、思考相关理论和观点，再次开启了中西教育哲学的对话交流之旅；第三阶段，或者说从2000年一直到现在，无论是在西方教育哲学著作的引介传播上，还是在关于西方教育哲学的本体性研究及拓展性研究，包括学术交流等方面，都取得了长足进展。

---

① 冯建军,等.共和国教育学70年·教育哲学卷[M].北京:北京师范大学出版社,2020:298-302.

第四章 拓展与深化：西方教育哲学对中国教育哲学研究内容的影响

西方教育哲学在中国的传播与影响时间跨度较长，如果在学科的意义上，以1919年杜威来华传播其教育哲学伊始，至今已一个世纪有余。特别是在20世纪80年代以后，无论从内容上，还是从数量上，西方教育哲学的传播都呈现出增长趋势，流派众多且观点复杂。在梳理过程中，本研究主要围绕事实性传播和研究性传播两条线索展开，以教育哲学的基本问题为中心，突出西方教育哲学流派在传播过程中产生的重要影响。

从国内其他学科关于西学在中国传播影响的研究成果来看，以下两种研究思路较具代表性：一是根据时间节点划分传播历程，总结不同阶段的传播内容和传播影响。如黄见德的《20世纪西方哲学东渐史导论》，将20世纪西方哲学东渐的曲折历程分为全面启始（1895—1915）、初步繁荣（1915—1927）、在历史的山重水复中全面推进（1927—1949）、在曲折中东渐（1949—1976）、现代化新时期西方哲学东渐的恢复和繁荣（1976—）五个阶段，[①]并对每一阶段的成果和主要影响进行了梳理。二是从整体层面进行总结。如冯黎明的《走向全球化：论西方现代文论在当代中国文学理论界的传播与影响》一书，围绕现代性"西学东渐"的历史支点、历史程序、逻辑程序、二难处境等问题，对西方现代文论的影响进行了回顾和反思。

西方教育哲学在中国的影响主要涉及两个方面：一方面，是对西方教育

---

① 黄见德.20世纪西方哲学东渐史导论[M].北京:首都师范大学出版社,2007:54,77,107,151,207.

哲学各流派主要观点的引介与再阐释，尽管各流派对教育基本问题的回答各异，但是这些问题在处于不同时代、不同国别、不同学者的研究领域中都有所体现，足以说明其重要性；另一方面，是我国学者基于其传播内容对中国教育哲学、中国教育理论与实践的再思考，也即西方教育哲学在研究层面所产生的影响。有了思想和观点的传播，才有进一步研究的可能性。正是在对西方教育哲学流变的争鸣与探索中，我们才能够更为清晰地把握其产生的研究性影响。

我们聚焦于本体论、知识论、价值论，尝试从研究内容层面分析西方教育哲学在中国的影响。一方面，西方哲学在本体论等方面的言说体系与表达对西方教育哲学产生了深远影响；另一方面，体系是一门学科发展到一定阶段的标志，也是该学科领域研究成果的系统表达。

教育哲学理论体系的形成是一个开放、动态的发展过程，它围绕教育的基本问题确立研究范畴，由此形成自身的体系结构。"理论是基于事实、常识、思想、经验和实践的一种认识产物。其主要功能在于反映事实、解释事实、反思常识、组织思想、总结经验、建构实践。"[1]在本体论的意义上对教育是什么这一问题的思考，是教育哲学需要面对的根本问题，它关系人们对教育何所是的回答，关系对教育真实处境、发展愿景的理解与描绘，是探索相关问题的前提和基础；"知识论是以知识为对象而作理论的陈述的学问，其主旨是理解知识"[2]。知识是教育的基本构成要素之一，不同的知识观影响课程内容的选择与建构，进而影响教育目的的确立与实现；价值具有历史性，并不存在终极意义上的教育价值。这三个方面分别关系教育自身的存在及它与人、社会的关系，关系教育内容的选择和教育价值的取向，进而让我们省思教育的现实状态，并构建其理想图景。

---

[1] 刘庆昌.教育工学：教育理论向实践转化的理论探索[M].福州：福建教育出版社,2016：97.

[2] 金岳霖.知识论[M].北京：商务印书馆,1983：1.

第一节 西方教育哲学本体论的影响

当教育哲学是什么这一问题被提出来以后，它就与教育是什么的追问产生了必然性的关联，前者的规范与价值取向直接关系教育以何种面貌存于人们的思维领域和现实世界，而后者的定位与存在又不可避免地涉及培养什么样的人、如何培养人的问题。也因此，教育哲学的思考与人们对教育的认识须臾不可分离。无论是永恒主义、要素主义对教育的理解与认识，还是分析教育哲学从语言角度对教育的清思，都凸显了这一问题在教育哲学中的基础性地位。在本体论意义上对这一问题的追问，也与哲学史上对人的认识息息相关。在西方哲学发展史中，有关人的认识也是异彩纷呈，尼采提出"上帝死了"的口号，力图以主体性的发挥来激发人的创造力。柏格森则从时间、自我和社会等不同维度来审视人的存在。杜威则倡导一种实用主义的人生哲学。萨特强调人的自由与责任的统一，期待人与人之间应建立和谐共处的关系等。不同哲学家的观点展示了人之为人的多样性，为西方教育哲学思考教育与人之间的关系提供了丰富的理论资源。

一、柏拉图的教育观及影响

古希腊不仅在哲学方面对欧洲产生了深远影响，在教育方面的影响同样举足轻重。在经历了发现世界、发现科学、发现人的文艺复兴运动之后，古希腊的教育传统得到了进一步加强，对西方社会的文明乃至整个人类社会的教育都发挥了积极作用。无疑，柏拉图和他的《理想国》在这一进程中做出了重要贡献，他在教育的阶段性、教育的内容、教育的方法等方面都提出了独到的见解，开创了理念论的教育哲学传统，对亚里士多德、卢梭以及神学家奥古斯丁等人都有一定的影响。

（一）柏拉图的教育观

如果说苏格拉底将哲学从天上转向人间，反映了希腊人对教育的关注，进而引发了对教育可能性的讨论，那么及至柏拉图和亚里士多德，开始聚焦于道德是否可教这一问题。在柏拉图生活的时代，希腊城邦日趋衰落，他的老师苏格拉底被自己所尊敬的法律处死，加之伯罗奔尼撒战争的爆发，使彼时的雅典危机四伏，政局混乱，城邦处于对立和分裂之中。这一系列事件让柏拉图对城邦的发展有了更为深刻的认识，在他看来，当时的政客没有原则和良好的风纪，唯有哲学家获得政权，或者政治家成为哲学家才能够解决人类面临的种种灾祸与危机。柏拉图在《理想国》中表达了他对政治和教育问题的思考，在他看来，统治者、卫兵和工人应接受不同的教育。因此，教育应根据学生的能力而展开，以便完成不同阶层的任务。这一以功能为导向的教育模式使得柏拉图的教育目标具有了双重意蕴，既要满足国家的需要，又要完成人的自我实现。

《理想国》中不仅有柏拉图对政治的言说，而且有他对知识、灵魂与教育的思考。理想国的实践目的在于对个体和城邦的改造，主要对象为生产者、护卫者和统治者，在柏拉图看来，公有制的目的有三：一是节制欲望和情感，二是防止滥用权力，三是维持团结和正义。柏拉图认为，国家的幸福与安全取决于不同类型的人能否各安其位，各司其职。柏拉图对受教育的对象及教育的方式十分重视，他对这两个问题的分析是以社会需求和人类的禀赋为背景的。"《理想国》是一本真正的教育哲学著作，不是因为它所描述的各种课程，而是因为它所描述的意识生产和再生产及其存在的方式，描述了必须建构主体际的感受和理解以维持一个规划好的社会秩序。"①在柏拉图看来，教育应服务于统治阶级的利益，助力于理想国家的建设，在教育目的上体现国家主义和个人主义的双重性。

柏拉图将教育视为人类幸福和国家稳定的主要手段，从品格训练和教育内容等方面阐释了其和谐教育的观点。柏拉图对教育的论说基本上贯穿了教

① [美]沃尔特·范博格.教育哲学的新开端[J].应建庆,译.复旦教育论坛,2009(1):31.

育的整个阶段，他不仅在幼儿教育、高等教育方面提出了自己的观点，而且在家庭教育、学校教育、社会教育等方面也有独特的见解。在他看来，教育的重心在于对灵魂的回忆和转向，他所倡导的理性教育重在训练心灵，启发智慧，其教育思想的独特性体现在重视个体的全面发展、和谐发展与终身学习。他对教育阶段的划分涵盖了人的一生，体现了终身教育的思想。

尽管柏拉图终身未婚，但这并不影响他对幼儿教育有着独到的见解。他曾在《普罗泰戈拉》对话录中表达了自己的想法，认为当一个孩子能够听懂别人说话时，父母以及其他照顾孩子的人都应该注意自己的一言一行，帮助孩子分辨对错、美丑等。等到了上学的年龄时，老师应教会孩子阅读、书写，让儿童从好的作品中找到效仿的榜样。这些观点即使在今天也有一定的适用性。在他看来，这一阶段的教育应主要由国家完成，主要运用快乐的方法对儿童实施早期教育。柏拉图较为注重学习与游戏的结合，但这些游戏不是随便进行的，而是要选择那些能够有助于培养儿童良好品德的游戏，培养其自由和敬畏精神，以奠定培养合格公民的基础。

初等教育阶段学习内容较为丰富，重在形成学生节制的品德、美好的心灵和完善的智慧，还要通过军事训练培养学生健康的体魄。在这一阶段，柏拉图非常注重数学、天文学等自然科学方面的知识，意在培养学生的逻各斯精神。在他看来，强壮的体魄是个人成就善行的前提条件。因此，体育教育也是必须加以重视的。

高等教育阶段的主要目的是培养城邦的领导者，在学习内容上主要有算数、几何、天文和音乐。柏拉图十分重视音乐教育对人心灵的美化和提升作用，在他看来，音乐教育要优先于体育，旋律优美、节奏和谐的音乐有助于丰富完善人的心灵。此外，还要进行品格训练。这一阶段的教育更富有针对性，注重知行合一，注重对感恩、正义等美德的培养，为选拔哲学王做准备。柏拉图的教育规划，贯穿了人生命成长的整个过程。

柏拉图以人的身心和谐为基点，论述了教育之于城邦的治理作用，以及教育内容与教育对象、教育方法的协调一致性等。柏拉图对受教育对象培养目标的分层具有阶级性，体现了他让不同阶层的人各尽其职、各尽所能服务于城邦的政治理想。

（二）柏拉图教育观的影响

柏拉图的教育思想集中在《理想国》一书中，该书涉及优生学问题、节育问题、家庭解体问题、婚姻自由问题、独身问题、专政问题、独裁问题、共产问题、民主问题、宗教问题、道德问题、文艺问题、教育问题，以及男女平等问题。[①]柏拉图的老师苏格拉底，早就意识到统治者的品德直接关系一个城邦的稳定。苏格拉底言之，他的朋友不是城外的树木，而是城内的居民，从而将哲学从天上转向人间，从自然转到社会，从单纯关注知识转向知识与美德的统一。苏格拉底的这一思想深深地影响了柏拉图。在柏拉图的眼里，善的理念就是智慧，教育的最高目的乃是培养人类精神本质中的正义。正义是国家和个人的最高德行，它关系二者的生死存亡。斯巴达城邦的军事教育、体育教育，雅典城邦的智育、美育和体操教育，包括学校制度等，在柏拉图的教育思想中都能找到踪影。《理想国》中所蕴含的教育哲学思想，正如它在哲学领域中的意义一样，"它在思辨与实践的交会中展现了作为西方哲学原创地的重要性，其理论观点可以过时，但他所提出和包含的问题将始终伴随着人类的生存实践和理论思维"[②]。

总体而言，国内学者对柏拉图教育哲学思想的研究主要集中在以下三个方面：一是历史性研究。对柏拉图教育观、教育哲学的发展与演变进行了梳理，在研读与思考柏拉图著作的基础上，对其教育哲学发展历程进行追溯性研究。二是比较性研究。围绕教育观、人才观、音乐教育思想、政治思想等，将孔子与柏拉图的观点进行比较研究，如前者的因材施教与后者的理想式教育；此外，也有部分研究者将柏拉图的教育思想与孟子、老子、荀子、王夫之等人的教育思想进行比较。从国外的人物来看，主要涉及柏拉图与苏格拉底、班杜拉、康帕内拉、亚里士多德、卢梭等人的教育思想比较。三是围绕

①　[古希腊]柏拉图.理想国[M].郭斌和,张竹明,译.北京:商务印书馆,1986:译者引言Ⅳ.

②　黄颂杰.回到西方哲学的原创地:思辨与实践的交会——柏拉图《理想国》新解[J].复旦学报(社会科学版),2014,56(2):83.

其教育思想的具体内容所开展的研究。如对柏拉图在学前教育、初等教育、儿童教育、青年教育、成人教育、妇女教育、精英教育与大众教育等方面的观点进行分析，对其思想政治教育、和谐教育、乌托邦教育、美学教育、文艺教育思想等方面的研究，以及在研读《理想国》基础上引发的关于教育管理、教育伦理、道德教育、音乐教育、公民教育、理念论教育等方面的思考，对《理想国》中关于正义、对话、国家主义等内容的研究，也有学者对柏拉图的人性论、人格精神、历史观等内容进行了探索。

其影响主要表现在以下几方面：一是影响了对教育内容的认识与选择。柏拉图认为，在人的整个生命历程中，都需要有好的节奏。柏拉图对未成年人教育的重视，从长远来看，无疑是关注到了整个教育系统中的"地基"。如果说在整个人类社会的发展中，再怎么强调教育的重要性都不为过的话，那么在教育中，再怎么强调未成年人的教育也不为过。就此而言，柏拉图的这一工作极其重要。在个体的教育上，他不仅重视音乐和体育，也重视几何与天文学。他所构想的教育体系贯穿了人的一生，从幼儿时期到中老年时期。在实施教育的场所上，从家庭到学校，他都提出了独到的观点和见解，其影响在莫尔的《乌托邦》和夸美纽斯的《泛智论》中都有所体现。在教育内容上，柏拉图兼顾体育、智育与美育之间的关系，同时又将德育统于其中。他强调在小学阶段要特别重视美育与体育，而青少年情绪容易波动、起伏可能较为频繁，这时就需要音乐等其他艺术作品予以调节。在他看来，身体健康是必须加以重视的，因为强壮的体魄是个人成就善行的前提条件。可以说，柏拉图的教育规划，贯穿了人生命成长的整个过程。

二是引发了关于教育目的的省思与确立。柏拉图重视美德教育，致力于培养具有善的理念，且能够服务城邦建设的公民。在他的阶段性教育中，统治者逐步具备了国家所需要的美德。柏拉图强调受教育者在身心方面的协调发展，因此在课程内容的选择和设置上，需兼顾实用性与思维能力的培养。他以善为引导，以学习为手段，关心人的灵魂，"或可视为引导现代人寻求真实生命的指路明灯，以及开展生命教育的理论镜鉴"①。

柏拉图充分认识到教育对一个城邦兴衰的重要性，他认为男女应该拥有同等接受教育的权利，坚持严格管理教学内容，选择适当的教材教育儿童，对于今天的人才培养、教育公平、规范办学也具有一定的启示意义。柏拉图的教育观提醒人们关注教育对个体生命发展的漠视甚至是压抑，以及教育的异化等问题，如何使教育重归助力生命发展的轨道，引发了人们对教育现实问题的思考，对今天的公民教育、价值观教育、职业教育等不无启示。

柏拉图提倡先德育、后智育，坚持将道德教育与知识教育相结合。他的重视道德教育、坚持严格选择文艺作品等观点，对今天道德教育的开展也具有一定的借鉴和启发意义。特别是在网络信息快速传播的时代，更需要加强对道德教育的规范。其相关论述也引发了人们对今天的家庭教育、素质教育、教育公平等问题的思考。

柏拉图重视人文教育而轻视技术性、职业性教育，柏拉图将受教育者分为哲学王、士兵、农民和手工业者，轻视体力劳动，认为体力劳动会使人为恶，不建议统治者和军人从事手工业和农业工作，这就为他所构建的理想城邦蒙上了一层并不"理想"的色彩。他在重视教育的同时也走向了另一个极端，那就是忽视了社会经济对教育发展的作用。

柏拉图强调，教育应该让人各尽其才，各执其事。其教育哲学思想的启发在于：如何认识国家在教育中的作用，一种博雅教育的实施应该如何设置课程，教育的目的究竟何在。柏拉图的教育哲学没有对教育的社会再生产功能给予充分重视，他的博雅教育观点也受到了后来者的质疑。有人批评柏拉图的理念论流于空泛散漫而无目的，其哲学只不过是为所在的阶级社会代言，其煞费苦心构建的理念世界也只是彼时雅典自由人的自我陶醉。由此看来，教育哲学与其向理念论寻求依据，倒不如向人生哲学和社会哲学寻求依据。

教育通过哲学反思自身的目标与方法，依哲学之理想陶冶人之品格，完成哲学的使命并验证其价值。古希腊的文雅教育反映了一种崇尚知识与理想

---

① 张建."灵魂"的教育意蕴：柏拉图生命教育思想探析[J].河南社会科学,2018,26(11):118.

的哲学，柏拉图的回忆说和理念论在其中产生了深远影响。法国哲学家、教育家富耶曾言："我不和柏拉图一样梦想哲学家一定要做帝王，我却希望哲学家必定做教育家。在教育的门墙，必要写着：'不明哲学者免进。'"①柏拉图强调知识教育与道德教育的统一，这不仅在内容上对后来的教育产生了影响，更重要的是，这些观点也引发了人们对人自身，以及何谓幸福人生等问题的思考。

柏拉图虽然主张男女平等，但他所处的时代和环境决定了他的教育思想具有一定的等级性，实质上是一种精英化的教育，在一定程度上忽视了平民阶级的教育，不利于整个国家国民素质的提高。柏拉图把理念作为获取知识的对象，体现了唯心主义的色彩，其回忆说也弱化了个人的主观能动性。尤为值得注意的是，柏拉图的理性精神贯穿其教育思想的始终。或许，这正是柏拉图留下的宝贵财富，让人类能够运用理性思维反省教育中存在的问题，进而不断趋于教育的理想边界。

三是推动了对公民教育的深入思考。有研究者对柏氏的公民教育思想进行了梳理，指出柏拉图将公民教育分为四个阶段：学前教育阶段主要是培养公民的良好品德，初等教育阶段主要是培养城邦卫士，中等教育阶段是培养优秀的士兵和城邦治理人才，高等教育阶段则着力于为城邦选拔领袖和管理人员。②也有研究者对柏拉图培养理想公民的目标、途径、教育阶段进行了研究。③柏拉图的理想是培养具有美德的公民，使其掌握治理城邦的知识，主要通过艺术陶冶、榜样教育、辩证法教学、实践教学，让公民在不同阶段学习感性知识、理性知识和辩证思维。柏拉图认为，智慧、勇敢、节制、正义是美德的四种形式。对于城邦的统治者来说，节制是最基本的美德。对于饮食等身体欲望的节制有助于年轻人形成良好的习惯，协调快乐与痛苦的关系，使二者达到平衡状态。柏拉图还特别重视对儿童言行的规范，倡导通过适度的道德教育使儿童保持稳定的情绪和良好的人际交往，使其乐于参与公共

①　吴俊升.教育哲学大纲[M].福州:福建教育出版社,2011:26.
②　周小李.柏拉图公民教育思想述评[D].硕士学位论文,华中师范大学,2005.
③　但钰.柏拉图的公民教育思想研究[D].硕士学位论文,华中师范大学,2020.

生活。

此外，柏拉图的教育伦理思想也引起了研究者的关注。柏拉图教育伦理思想的理论基础在于天赋品德论，目的在于实现善的理念。有研究围绕理念论、分阶段教育、美德与道德教育等问题对柏拉图的教育伦理思想进行了探究，指出柏拉图的伦理思想体现了教育与政治平等、男女平等、全面发展的特点，其影响主要表现为阿卡德米学园的建立，以及对亚里士多德思想的启蒙。[①]

四是影响了教育方法的选择。在柏拉图看来，知识本来就存在于灵魂之中，只需通过回忆即可获得。因此，在教育方法上要善用启发式教学，让孩子学会自由学习。柏拉图在教育中所强调的榜样示范、实习作业、启发教育等方法有助于调动受教育者学习的主动性和积极性，有利于挖掘受教育者的潜能，改善教学效果。柏拉图主张知识由内省而得，教育就是一种通过回忆再现知识的过程，通过这一过程实现对学生的选择与分类。

二、卢梭的教育观及影响

卢梭之所以在教育哲学发展史上具有特别的地位，原因在于：他向世人所呈现的不仅是理论的阐释，还有他对人之自然性的尊崇与重视。在《爱弥儿》一书中，人们可以看到他对个性的实现抱有无与伦比的热情，并且运用这种极富爆发力的热情去扫除障碍，以打破那些墨守成规的偏见。在杜威眼里，卢梭的教育思想不亚于天文学上的哥白尼革命。作为启蒙运动时期的思想家，卢梭的《爱弥儿》也是时代急剧变化的产物。在1762年出版后风靡一时，以至于康德在阅读时都忘记了在固定的时间出去散步，足见其吸引力。相对于传统教育对纪律、服从和权威的重视，卢梭对浪漫、自由的强调虽有矫枉过正之嫌，但他注意到了儿童自身的独特性，为进步教育理论与实践的开展奠定了思想基础。

---

① 莫丽梅.柏拉图的教育伦理思想研究[D].硕士学位论文,广西民族大学,2017.

（一）卢梭的教育观

卢梭的《爱弥儿》是浪漫自然主义教育哲学的代表作。对于卢梭的教育思想来说，有两点至关重要：一是教育的自然性。在卢梭看来，教育的用武之地就在于帮助人类重返自然。教育乃是人的教育、自由自然的教育，这样的教育应摒弃对儿童的压迫和束缚，因为教育是为了帮助儿童寻求幸福。他在《爱弥儿》一书中就强调要给予儿童充分的权利，促进儿童在智力、体力方面的发展。为此，教师应该帮助、引导儿童进行相应的探索。对于探索的环境来说，自然是乡村优于城市，前者引导儿童向善本性的发展，后者则可能会将儿童引向恶的方向。二是教育的时机。卢梭认为，处于不同阶段的儿童都已经做好了学习相应知识或技能的准备。此时，需要教师敏锐地把握住这些机会，以帮助儿童学习。这一思想对发展心理学有至关重要的意义，蒙台梭利提出的儿童发展关键阶段说也与此有关。

18世纪的法国，以卢梭为代表的个人主义教育理念盛行一时。作为近代教育史上最有影响的人物之一，卢梭那兼具历史唯心主义与浪漫自然主义双重色彩的教育思想，集中体现为自然教育，催生了现代教育思想的萌发。如果说杜威通过教育所塑造的是民主社会中的社会人，那么卢梭心所向往的就是自然生长的自然人。卢梭认为人性本善，天生属于自然而非社会，或者说，他所青睐的是处于原始状态而非自然状态的人。尽管卢梭自己也认识到，他孜孜不倦所追求的自然人可能只是属于想象中的田园牧歌，仅仅停留于思想而无法成为现实，但这并不妨碍他在现实和理想之间去寻求一种平衡。

卢梭的教育思想是法国社会矛盾冲突激化的产物，他以观察、探讨、解释自然的自然哲学为基础，坚持自由平等和人性本善的观点，勇于为时代发声，呼吁人们重视教育，而且是回归自然的教育。卢梭的自然教育观主要包括以下几个方面的要点：教育要回归儿童的自然状态，保护儿童天性的发展，给予儿童最大程度的自由，或者说，在卢梭的字典里，自由也是儿童自然性的体现，自由的教育就意味着儿童在自然状态下的成长。卢梭认为，教育的目的在于：培养自然人和理想的公民。在12岁以前，应该让儿童摆脱外部因素的限制与影响，实现自由发展。

在卢梭看来，与他人的比较会使人无限制满足自己的各种需求，产生自私的想法与行为。卢梭为了防止这种行为的出现，要求爱弥儿应该和自己比较，即便模仿也是为了超越自身而非他人。处于自然状态中的人并不自私、虚荣，然而一旦进入文明社会，自私和虚荣就会占据人的心灵世界。因此，在卢梭看来，人应该自爱，不追求能力之外的欲望，这就需要实施意志教育。对于儿童的养育来说，既要满足其身体自由，又要使其养成不命令他人的习惯。

除此之外，还要通过锻炼感官，增强儿童的判断力。同时，还要注意抑制儿童的想象力，以保持其心灵的纯洁，这是对爱弥儿实施的消极教育。消极教育阶段之后，就要对儿童实施有用的教育，也就是积极教育，培养儿童的好奇心，让他们掌握与生活密切相关的实际知识与技能，正确理解自然界与人之间的关系。在儿童的自爱情感得以形成后，应由自爱走向他爱，由对自我的关怀走向对他人的关怀。这就需要对儿童实施同情心教育，使之能够同情他人的不利处境，进而在儿童心目中建立起道德秩序，明确善与恶的观念，形成正确的价值观。

（二）卢梭教育观的影响

在教育发展史上，关于一些问题的思考和回答似乎从未停止过，对这些观点进行梳理和回顾，可以从中发现其思想演变的历程及影响，一如卢梭对裴斯泰洛齐、赫尔巴特和福禄贝尔的影响。在裴斯泰洛齐的实物教学、赫尔巴特的统觉团中，都能看到卢梭的教育思想轨迹，两者均包含着对实际经验和环境的重视。然而，卢梭在弘扬人性中却走向了一个极端，他反对文明，执意要打破社会的束缚，极力主张重返原始的自然状态。这种状态自然引起了同时代其他思想家的反对与不满，伏尔泰就针对卢梭的观点提出了质疑。卢梭在《社会契约论》中所大力提倡的自然性，在伏尔泰的眼里是野蛮的。伏尔泰在给朋友的一封信中十分生气地写道："唉，先生，你看现在卢梭像一个哲学家，正如猴子像一个人了。"①此外，卢梭为人诟病的地方还在于：他针对不同性别提出不同的教育，他所推崇和信奉的自由是男性的自由，而非女性的自由。

卢梭那极富浪漫主义色彩的自然主义教育观传入中国后，其影响主要有以下几个方面：一是拓展了教育的研究视角。从相关成果来看，有从文学角度对《爱弥儿》进行的研究，也有从教育生态学视角对卢梭的自然教育思想进行分析。人们对同一文本的不同解读，体现了不同研究者在文本本身说了什么的基础上，基于作者所处的时代背景和社会境况进行了个性化阐释，反映出研究者的个体倾向性和选择性。卢梭既提倡自然教育与自由学习、尊重儿童的个性发展与独立成长，又强调人的生存与社会发展唇齿相依，个体也要承担一定的社会责任。表面上看似乎没有将个体之重要性贯穿始终，但从其实质上来看，是一种极具辩证性的思考和表达，影响了人们对教育目的的思考。2009年，在第一期"复旦—伊利诺伊教育哲学高级研讨班"综述中，也有研究者对柏拉图、卢梭和杜威的教育哲学进行分析，认为"'基于灵魂认识的教育、自然主义的教育、进步主义教育'这三种典型范式的分析，揭示出'自治'这一隐含在西方教育哲学传统中的核心理念"②。卢梭的自然主义教育思想不仅拓展了人们研究教育问题的视野和思路，也引发了人们对其思想践行的探索。尽管在现实中卢梭并没有创办学校去实践他的自然主义教育思想，亦没有受卢梭影响的教育者去开展相应的教育实践，但这并不妨碍人们在实际的教育活动中去寻找卢梭自然主义教育思想的影子。有研究者认为，"英国夏山学校与卢梭思想之间虽并无直接显性渊源，但细察之下实属一所隐藏态的'卢梭式'学校"③。

二是奠定了自然教育的理论基础。范寿康认为，在卢梭的教育思想中自然具有唯一的权威性，教育应是一个能够促进人自然发展的系统，这本是合

---

① 傅佩荣.推开哲学的门[M].北京：东方出版社，2013：154.
② 张奇峰.以"自治"为核心的西方教育哲学传统：第一期"复旦—伊利诺伊教育哲学高级研讨班"综述[J].复旦教育论坛，2009(1)：39.
③ 苗曼.卢梭教育思想的实践形态：英国夏山学校[J].外国教育研究，2018，45(12)：20.

理的，但问题在于：卢梭没有对自然这一根本观念给出清晰明了的含义，自然一方面意味着有经验的人类，另一方面却又指人类的形而上本质，所谓的自然因此也就有了两种相反的意义。卢梭在《爱弥儿》中强调感觉，而在《民约论》中则重视一般意志，使其理论有失科学性与合理性。正是因为卢梭对儿童感官教育的重视和提倡，对儿童不同时期发展特点的分析，使人们更深刻地认识到教育目的和教育手段的关系，更加关注经验在教育中的重要作用。同时，引发了人们对儿童身心发展及其在教育中所处地位的关注，改变了以往教条式的教学方法和僵化的教学内容，为近代教育理念、教育实践的变革注入了新的活力。卢梭在教育价值导向上的无为性和他的自然主义教育理念是一致的，目的在于保护儿童免受外力干扰，专注于自身的生长。就此而言，他的消极教育也是一种积极教育。在今天教育的现实情境中，我们能够在多大程度上保护儿童的自由成长和率性发展呢？这是教育领域的又一个永恒性问题，对这一问题的思考和回答显然并未终止。

三是引发了对教育理念的重新思考与革新。作为对教育的理性认识和客观要求，教育理念不仅关系人们对教育是什么的认识，而且关系对教育目的、教育原则、教育方法的思考。在教育目的上，卢梭的教育观提醒人们重视学生的身心感受与体验，关注儿童在生理、心理两个层面的自然状态，以让儿童拥有行动和思考的自由与快乐。在教育原则上，卢梭认为："一个真正自由的人能够得到他想得到的任何东西，他只做自己感兴趣的事，这是我的第一个基本原则。"[①]这一基本原则体现了他对儿童自由与兴趣的关注。在教育方法上，卢梭极为重视儿童的经验，允许儿童独立观察自然界中的各种事物，与自然进行直接的交流以获取知识与经验。卢梭对儿童的尊重、对个性的重视，提出了教育研究和人类社会发展中的永恒课题。他基于自然的教育目的、分阶段的教育观、重视情感的道德教育、注重儿童身心感官的教学方法，强调感官在儿童理解世界、习得知识中的工具性作用，对于后来教育教学的发展有重要影响。

---

① [法]卢梭.爱弥儿[M].李平沤,译.北京:商务印书馆,1978:80.

卢梭认为，文明社会中的美德要少于邪恶，拥有知识不一定就拥有美好的人性。对于美好人性的塑造来说，仅仅有知识的传播是不够的，培养自然人才是教育的目的。他所说的自然人，不是伏尔泰笔下的爬行动物，亦不是生活在纯粹原始状态下的野蛮人，而是生活在社会中，不为欲望或偏见所左右，不为外部权威所控制的自然人与理智公民。但也有研究者指出，卢梭的思想存在无法自圆其说的矛盾：既想通过教育改造社会，又认为良好的教育必须先改革社会；既强调体力的重要性，又否认人的生理活动是精神活动的物质基础；既强调感觉经验是人知识的唯一来源，又认为一定阶级的道德观乃是天赋之物。[①]卢梭以自然为依据，探究自然自由、社会自由与道德自由之间的关系，从而把自然教育规定为一种导向自然自由与道德自由的教育。[②]

四是推动了课程理念的变革。正是卢梭对儿童兴趣和经验的重视，开启了实施活动性课程的先河。在卢梭看来，无论是感官教育的实施，还是身体的发展与技能的习得，都离不开活动。只有在活动中，儿童的思维与知识、智力与体力才能在相互作用中取得进步。卢梭的上述观点不仅丰富了原有的课程理论，而且进一步推动了课程理念的变革，充分体现了活动性教学的作用。同时，也让人们重新思考教育环境这一问题。卢梭重在按照人的自然本性培养人格，发展智力。这就要求无论是家庭还是学校，都要努力营造有利于儿童自由成长、自由探索、平等民主的环境。

五是重新思考智育、体育与道德教育的关系。卢梭的智育思想重在让儿童形成观念、陶冶情操并激发好奇心，强调通过启发教育引导儿童进行思考和研究，培养儿童的判断能力以强化道德教育。根据儿童身心特点选择自然教育法、游戏法等，通过不良行为的后果自然而然地去惩罚儿童。同时，父母和教师应做好榜样，发挥表率作用。卢梭反对空洞抽象的教学内容，主张根据儿童的能力和身心发展特点选择教材。在他看来，古典教育的内容对学生的发展没有实质性的促进作用。为此，他非常重视体育教育和劳动教育，试图通过多样化的体育活动和劳动来训练学生的感官，再通过智育的实施，

① 徐一多.论卢梭教育思想的矛盾性[J].四川师范大学学报(社会科学版),1993(1):103-110.
② 张桂.卢梭的教育权威理论及其批评[J].教育学术月刊,2015(12):30.

实现脑力活动和体力活动的相互促进。卢梭主张通过实用性知识的学习培养儿童解决问题的能力，以训练其意志和品质，成年后则应根据个人兴趣选择具有实用性的职业。

三、要素主义的教育观及影响

20世纪二三十年代，美国在遭受经济危机的沉重打击后，试图对教育进行改革，从中寻找重振经济、促进社会发展的突破口。1938年，以巴格莱为代表的要素主义者促进美国教育委员会在美国新泽西州的亚特兰大正式成立。《要素主义者促进美国教育之纲领》的颁布，成为这一流派教育理论正式形成的标志。20世纪70年代中期，伴随着美国教育重新回到基础的呼声，以及天才教育的推行和外语、科学、数学新三艺的倡导，要素主义在美国的课程改革中发挥了主导性作用。

（一）要素主义的教育观

在要素主义者看来，教育应该以文化的共同要素为课程核心，以传统的心智训练为目标培养天才。教育是一项基于学生兴趣、能力和明确目标之上的活动，这项活动的成功离不开教师的引导和帮助，也因此对教师提出了很高的要求。教师不仅要有广博的知识基础，还要了解儿童在不同阶段的心理特征。教师除了甘愿对自己的工作做出奉献以外，还要对教育的历史和哲学基础做出科学合理的评价。要素主义者致力于教育质量的提高和社会的进步，注重智慧、智力和道德的培养。在他们看来，应当把基于种族经验形成的系统性、学术性知识教给年轻人。

在教育目的上，要素主义强调教育不仅为国家和社会服务，而且还要促进个体的发展。其代表人物贝斯特指出："如果学校尊重它自己的教育完整的话，学校的首要责任就是提供一种在基础学科中智力训练的标准计划。"[1]另一位代表性人物科南特曾担任哈佛大学校长，他在实地调研的基础上发表了系

---

① 王佩雄,蒋晓.教育哲学:问题与观念[M].沈阳:辽宁教育出版社,1989:183.

列报告，围绕美国教育存在的问题，提出了具有针对性的改革和建议，在20世纪下半叶美国的教育改革中发挥了重要作用。在要素主义的影响下，美国的教育竞争力有了一定程度的提升。

要素主义具有保守和传统的一面，认为永恒和客观才是文化的价值所在，而学校的存在，就是把这些永恒的、共同的文化要素教给青年人。由于要素主义对进步主义部分观点的质疑和批判，在一定程度上表现出支持传统教育的立场，使其具有了一些新传统的意蕴。彼时，美国无论是基础教育，还是高等教育，质量都不容乐观。基础教育方面，非教育性的活动占据了教师很多的时间和精力，学生的阅读、书写等基本技能水平下降；高等教育方面，学生学术水平不高，发明创造能力低。及至苏联人造卫星上天，相对于美国来说，在空间科学方面占据了优势地位，这引起了美国民众对教育的反思和质疑。人们一致认为，美国教育应该注重传递社会和文化等方面的遗产。

鉴于此，一些要素主义者认为，美国的教育应该重视基础学科，宏观上要注重传递人类文化遗产，使其能够成为保证社会平衡的核心力量；微观上要加强对学生理智和道德方面的训练，以健全人格，促进个体的和谐发展，因为教育最重要的就是给予学生智慧方面的训练，重视学生心智的发展。在课程内容方面，无论是杜威所倡导的解决问题的课程，还是克伯屈的设计教学法，都是要素主义者所反对的。在要素主义者看来，这些课程设计伊始就存在问题，因为他们忽视了学科的发展渊源与过程，而这恰恰是学生习得知识的前提。要素主义教育哲学重视分科课程而反对综合课程，重视学术训练而轻视职业教育课程。他们特别注重对课程教材的审查与选择，时刻把"要素"二字置于教学大纲的制定和教学的实施过程中。面对社会的萧条，巴格莱等人认为教育应该为促进社会进步、维护社会稳定做出贡献，从而为要素主义教育哲学提供了用武之地。

（二）要素主义教育观的影响

目力所及，要素主义传入中国最早是在1923年，即杨荫庆、董渫、兆文钧翻译的《巴格莱氏教育学》（共和印书局）一书。该书共3编，分别对教育的定义、学校的功用、教育上道德的目的、统觉、统觉的等级与系统、工作主义、经验上有类似习惯的功用等问题进行了探究。汪懋祖在序言中写道："杜威之书，辞口深密，非浅学所能了解。密勒之书，简约明了，颇便于初学及实际训练之用。介乎此二者之间，可称为善本者，则巴格莱的教育进程其一也。"①

1980年，范斯科特等人所著《教育学的基础（社会的观点）》第二章《教育哲学》中《各派教育哲学》这一节的内容由蔡振生以《当代西方教育哲学流派》为题翻译发表在《外国教育动态》上，该文对要素主义产生的背景、教育目的、课程观、教育观等内容进行了分析。

改革开放后，我国关于要素主义研究成果日益增多。1982年，金传宝翻译了J.Wesley Null的一篇文章，以《一位谨慎的进步教育家：重新解读巴格莱》为题发表于《当代教育科学》。②该文在介绍巴格莱生平的基础上，对其主要观点进行了分析，进而指出人们应该重新认识巴格莱的工作，而不是简单地将他划归为进步论者或者传统主义者。对于巴格莱而言，要素主义是他职业生涯中的重要事件，但并不意味着是他事业的全部。J.Wesley Null是美国得克萨斯州贝勒大学的教育学助理教授，他于2003年出版了《一位谨慎的进步教育家：威廉·钱德勒·巴格莱的生活和事业》一书。

1982年，马骥雄在《科南特的教育思想》③一文中提及要素主义。1983年，李定仁在《要素主义教育述评》一文中系统地介绍了要素主义，将其形成和发展阶段划分为1938—1945年、第二次世界大战后至60年代末两个阶段。1988年，陈友松主译了《科南特教育论著选》（人民教育出版社）一书。该书所收录的《今日美国中学》和《美国师范教育》是科南特的代表作，反映了他的教育思想和教育改革理念。1991年，巴格莱的《教育与新人》（安徽教育出版社）一书由郭永新翻译到国内。1996年，该书由袁桂林翻译、人民

---

① [美]巴格莱.巴格莱氏教育学(上卷)[M].杨荫庆,董溕,兆文钧,译.北京:共和印书局,1923:序2.
② [美]J.Wesley Null.一位谨慎的进步教育家:重新解读巴格莱[J].金传宝,译.当代教育科学,2004(13):27-29.
③ 马骥雄.科南特的教育思想[J].外国教育资料,1982(4):1-4.

教育出版社出版，并于2005年第二次印刷。2006年，北京师联教育科学研究所主编了《要素主义教育思想与〈教育新人〉选读》（中国环境科学出版社）一书。金传宝先后出版了《从乡村教师到教育领袖：巴格莱教育思想研究》（2006年，高等教育出版社）和《巴格莱：从乡村教师到教育领袖》（2018年，山西人民出版社）。在后一本著作中，作者对巴格莱的童年生活、受教育经历、职业生涯以及他对心理学和教育关系的思考、教师的课堂实践等问题进行了研究。

在要素主义者看来，教育的主要目的就是传播并保存那些具有永久性价值的知识，将自身的发展与国家发展结合起来。宏观上要完成人类文化遗产的传递，微观上要完成理智和道德的训练。基于此，要素主义以社会为中心建立了自己的教育哲学，以严格的逻辑系统和学科中心为标准进行课程组织，将共同的种族经验纳入课程之中，以促进国家和民族的发展。巴格莱认为，进步主义不但忽视了精确性、严谨性学科的价值，而且其软弱的教育理论导致中学毕业生能力不高，他们所实施的课程改革只不过是一场反复无常的运动罢了。

有博士论文对要素主义教育流派的历史起源、发展脉络、发展现状及其在当代美国基础教育改革中的影响等内容进行了系统探究，并从中寻求要素主义对我国基础教育改革的启示和借鉴。要素主义者强调对系统知识和文化要素的学习，强化学科课程的设置比例，将表现性评价与形成性评价相结合，既重视教育过程，也重视教育结果，对美国教育改革产生了深远影响。从要素主义者的教育主张、实际影响来看，他们对国家本位教育目的观的重视、对平等与效率关系的处理，包括对基础教育中的区域与城乡协调发展问题、传统教学论、教育改革、教育质量、弱势群体的受教育权、知识传授与能力培养等问题的思考，对我国的基础教育改革不无启示。[①]

从其教育观的影响来看，要素主义认为，学校不能仅仅强调从做中学，还要注重对儿童心智的训练，以使儿童更好地适应不断变化发展的社会环境。

---

① 侯威.要素主义教育理论研究[D].博士学位论文,东北师范大学,2008.

要素主义既看到了儿童的兴趣，也兼顾到教材和知识体系自身的要求。他们在关注儿童自由和兴趣的同时，也没有忽视纪律的约束和儿童自身所应付出的努力。要素主义也非常重视天才教育，有研究者认为，这一天才教育观有助于加强对天才儿童的研究，强化具有前瞻性的天才教育，在一定程度上可以阻止人才外流，但也应处理好天才教育和普通教育的关系。[①]面对教育目的过于功利性、课程改革西化严重、师生关系对立冲突等问题，基于要素主义教育哲学的理念，在基础教育改革中应注意处理好个人与社会之间的关系，充分发挥共同要素在传统文化和现代文明中的重要作用。同时，要处理好探究式学习和接受式学习等不同方法的协调运用，建立民主平等的师生关系。[②]

也有研究者认为，巴格莱的教育观尽管是20世纪初期针对美国公共普通学校教育改革而提出的，但一些理论和观点对我国成人教育改革不无启示。从功能观上来看，巴格莱重视教育的社会进化功能，倡导探究人类文化和民族文化中的共同要素，主张提高教师素质，在教学中对学生实施系统严格的训练，有助于为成人提供彰显文化共同性要素、具有广泛适应性的教育。[③]其观点对我国基础教育改革的启示在于：应认识到传承民族精神、文化传统的重要性，科学处理文化遗产中共同要素和现代文明之间的关系。合理认识讲授法在教学过程中的重要作用以及道德教育、学科知识自身的价值与意义，在追求优质教育的同时兼顾教育公平。要素主义在肯定传统教育、重视人类文化遗产的同时，又走向另外一个极端，即忽视学生的课外活动和实践，学习内容过于艰深而使学生难于掌握。在我国，要素主义教育哲学与永恒主义一样，都得到过否定的评价，被视为极端保守的教育哲学，但是作为曾经对美国和西方其他国家的教育产生重要影响的教育哲学流派，要素主义对教育自我保存功能的重视、对传统文化和价值准则的继承，也体现了对教育规律的遵循。

---

① 齐慧甫,王宏方.要素主义的天才教育观及其启示[J].中国特殊教育,2004(12):73-76.

② 赵娟.要素主义教育及其对我国当前基础教育改革的启示[J].亚太教育,2015(28):275-277.

③ 杨用华.巴格莱要素主义教育观及其对我国成人教育的启示[J].河北大学成人教育学报,2011(2):16-18.

四、永恒主义的教育观及影响

（一）永恒主义的教育观

永恒主义以古典实在主义哲学为基础，坚持教育的基本原则永恒不变。在永恒主义者看来，人是一种理性、向善的高级动物，人性不变，教育的性质也不变，任何场合下的教育都是相同的。因此，他们所坚守的道德原则和教育内容、教育目标适用于不同情境下的教育。鉴于理性是人的最高属性，而真理具有永恒性，所以教育首先要培养人的能力，而民主之所以获得发展和进步，不是因为改革之功而是教育之力。他们既看到了人理性的一面，也看到人社会性的一面，注意到了人与社会相互依存的关系。

从永恒主义教育哲学到浪漫主义教育哲学，从经验论的教育哲学到唯心论的教育哲学，究其根本，都围绕着对教育的认识而展开，而对教育的认识，恰恰与知识的价值、教育之于人性的发展、人的自由和尊严等问题密切相关。永恒主义代表性人物赫钦斯认为，教育哲学的发展，取决于一般哲学中对人和社会的看法。对于一般哲学来说，教育哲学属于第二位的概念。

作为20世纪30年代兴起于美国的新传统教育流派，永恒主义的教育目的在于让人们认识到处于不同层级的知识与善，将传统文明应用于现代化的教育，培养永恒的人性和人文精神。在永恒主义者看来，教育的目的就是要挖掘人的潜在理性，使之得到充分发展。

在永恒主义者看来，教育的目的乃是通过古典名著促进青年人的理性发展和精神发展，丰富智慧，培养美德，为生活做准备。教育的目的就是要挖掘人的潜在理性，使之得到充分发展。如果说进步主义重视儿童，要素主义重视教师，那么永恒主义者所重视的则是人的理性潜能。在永恒主义者看来，经典名著中所蕴含的传统和智慧有助于人们理解人性、追寻生命的价值和永恒的意义，为社会问题的解决提供真理。灵魂与理性的完善，是人走向美好生活的必经之途，也是建设和谐社会的重要手段。身心和谐、自我价值能够得到充分实现的人，也是社会中的良好公民。灵魂和理性的发展，则需要自由教育参与其中。对于人类来说，没有什么比适宜人本性的社会更为重要。艾德勒认为，人理性的发展在很大程度上取决于阅读。赫钦斯更是指出，哲学意味着直觉理性与科学知识相结合的最高智慧。归根结底，智力培养是教育的唯一目的，只有语法、数学等特定的一些学科才具备培养智力的功能。

（二）永恒主义教育观的影响

早在20世纪30—40年代中期，永恒主义代表人物赫钦斯的高等教育思想就开始传入中国。作为20世纪著名的教育家，赫钦斯或被认为是美国最著名的永恒主义者，或被认为是新托马斯主义的代言人，其思想在理论与实践两个方面都产生了深远影响，其教育著作和实践活动受到了国内研究者的广泛关注。赫钦斯1936年出版的《美国高等教育》一书，第四章由张周勋翻译以《大学教育》为题在《文化与教育》上于同年发表，赫钦斯因此也被称为中国早期教育现代化的重要推手。①1984年，赫钦斯的《民主社会教育中的冲突》由陆有铨翻译到国内。1985年，李定仁在《外国教育动态》第6期上发表了《评永恒主义教育》一文。

国内研究者对赫钦斯所主张的教育目的、教育途径及课程内容进行了梳理。赫钦斯提倡全民教育，将人的现实状态与应然状态结合起来思考教育问题。他还倡导以训练人的心智为基础的自由教育，在个体之善、共同体之善的基础上追求人类的善，认为人类最高的善就是智慧、道德和理性精神的发展。在对教育本质的看法上，永恒主义具有浓厚的古典哲学特色，认为世界的存在有着稳定的秩序和结构，教育亦如此。在永恒主义者看来，知识是绝对和普遍的，其缺陷在于将教育视为僵化不变的东西，教育是要让学生掌握知识而非适应现实世界。人性永恒不变，因此教育的性质也是永恒不变的。教育的目的在于培养学生的理性，完成学生的社会化，使人的潜能转化为现实，从而为未来生活做准备。

永恒主义者以教育的永恒性去维护资本主义的稳定性，体现了其明显的

---

① 王少芳,孙邦华.西方高等教育理论在近代中国的传播及影响[J].现代大学教育,2019:(5):14-22.

阶级性。①从反对进步主义的角度来看，永恒主义属于新传统教育派，但是它过于重视文化遗产和系统知识的学习，强调对共同人性和永恒知识的坚守，致力于维护资本主义的社会秩序，导致其无法适应时代的要求而影响日渐式微。

在教育思想上，无论是赫钦斯所主张的普通教育，还是利文斯通的自由教育，他们所强调的都是加强基础知识、发展学生理智能力的通才教育。尽管永恒主义者试图将通才教育扩展到更大的范围，让更多的普通人能够接受这种教育，但因其内容主要限于文科而与社会发展需求不相适应。即使是在永恒主义教育哲学的盛行时期，也因其倡导教育内容的绝对主义而受到质疑与批评。这一流派在强调对人理智训练的同时也使教育远离了生动的现实生活，没有对科学技术等影响社会发展的关键因素给予应有的重视。在瞬息变化的社会中，永恒主义强调教育和学术自由发展，有其独特的价值和意义，同时也因其片面性、绝对性而引发了人们的质疑与批评。

从已有成果来看，关于永恒主义教育哲学流派的研究，主要是在评价介绍的基础上寻求借鉴，如围绕永恒主义的教育观、课程观、教学方法的主要内容及启示进行研究。以对永恒主义课程观的研究为例，基本上是对其课程的思想基础、目标、内容、实施等问题进行理解阐释，然后再结合相关内容寻求启示，如永恒主义教育观对新闻传播教育改革的启发在于：应遵循大学精神推进改革，提升学生的人文道德价值理性。中国高等教育也可借鉴永恒主义的通识教育，如"设计讲授以柏拉图、黑格尔、康德、马克思、孔子、孟子等经典性作品为主的通识教育课程"②。永恒主义为通识教育的理念及课程设计提供了坚实的理论基础和实际经验，作为自由教育思想的发展，永恒主义教育观与通识教育追求的理想和精神是一致的。有观点认为，"西南大学实施的'名著选读计划'以通识教育为背景，其阅读书目涉及文学、哲学、历史学、美学、社会学等多个领域，是以赫钦斯为代表的永恒主义教育哲学观

① 李定仁.评永恒主义教育[J].外国教育动态,1985(6):16-19.
② 张永燕.永恒主义通识教育理念与实践探析[J].新课程,2011(10):143.

在现实教育中的具体反映"①。也有研究基于永恒主义观点对我国高校的英文名著阅读开展研究，指出永恒主义所大力提倡的经典著作在传递人类优秀思想文化的同时，却没有充分体现知识的系统性。也正是在这一点上，赫钦斯受到了批评和质疑。②

五、进步主义的教育观及影响

（一）进步主义的教育观

美国进步主义教育哲学的主要代表人物有杜威、康茨、波特、克伯屈等人。就进步主义的理论渊源而言，达尔文的进化论、欧洲的自然主义教育思想和杜威的实用主义哲学都对进步主义教育哲学产生了直接影响。卢梭在其教育思想的论述中充分彰显了自然的魅力，他的教育观深深地影响了裴斯泰洛齐和福禄贝尔，进而影响了美国进步主义教育的产生。传统主义教育的弊端无法适应彼时美国社会发展的需求，加之欧洲自然主义教育思想的影响，美国的进步主义教育适时而生。1875年，帕克在马萨诸塞州昆西任督学时领导学校改革，倡导新教学法的实验，推动了进步主义运动的开展并取得了显著成效，他本人也因此被称为"进步教育之父"。随着反对传统教育人数的增加，进步教育的力量日益增加，他们推崇自然主义教育思想，重视对教育的革新。"第一个把进步主义与实用主义哲学联系在一起的是约翰·杜威。"③1896年，杜威在芝加哥大学实验学校对其教育理论进行应用与实践，进一步推动了进步主义教育的发展。1919年，进步教育协会成立。自此，进步主义教育有了专门的学术组织，其影响范围也从私立学校扩展到公立学校，推动了美国教育特别是初等教育的变革。

随后，1929年爆发的经济危机不仅对美国的经济造成了严重冲击，而且对教育事业的发展也产生了严重影响。从物质条件来看，很多学校削减经费

---

① 解德渤.西南大学名著选读与永恒主义教育理念[J].复旦教育论坛,2013(4):28-32.
② 苏相君.永恒主义视野下的高校英文名著阅读研究[J].语文学刊,2013(6):145,155.
③ 黄济.教育哲学通论[M].太原:山西教育出版社,2009:207-208.

预算，导致教师收入降低。与此同时，入学人数却在增加，教育质量急剧下滑，教育与政治、经济等社会子系统之间的关系成为当时美国教育界关注的核心问题。在种种问题的挑战与冲击下，进步主义的影响逐渐式微，外部受到了要素主义和永恒主义的质疑，内部出现分化，改造主义开始萌芽。

进步主义在强调改造社会的同时，也开始反思儿童中心教育这一主张。特别是在苏联发射第一颗人造卫星以后，人们认为，美国教育失败的原因就是因为进步主义提倡儿童中心论所致，因此对进步主义的批评更加严厉，形成了一个反对进步主义的高潮。尽管杜威、克伯屈等人对进步主义的儿童中心论和极端个人主义提出了批评，也还是无法挽回进步主义影响日趋式微的局面。1955年6月，进步教育协会宣布解散。1957年，《进步教育》杂志停刊。随着专门学术组织和专业期刊的不复存在，进步主义悄然落下帷幕。

在进步主义教育哲学看来，作为在民主交往中让儿童初步实现社会化的一个场所，学校应鼓励学生开展互助合作、友爱交往并实现经验的共享。只有在教育这种文明生活中，才能实现经验的改造，进而发展人性、改造人性。从此意义上来看，学校就是一个微型社会，教育的实施也就意味着人的发展。进步主义的另一位代表人物克伯屈认为，所谓通才教育，就是在问题的设计和解决中进行学习。在他看来，运用这一方法，不仅能够调动学生学习的积极性、主动性，而且会发现新的事实和观念。值得注意的是，进步主义者在强调自由的同时，没有忘记纪律，更没有忘记学生身心发展的阶段性。在他们看来，不应给予中小学生与大学生同等程度的自由，因为他们身心尚未成熟。

进步主义教育运动及思想是美国教育界对社会现代化过程中一系列重大变革与挑战的回应，是在现代城市工业文明条件下改革美国教育的一种努力和选择。与进步主义代表性人物相伴而生的是这一流派的理论、方法和教育实践，如帕克的昆西教学法、约翰逊的有机教育学校、沃特的葛雷制、以儿童为中心的帕克赫斯特的道尔顿制、华虚朋的文纳特卡计划等。

这一流派的主要观点包括以儿童为中心的学生观、以生活为内容的课程观、以解决问题为方法的教学观、淡化权威意识的教师观、强调合作精神的学校观。具体来说，这一流派认为，教育就是生活、生长，就是对经验的改组和改造，良好的教育能够兼顾受教育者个人的需要，促进受教育者之间的合作。教育目的就内在于教育过程之中，是具体、实际的教育效果呈现，而非一个抽象的结果性行为。在进步主义者看来，教育就是生活本身，无论是教育活动的开展，还是学校的设立，均应以儿童兴趣为中心，以问题解决法替代灌输法。如果说永恒主义者强调教育内容有多么永恒，进步主义就强调教育有多么千变万化。对于进步主义者来说，无论是世界本身，还是人们的价值观念都是变化的。于此而言，进步主义眼中的教育，并不是一个静态的结果，而是一个没有止境的动态过程。当学生得到一个学分、修完一门课程时，并不意味着教育的结束；当学生离开学校时，也并不意味着教育的终止。教育，是贯穿人一生的活动。它不仅存在于学校之中，也存在于社会、家庭等场所。

（二）进步主义教育观的影响

作为进步主义的主要代表人物，杜威对我国教育哲学发展的影响是客观存在的。早在美国经济危机爆发的年代，我国就有学者指出："中国教育学者研究教育哲学，是最近几年的事。民国八年，美国杜威来华讲演，国内一般教育家大受杜威的新刺激，才开始研究教育哲学了。"[①]进步主义教育哲学的形成与实用主义哲学的生发密切相关，后者在一定程度上体现了美国在历史发展过程中形成的创新精神和求实精神。尽管实用主义哲学在中国的传播涉及教育、政治、社会等多个方面，但是引起人们重视的却是它的方法。历史的方法是让我们注意一事物之所以产生的来龙去脉，以便对其价值和意义做出公正合理的判断。实验的方法则是要基于具体的环境和事实，对相关的理论学说进行判断和验证。胡适就认为，中国应该运用杜威提供的哲学方法解决自己的问题。

20世纪50年代，我国哲学界曾开展过一场针对杜威哲学及教育学说的批

---

① 姜琦.中国教育哲学底派别及今后教育哲学者应取底态度与观察点[J].厦门大学学报，1931，1(1):3.

判运动。①从政治斗争的需要出发，将其作为政治批判的对象，认为实用主义哲学是一种完全反动的、主观的唯心主义哲学，忽略了实用主义哲学产生的历史背景和它的实际贡献。这样的批判基调客观上不仅阻碍了实用主义哲学的传播，而且对西方哲学的传播产生了消极作用，也影响了国人对待进步主义教育哲学的态度。受当时环境的影响，对这一流派的引进与介绍体现了鲜明的意识形态倾向。这从当时翻译文章的编者按中可见一斑，"'进步教育'派名义上标榜'进步'，实质上是贩卖反动腐朽的实用主义教育观点。实际上早已宣告破产的'进步教育'派那一套实用主义的教育理论和教学方法，同美国目前普遍推行的教育'革新'一样，也挽救不了美国教育的危机。作者为'进步教育'鼓吹是徒劳的"②。面对当时协会的解散和刊物的停办，范提尔发出了"进步教育过时了吗"的拷问。在他看来，杜威等人有关教育目的、教育基础、教育内容的分析和论述具有代表性和基础性，不管从问题来看，还是从答案来看，都没有过时。范提尔非常有信心地指出，由于进步教育开展的范围比较有限而影响了其作用的发挥，但它的价值和意义总会在未来以特定的形式体现出来。

1980年，美国学者范斯科特、克拉夫特、哈斯的《教育学的基础》一书

---

① 滕大春.批判杜威的教育目的论[J].学术月刊,1957(11):69-79;滕大春.批判杜威的道德论[J].哲学研究,1957(4):60-72;毛礼锐.杜威教育思想的反动实质[J].北京师范大学学报(社会科学版),1957(1):17-56;滕大春.批判杜威关于道德教育的理论[J].河北天津师范学院学报,1957(1):1-11;曹孚.杜威批判引论(上篇)[J].人民教育,1950(6):21-28;曹孚.杜威批判引论(下篇)[J].人民教育,1950(7):22-29;杜佐周.杜威反动哲学及其教育学说的分析和批判[J].厦门大学学报(社会科学版),1955(4):71-85;王铁.批判杜威关于教育超经济、超政治的学说[J].人民教育,1955(8):34-36;张健.批判杜威实用主义教育学说中有关学校教育的谬论[J].人民教育,1955(6):23-25;金岳义.批判实用主义者杜威的世界观[J].哲学研究,1955(2):6-30,163;梁忠义.杜威"理想学校"的反动实质[J].东北师范大学科学集刊,1956(3):88-99;车文博.批判杜威实用主义教育学反科学、反革命的本质:对杜威"明日之学校"一书的批判[J].东北人民大学人文科学学报,1956(2):105-128;张安国.肃清杜威反动教育思想在中国的流毒:杜威反动教育学说的批判[J].湖南师院学报,1956(1):23-32;曾作忠.批判杜威反动的教育哲学[J].湖南师院学报,1956(1):33-38;杨继本.关于杜威反动的儿童中心主义教育理论的批判[J].湖南师院学报,1956(1):55-59;刘付忱.批判杜威教育思想中的"民主主义"概念[J].河北师范学院学报,1956(1):1-5;滕大春.批判杜威的教学论[J].河北师范学院学报,1956(1):6-15.

② [美]范提尔.进步教育过时了吗?[J].吴棠,译.现代外国哲学社会科学文摘,1965(6):11.

的部分内容由蔡振生翻译，以《当代西方教育哲学流派》为题发表在《外国教育动态》杂志上，该书在第二章阐述了要素主义、永恒主义、进步主义和改造主义这四个流派关于教育目的、教学方法、师生关系等方面的基本观点，并对盛行于六七十年代的存在主义和分析哲学进行了论述。[①]20世纪80年代后期，实用主义哲学的传播和研究得以进一步开展。很多学者出版了相关著作，如刘放桐的《实用主义述评》、杨文极的《实用主义新论》、邹铁军的《实用主义大师杜威》等。学界开始重新评价杜威的学说，对以往的研究进行理性反思。有研究者指出："我们过去那种把实用主义与马克思主义绝对对立起来，以为唯有这样才能与实用主义划清界限的做法看来是不妥当的。我们完全用不着人家说了近似一致，我们偏说完全不同、根本对立。"[②]

伴随着思想解放的浪潮，关于进步主义教育哲学的研究成果也进一步丰富起来。部分研究成果如下：李剑鸣的《大转折的年代：美国进步主义运动研究》（1992年，天津教育出版社），台湾学者杨国赐的《进步主义教育哲学体系与应用》（1982年初版，1988年再版，水牛出版社），张斌贤的《社会转型与教育变革：美国进步主义教育运动研究》（1998年，湖南教育出版社），北京师联教育科学研究所编选的《进步主义教育思想与〈教育原理〉选读》（2006年，中国环境科学出版社），单中惠、王玉凤的《杜威在华教育讲演》（2007年，教育科学出版社），张云的《民主·教育·经验：杜威教育哲学》（2007年，上海社会科学院出版社），北京师联教育科学研究所编选的《杜威实用主义教育思想与论著选读》（2010年，人民武警出版社），但海剑的《现代化选择：美国进步主义时期社会发展与传播研究》（2014年，武汉大学出版社），陈峰津的《杜威教育思想与教育理论》（2015年，福建教育出版社）等。2017年，涂诗万主编的《〈民主主义与教育〉：百年传播与当代审视》一书由教育科学出版社出版，该书收集了关于《民主主义与教育》在中国的传播、

---

① ［美］R·D·范斯科特，R·J·克拉夫特，J·D·哈斯.当代西方教育哲学流派[J].蔡振生,译.外国教育动态,1980(6):56-60,21.

② 刘放桐.实用主义及其在中国的命运:再论重新评价实用主义[A].时代与思潮(1):五四反思,1989:42.

西方教育学者眼中的《民主主义与教育》、第二次世界大战前德国对杜威教育思想的吸收、杜威探究与创新的教育思想，以及日本关于杜威研究的特征和课题、再解读等文章。

关于进步主义教育运动的发展历程、主要特点、取得的成就与失败的教训，在已有研究中都有不同程度的涉猎。张斌贤认为，就其含义而言，进步主义教育有狭义和广义之分，前者指19世纪末、20世纪前期在欧美兴起的各种教育革新趋势，后者指从近代以来广泛流行的、受进步观念支配的各种教育学说。狭义的进步主义教育则专指19世纪末和20世纪前期产生于美国以杜威教育哲学为主要理论基础、以进步主义教育协会为组织中心、以改革美国学校教育为宗旨的教育理论和实验。其发展经历了产生（1883—1918）、成型（1919—1929）、转变（1929—1943）、衰落（1944—1957）四个阶段。[①] 从教育思想原则的变化和冲突这一角度，则可以将其划分三个阶段：1919—1929年以儿童中心论为主导的和谐时期，1930—1941年的社会改造主义和儿童中心论的冲突时期，1942—1955年的沉寂时期。[②]

有研究者从政治、经济、社会环境和传统教育思想等方面分析其产生背景和发展历程，从内涵、实质和动力三方面论述这一流派的现实意义。[③] 关于进步主义教育流派代表人物的专题性研究也得以开展，如约翰逊对进步主义教育运动的兴起和传播具有重要作用，但其历史贡献从未得到应有的评价，这成为进步主义教育运动中的一个未解之谜。约翰逊本人长期专注于推广开展有机教育的学校实验，为学校募集经费，因而无暇参与进步主义教育协会的工作。她对激进儿童中心论的坚持，也使自己难以适应20世纪30年代美国教育意识形态的转变。[④]部分进步主义教育者重视对学生潜能的激发，特别是克伯屈的《设计教学法》一书在这方面做出了重要贡献。以康茨为代表的一部分教育家则重视教育与新的社会秩序之间的关系。于杜威而言，则致力于

① 张斌贤.进步主义教育运动：概念及历史发展[J].教育研究,1995(7):25-30.
② 张斌贤.话语的竞争：进步主义教育协会史[J].高等教育研究,2014,35(2):70-83.
③ 王颖慧."进步主义"教育思潮及其现实意义[J].铜陵学院学报,2006(5):114-115.
④ 张斌贤,钱晓菲.约翰逊：被进步主义教育运动湮没的进步主义教育家[J].教育学报,2016,12(5):106-115.

哲学与教育、个人与社会之间的协调性和一致性。学校应以何种标准选取合适的、兼顾现实与未来的教学内容，美好的人生究竟意味着什么，进步主义者并没有给出一个明确的答案。

此外，进步主义的教育观引发了我国研究者对基础教育的思考。在基础教育阶段，教育者应该如何认识儿童的地位和兴趣，是以儿童为中心，还是要发挥教师作为一个引导者的作用，无论在教育原则的遵守上，还是在培养目标的确立上，进步主义教育的相关理论、成功的经验、失败的教训对我国素质教育的开展不无启示意义，引发了人们对这一问题的深入思考。"教育改革的顺利进行需要明确存在的主要障碍，需要政策的支持、社会各界的广泛参与以及理论与实践的结合。"[①]有研究基于历史的观点，将进步主义教育运动还原于产生的社会环境之中，并对这一流派的教育原则、改革贡献进行了全面分析，推动人们思考如何正确认识教育改革的度和教育自身的作用与影响。也有论者认为，美国进步主义教育思潮对我国教育改革有三点启示：教育改革要坚持理论与实践的有机融合，批判与继承的有机统一，中学与大学的有机衔接。[②]

总体而言，国内学者对这一流派基本上涉及了比较研究、历史研究、理论研究、实践研究等方面，已有研究多围绕进步主义教育哲学产生的社会政治环境和经济环境，以及对传统教育的批判等问题展开。代表性人物的研究则多集中于杜威、克伯屈，对帕克、华虚朋、沃特等人的研究相对较少。

六、改造主义的教育观及影响

（一）改造主义的教育观

1920年，杜威在《哲学的改造》一书中提出了"改造主义"这一名称。随着进步主义影响的逐渐削弱，布拉梅尔德等人开始倡导通过教育改造社会。

---

① 洪梅.美国进步主义教育运动中"八年研究"对我国基础教育改革的启示[J].教学与管理，2000(5):70-72.

② 邹贵波.美国进步主义教育思潮:嬗变、内核与启示[J].太原大学学报，2015,16(3):126.

改造主义者致力于建立新的社会目的，修正旧的社会目的。其教育哲学既有乌托邦的理想色彩，也有实用主义哲学的影子。在改造主义者看来，通过切实可行的社会改革方案解决时代的文化、社会乃至世界的危机，通过教育的改造建立一个理想的民主社会应是教育的主要目的。改造主义教育哲学在批判的基础上继承了实用主义哲学，摒弃了以个体经验为中心的教育哲学，转而将教育视为制定社会行动方案的主要手段，改造主义者自认为真正继承了进步主义的思想。

改造主义者同意要素主义和永恒主义对进步主义的批判，即不能仅仅把生长作为教育的目的。在他们看来，教育乃是作为促进社会改革方案实施的手段而存在的，也就是说，要想促进社会变革的成功，仅仅有政治上的努力是远远不够的，还必须对社会成员进行教育。进步主义者只重视改革方案的制定，却忽视了改革方案的实施。所以，改造主义的主要代表人物布拉梅尔德认为，在这一点上进步主义看起来有点低效。改造主义的教育理想只是在落后地区开展实践，产生的影响极其有限。

教育哲学思想观念的落实，一定程度体现在教育制度的确立上。无论是管理制度的出台，还是决策的制定，都以一定的价值取向为基础。如果说进步主义者强调作为生活经验的民主，那么改造主义者则强调作为一种制度的民主，而这一民主制度的确立，需要通过教育培养与之相适应的公民才能得以实现。正是基于上述考虑，改造主义者认为教育是一种"社会的自我实现"的活动。

在教学上，改造主义教育以社会问题为中心，基于社会改造这一目标的实现，充分利用资源的丰富性，运用适合学生年龄的方法，缩短讲课时间以便开展其他更有实际意义的实践活动。有研究者指出，在改造主义的教学过程中，教师应鼓励和引导学生批判地审查社会的文化遗产与整个文明，毫不畏惧地表达自己对那些可能会引起争论的敏感问题的看法。①改造主义把教学过程分为两个阶段：第一个阶段包括通过证据进行的学习和通过议论进行的

---

① 夏正江.科学与人文：课程价值取向的两歧及启示[J].中国人民大学教育学刊,2015(4)：36.

学习，要求对包括直接经验和间接经验的证据进行充分讨论，使多数人的意见趋于一致，以实现教学目的。第二个阶段主要指通过协议和行动进行的学习，协议即依据证据进行讨论后达成的一致意见。一致意见不仅要表现在口头上，而且要在行动中得到证实。①改造主义者主张民主的教学方法，注重培养学生的决策能力。提出问题后让学生分组讨论，最后再由师生一起总结探究最终的解决办法。在这一过程中，教师不是简单地告诉学生最终的标准答案，而是引导、帮助学生进行讨论交流和归纳总结。改造主义教育家将行为科学作为学习过程的理论基础，使学生在活动中、在获取经验中学习。用布拉梅尔德的话来说，学习就是让学生学会怎样使改造文化环境的方式与那种环境一起作用。

（二）改造主义教育观的影响

最早涉及改造主义的文章是1960年黄敬思翻译的《进步教育的遭遇》②一文，这篇文章原载于哥伦比亚大学《师范学院学报》（1959年10月号）。作者克莱明分析了进步主义自1945年以后逐渐走向衰落的原因，其中之一就是由于学会五分天下，主张一种个人主义，甚至是无政府主义的教育学。这其中就有以康茨为代表的改造主义，坚持进步教育才是社会经济革新关键的克莱明，聚焦于传统学科改组的司密斯，还有重视科学方法、自然主义和社会计划的杜威支持者。

1961年，谭书麟翻译的《教育哲学》一文中，涉及改造主义流派。该文由美国学者史密斯撰写，被收录在美国教育研究学会主编的《美国教育研究百科全书》（1960年第3版）中。在这篇文章中，史密斯对教育哲学学派进行了分析，并对哲学研究的一些代表性成果进行了介绍。他指出，对教育哲学进行分类是一个难之又难的问题，常用的方法有两种：一种方法基本上是以普通哲学学派的分类原则为依据，将教育思潮分为实在主义、唯心主义、经院哲学、实用主义，以及各种形式的自然主义；另一种方法是以对教育和社

---

① 孙丕普.浅谈重建主义的教育哲学思想[J].淄博师专学报,1996(4):86.
② [美]克莱明.进步教育的遭遇[J].黄敬思,译.现代外国哲学社会科学文摘,1960(3):17-18.

会变革的态度为依据，将教育哲学分为进步主义、本质主义、永恒主义和改造主义。①

1964年，瞿菊农翻译的《当代资产阶级教育哲学》出版。该书译自白恩斯、白劳纳合编的《教育哲学》一书，瞿菊农翻译的是第三编《教育哲学各流派》。译者在序言中指出："改造主义是在实用主义的基础上，披着'新'的外衣出现的一派教育思想。它的世界观和认识论基本上是实用主义的。它一面对新保守主义提出批评，反对复古，反对'从四十年代初已经达到的水平后退'。一面却承认社会智慧的作用，强调教育是经验的改造，承认教育对于社会改造的作用，反对革命，主张'社会同意'与阶级合作。"②在《当代资产阶级教育哲学》一书中，第六部分《新时代教育》由改造主义者布拉梅尔德（该书译为白拉美尔德）撰写。由于篇幅较为简短，译者又撰写了改造主义概说、目的与手段、社会同意等内容，简要说明了改造主义的教育目的、改造主义者与实验主义者在目的与手段方面的不同之处，以及改造主义所坚持的社会同意意味着什么。

此外，我国学者还翻译了布拉梅尔德的《需要一个改造的教育哲学》一文，在编者按中写道："改造主义妄想通过'改造'来维护和发展目前美国资产阶级教育者制度，使之更适应资产阶级统治集体的要求。这种改造主义不过是东拼西凑的货色，它同实用主义一样，只能表明资产阶级教育理论与实践的破产。"③

20世纪80年代以后，研究、介绍改造主义教育哲学的部分著作和译作日益增多。如蔡振生翻译的《当代西方教育哲学流派》（《外国教育动态》，1980年第6期）④、陈友松主编的《当代西方教育哲学》（1982年，教育科学出版社），

---

① [美]史密斯.教育哲学[J].谭书麟,译.现代外国哲学社会科学文摘,1961(7):24-28.

② [美]白恩斯,白劳纳.当代资产阶级教育哲学[M].瞿菊农,译.北京:人民教育出版社,1964:译序4.

③ [美]布拉米尔得.需要一个改造的教育哲学[J].姜文彬,译.现代外国哲学社会科学文摘,1964(6):13.

④ [美]R·D·范斯科特,R·J·克拉夫特,J·D·哈斯.当代西方教育哲学流派[J].蔡振生,译.比较教育研究,1980(6):21,56-60.

黄济的《教育哲学》（1985年，北京师范大学出版社），傅统先与张文郁合著的《教育哲学》（1986年，山东教育出版社），崔相录的《二十世纪西方教育哲学》（1990年，黑龙江教育出版社），陆有铨的《现代西方教育哲学》（1993年，河南教育出版社）和《躁动的百年：20世纪的教育历程》（1997年，山东教育出版社），唐爱民的《当代西方教育思潮》（2010年，山东人民出版社），王尹芬主编的《教育哲学》（2016年，吉林大学出版社），陆有铨的《现代西方教育哲学》（2012年，北京大学出版社）、《教育的哲思与审视》（2016年，人民教育出版社）等。

2006年，中国轻工业出版社出版了由石中英等译的美国学者奥兹门和克莱威尔合著的《教育的哲学基础》一书。该书在第五章对改造主义的历史背景和思想做了介绍，并对其进行了批判。2008年，北京师范大学出版了由陈晓瑞等译的美国学者古特克的《哲学与意识形态视野中的教育》一书。该书的第二十章对社会改造主义进行了介绍。期刊上也发表了研究改造主义教育流派的相关论文，[①]对改造主义教育思想的发展历程、改造主义与进步主义的关系，以及代表人物等问题进行了研究。

改造主义教育不同意实用主义教育只重视"教育即生长"的个人目的，反对教育只满足于眼前生活的观点。在他们看来，教育应该有一个清楚明白而又切合实际的社会目的，那就是培养一种社会一致的精神，即形成不分阶级的人与人之间的合作关系，通过共同协商达成一致意见，借以实现口头上和行动上的一致。改造主义者把达成社会一致确定为教育目的，并把教育视为一种手段，要求学校通过合作的方法，达到大多数人都能同意的目标，以完成它自己相应的任务。[②]面对处于危机之中的社会和文化，改造主义者力图通过教育重建社会秩序，聚焦于问题设置课程内容，重新规划未来社会的发

① 陆忻.布拉梅尔德改造主义教育思想述评[J].华东师范大学学报(教育科学版),1985(4):69-80;郭戈.评改造主义教育思想[J].比较教育研究,1989(1):32-36;徐辉.美国改造主义教育研究[J].西南大学学报(社会科学版),1995(2):48-53;张斌贤.社会改造主义的兴起及其与进步主义教育的关系[J].外国教育研究,1996(1):21-27.
② 单中惠.当代欧美十大教育思潮述评(一)[J].河南教育学院学报(哲学社会科学版),1996(4):2.

展蓝图，寻求共同的社会利益。①康茨的《学校敢于建立新的社会秩序吗？》一书就为改造主义教育确定了一个目标，即督促教育者从事争取领导权力的斗争，关注社会冲突、解决社会问题，明确社会改造的方向，进而寻求社会利益的实现。

有研究者指出，一方面，改造主义者非常重视教育在改造社会、建设国家方面的重要作用，其积极因素对我国当前教育改革具有一定的借鉴意义；另一方面，通过对比康茨与布拉梅尔德的核心观点得出，我国的教育改革应继承和发扬中华民族的优秀文化传统，从中汲取营养，并赋予新的时代精神，使我国的教育能保持浓郁的民族特色和发展的内在动力。关注当代科学技术的发展动向及其对教育的影响，改革与科学技术发展不相适应的教育观念、教育模式、教学内容、教学方法和教学组织形式，使我国的教育跟上现代科学技术前进的时代步伐。②改造主义教育重视行为科学，重视教育目的和社会文化的影响，它是进步主义教育的同盟者、继承者和发展者。③改造主义者认为，人们没有必要谈灌输色变，在一定程度上，灌输也有助于教育目的的实现。此外，批判并不意味着在支持一种观点的同时否定另一种观点，而是应该看到彼此的长处。作为一种危机时代的教育哲学，改造主义注重借鉴其他教育哲学的有益观点和理论，在博采众长中进一步明确了自己的价值取向。

七、存在主义的教育观及影响④

（一）存在主义的教育观

存在主义教育哲学人的存在先于本质等观点，对当今教育仍具有独特的启发和借鉴意义，特别是其以人为中心的教育本质观和以培养全人为旨归的教育目的观，以及注重对话交往与心灵沟通的师生观产生了深远影响。

---

① 张维平.美国教育中的争论问题(上)[J].全球教育展望,1981(1):44-49.
② 徐辉.美国改造主义教育研究[J].西南师范大学学报(哲学社会科学版),1995(2):48-53.
③ 郭戈.评改造主义教育思想[J].外国教育动态,1989(1):35.
④ 本部分内容以《存在主义教育哲学在我国的传播与思考》为题发表于《井冈山大学学报》（社会科学版）2020年第41卷第5期,第43-45页.

从教育本质观来看，存在主义教育哲学对人存在之自由性的重视，使其具有了一种人生哲学的意蕴和况味。一是重视人自身价值的实现。存在主义者将人置于教育的中心地位，海德格尔认为全部的存在主义就在于人的问题。雅斯贝尔斯认为，教育并不是一种简单的文化传递和授受活动，而是教育者与学习者之间平等关系的建立，以及对学习者自由发展的关注。对于教育的文化传递功能，雅氏不仅关注形式上的教授，而且强调人与人精神相契合的教学状态。他认为这是一种激发学习者个体自觉性生成的活动，所谓生成，就是"每个受教育者都能够主动地、最大限度地发展自己天赋的潜力，使其'内部灵性与可能性'得到充分的发展"[1]。正是在人类生活经验的传递中，在社会发展的变革中，教育的本质逐渐得以凸显，那就是让每个人选择成为他自己。在这一点上，可以说存在主义者把握住了教育的实质与核心。

二是关注人的情感教育和意志教育。在存在主义者看来，教育不仅是对人进行知识和技能的训练，而且重视人的灵魂成长，以及意志情感的培养。整齐划一的教育不能完成塑造灵魂的任务，带来的只是精神价值的消解与人性的异化。为此，存在主义者极力主张人性化、主体化、个性化的教育价值取向，即教育在适应社会需求的同时，也应关注人作为独立个体的意义。"存在主义极力凸显和弘扬个人的价值和个体自由，其着眼点就在于人的自我生成和自我实现。"[2]

三是学会面对焦虑与死亡。有的人由于对未来境遇缺乏充分的心理预期，不能很好地迎接可能出现的挫折与挑战。这种情况使存在主义者意识到，引导学生了解焦虑并对生活有所准备是教育应有的责任。存在主义语境里的焦虑，主要是指对存在之紧张状态的认识，而不是对当下或未知经历的过度担心。作为两次世界大战的亲历者，存在主义哲学家对生死存亡有着深刻的感知。在他们看来，只有知道死的存在，才能使人们真正了解生的价值。因此，

---

① 朱国仁.雅斯贝尔斯的存在主义教育观[J].比较教育研究,1997(5):24.
② 王妙玲,马多秀.存在主义教育哲学述评[J].内蒙古师范大学学报(教育科学版),2007(5):10.

存在主义者呼吁教育应该教会学生理性认识死亡，爱惜自己的生命。^①当人们在中国的语境中对存在主义教育哲学进行研究时，它"由文化理念上反社会性的生命哲学转化为艺术哲学上以和谐为准则的生命诗学"^②，影响着当今教育的理论与实践，倡导通过教育唤醒人的生命意识，重视引导学生认识生命的本质。

从教育目的来看，一是培养全人。雅斯贝尔斯认为，真正的人是一个无所不包的"大全"，是实体、一般意识、精神和生存形式的组合。因此，教育的目的不是培养某一方面或只具备某种技能、能力、意识的人，而是培养整体的人或全人，即促进人之所以为人的所有方面的发展。"所谓有教养的人，即按一定时代的理想所陶冶的人，在他那里，观念形态、活动、价值、说话方式和能力等构成了一个整体，并成为他的第二天性。"^③雅氏进一步指出，对于个体的人来说，全人是一个追求的目标和逐步实现的过程。人在认识上依赖于经验和感性直观，而作为个体的人又注定是会死亡的。因此，作为个体的人是有限的，与他人和社会的联系也是有限的。"人永远不能穷尽自身。人的本质不是不变的，而是一个过程。"^④而要想培养有教养的人，就必须发挥教育的作用。

二是以人为目的。存在主义者认为，教育的根本目的是使每一个人认识到自己的存在，形成一套不同于他人的独特生活方式。^⑤布贝尔认为："教育的目的不是告知后人存在什么或必会存在什么，而是晓喻他们如何让精神充盈人生，如何与'你'相遇。"^⑥雅斯贝尔斯强调教育是自觉行为和个体意志的自我实现，而非外在压力实施作用的结果。"人只能自己改变自身，并以自身的改变来唤醒他人。但在这一过程中如有丝毫的强迫之感，那效果就丧失

---

① 李立绪.存在主义教育哲学思想探讨[J].外国教育动态,1988(1):29.
② 任泽.存在主义哲学的生命教育思想[J].求索,2013(11):107.
③ [德]雅斯贝尔斯.什么是教育[M].邹进,译.北京:生活·读书·新知三联书店,1991:107.
④ 朱国仁.雅斯贝尔斯的存在主义教育观[J].比较教育研究,1997(5):24.
⑤ 陆有铨.存在主义教育哲学述评[J].全球教育展望,1981(6):56.
⑥ [奥地利]马丁·布伯.我与你[M].陈维纲,译.北京:生活·读书·新知三联书店,2002:36.

殆尽。"①存在主义者也非常重视人的个性化，以及个体的独特性，正如奈勒所言，存在主义为教育哲学提出最为重要的使命就是对个人自由和独特性的肯定。

三是为学生发展提供环境的可能性。教师在讲授知识时应尽可能地为学生呈现广阔的视野，引导学生围绕相关问题进行深入思考并形成自己的见解。存在主义者重视人的自我选择，但这种选择并不是天马行空，毫无目的，而是基于问题的提出、教师的引导和讨论的可能性空间。需要注意的是，存在主义教育坚持一种激进的人本位价值取向，忽视了社会对人的规范与要求，甚至将人的需要与社会的需要对立起来。这种将教育的个人目的和社会目的视为不可调和的观点具有片面性，在现实中易导致个人主义至上。

从师生关系来看，存在主义者将人的自我生成与创造视为教育的出发点，进而形成了对师生关系的新认识。特别是布贝尔的对话哲学、雅斯贝尔斯的交往理论，成为国内学界关注的焦点。

一是我与你的共在状态是建立师生关系的基础。存在主义对传统教育中教师强制灌输知识，把学生视为物的做法十分不满。他们认为，教师应认识到学生是具有自由选择能力的人，要在教学中维护学生的主体性，避免教学中的个人专制和知识专制，但这并不意味着教师主体地位作用的削弱，而是应该在教学中建立起我与你的对话关系，即主体与主体之间的关系。教师不仅是知识的传递者，也是知识的理解者与分享者。此外，存在主义在伦理道德的意义上提倡人格教育，认为学生独立人格的形成与否最终取决于自身的选择，而优秀的教师应该利用自己的积极人格去影响学生。

二是自由交往与平等对话是维持师生关系的方式。存在主义教育哲学认为，对自我的认识不是教师教的结果，而是在经验中构成、在人与人之间的关系中获得。这种关系在雅斯贝尔斯的语境中被称为交往，在布贝尔的语境中被称为对话。尽管二者各持其说，但都主张平等、自由、信任。"信任是品格以及整个人的教育领域中惟——条可以接近学生的途径。"②在雅斯贝尔斯看

① [德]雅斯贝尔斯.什么是教育[M].邹进,译.北京:生活·读书·新知三联书店,1991:26.
② 吴式颖.外国教育史教程[M].北京:人民教育出版社,1999:704.

来，教育的过程就是师生之间在精神方面的自由交往，目的是促进个体主体性的建构与发展。因此，在存在主义者看来，师生之间真诚的交往、对话就是最理想的教育形式。

三是心灵沟通与自我发展是提升师生关系质量的核心。"最关键的是具有独立见解和追求的教师，他在学生中所发生的作用是极大的"。[①]存在主义者认为，作为学生发展过程中的引导者，教师应通过丰富的知识与深刻的思考唤醒学生，让学生看到现实的种种可能性，帮助学生形成对自己、对他人，以及对外在世界的独特理解，培养学生的选择与判断能力，进而达到自我超越的境地。

作为一种非理性主义思潮，存在主义教育哲学对教育是什么这一问题的回答持如下观点：总体上教育应服务于每一个个体，帮助人认识他所处的生存环境，过一种有意义的人生。具体来说，教育就是为受教育者提供一种机会，这种机会能够发展受教育者的个体意识，培养其责任感，进而指导其做出符合道德的自由选择。存在主义教育哲学对教育认识所做出的贡献在于：它让人们意识到，教育不仅为了传递文化、服务社会而存在，更是为自由的个人而存在；教育不仅是真理的传递，更关系个体的真实生活。在存在主义看来，生活是哀伤与快乐、成长与衰退相结合的产物。从此意义上来看，存在主义的教育，是一种选择性、改变性、自由性的教育。

（二）存在主义教育观的影响

存在主义哲学是西方现代人本主义哲学中的一个重要流派，20世纪20年代产生于德国，由海德格尔将其体系化。20世纪40年代兴盛于法国，50年代得以在世界范围内广泛传播。这一思想流派既有非理性主义的风格，又有现象学的色彩，加之高举自由与选择两面旗帜，更为它增添了理论的魅力和思想的光环。彼时在报刊、咖啡馆、戏院里都能找到存在主义的踪迹，可见其影响范围之广、程度之深。源于这一流派的存在主义教育哲学，则与当时德国四面楚歌的境况有关，战争中处于失败地位，工农业发展遭到极大破坏，

---

① ［德］雅斯贝尔斯.什么是教育[M].邹进,译.北京:生活·读书·新知三联书店,1991:35.

经济下滑，民不聊生。

在存在主义教育哲学形成与发展的过程中，一些标志性的著作和文章留下了自己的思想足迹。1951年，贝恩在《教育理论》上发表《悲剧的教育》一文，被视为存在主义哲学应用于教育开始的标志。1955年，哈帕尔在美国全国教育研究会的第54期年鉴中刊载了《存在与认知对于教育的意义》，这篇文章的发表意味着存在主义哲学被系统性地应用于教育并对其产生重要影响。

在存在主义诸多的代表人物中，尼采的权力意志和超人学说广受人们的关注和重视。特别是他对个性解放和人的主体能动性的重视，对于突破旧传统的囹圄和束缚，激发人民群众的国民意识有着重要的作用。柏格森基于直觉的生命哲学和人生意义的探究，对时间和自由意志的分析也引起了国内众多学者的关注。在新文化运动前夕，梁启超、王国维等人就发表文章介绍过尼采。新文化运动兴起以后，陈独秀、郭沫若、田汉等人从不同方面介绍了尼采的哲学。五四运动期间，除了杜威和罗素的哲学在中国广受欢迎以外，尼采和柏格森的哲学也深受国内学者的青睐。1922年，《民铎》杂志开设尼采专号，不仅全面系统地介绍了尼采的哲学，还围绕学界针对尼采的不合理观点进行了批判和反驳。

具有浓厚非理性主义色彩的存在主义教育哲学在中国的传播则始于20世纪60年代以后，"相比于新中国成立之前教育哲学的引进以杜威为主，1960—1965年对西方教育哲学的介绍更为广泛，有分析教育哲学、价值教育哲学、存在主义教育哲学、改造主义教育哲学、观念主义教育哲学、系统教育哲学"[①]。在此期间，《现代外国哲学社会科学文摘》共发表与西方教育哲学相关的文章18篇。其中，涉及存在主义教育哲学的有《美国教育哲学近著简况》和《1961—1963年教育哲学的动向》这两篇文章。

《美国教育哲学近著简况》一文主要对教育哲学的分析运动、概念分析、行为科学与教育哲学、教育哲学里的存在主义、系统教育哲学的阐释估价和批评者这五个方面进行了介绍。在教育哲学里的存在主义部分，概括性地介

---

① 冯建军.中国教育哲学百年[J].中国教育科学,2019(5):7.

绍了这方面的主要研究成果，"存在主义教育思想对教育哲学有间接影响的研究成果有克赖顿主编的《杜威展望：三篇纪念杜威的论文》（1960），寇却（E.J.Kircher）的《扩大教育学说的基础》（1959）。直接将存在主义和教育理论与教育哲学联系起来的著作有尼勒（G.F.Kneller）的《存在主义与教育》（1958）、摩里斯（V.C.Morris）的《教育过程中自由和选择》（1958）、格林（Maxine Greene）的《'教育哲学'和'假问题'》（1960）、卡罗尔（K.M.Caroll）的《异化、存在主义与教育》（1960）、尼库尔斯（W.J.Nichols）的《存在主义者否定西方哲学经典的教育意义》（1959）"①。

《1961—1963年教育哲学的动向》一文共涉及教育哲学的定义、教育概念的分析、存在主义的教育哲学、价值与教育、教育问题的哲学论述五个问题。正如麦克米伦所指出的："有关存在主义和教育的文章一向是分散的，自从尼勒（1961）的著作发表以来并没有提出新的大规模的阐述。而同宗教、心理学、精神病学关系方面的著作则比较多。"②尼勒在1961年和1962年分别发表过两篇文章，前者指出知识是师生之间联系的中介，后者则对有关教育的学说进行了概括性梳理。在其后的研究成果中，尼勒用存在主义的教育范畴对一些问题进行了分析，在他看来，这些范畴较之于作为制度的教育范畴更能切实地促进个人的发展。值得一提的是，盖耶在1961年发表了《存在主义能否战胜实用主义》一文，在她看来存在主义不会胜出，但同时也认为存在主义仍会发挥一定的影响。摩里斯在1961年出版的著作中，"第一次将存在主义同其他的一些哲学学派并列地放在一本教育哲学的教科书中，并且认为有必要在较大的程度上比他在其他学派的例子中作出更多有关存在主义的个人推论"③。

1981年，陆有铨的《存在主义教育哲学述评》一文在《外国教育资料》

① [美]克赖顿.美国教育哲学近著简况[J].定扬,译.现代外国哲学社会科学文摘,1961(7):36.

② [美]麦克米伦,尼勒.1961—1963年教育哲学的动向[J].姜文彬,译.现代外国哲学社会科学文摘,1965(1):35.

③ [美]麦克米伦,尼勒.1961—1963年教育哲学的动向[J].姜文彬,译.现代外国哲学社会科学文摘,1965(1):36.

上发表。1984年，崔录、王升平的《存在主义教育思想批判》一文在《外国教育动态》（今《比较教育研究》）第4期上发表。此后，关于这一流派的研究成果日益丰富，1989年，崔相录在《二十世纪西方教育哲学》一书中，对存在主义教育哲学的代表人物、哲学基础、基本理论等内容进行了介绍。1991年，存在主义的主要代表人物之一雅斯贝尔斯的《什么是教育》一书由邹进翻译在国内出版。2004年，张全新在《二十世纪西方教育哲学》一书中对存在主义教育哲学的产生背景、发展演变、主要特征进行了分析。2012年，陆有铨在《现代西方教育哲学》一书中围绕存在主义的历史发展、主要论题、基本教育主张进行了全面介绍和分析。2019年，布贝尔的《我与你》一书由杨俊杰翻译、四川人民出版社出版。该书在探究世界与人生二重性的基础上，对我与你、我与它、上帝与人之间的关系进行了分析，强调在我与你的关系中才能体会到真实的人生与生活。

尽管存在主义者并没有太多直接论述教育的著作，但这并不影响人们基于其哲学理论去省思教育问题，从多个视角对这一流派进行解读和探索。从已有成果来看，20世纪80年代以后，存在主义教育哲学在我国除了译介性传播以外，研究性传播呈现出较为明显的增长态势，基本上围绕以下两条主线展开：一是关于该流派理论渊源、主要观点的研究。国内研究者对该流派的代表性人物及著作，以及该流派关于教育、教育目的、教学方法与组织形式、师生角色与关系、课程等问题进行诠释和分析，归纳概括其思想的共性特征。从时代背景和理论基础等方面系统梳理了这一流派的形成因素、存在主义教育哲学对人的重视，既与德国当时的社会政治、经济状况密切相关，也与当时教育理论与实践的发展紧密相连。如果说实用主义教育哲学重视科学的方法论和教育的实际效果的话，那么继之而起的学科结构运动则将知识结构凌驾于人的发展之上，这一切让存在主义教育哲学将关注的焦点转向人自身而非其他。

二是基于该流派的拓展性研究。有研究者从存在主义教育哲学代表人物，及其经典文本的解读出发，借鉴寻求该流派教育思想对我国教育改革、课程改革、大学理念、生命教育、道德教育、思想政治教育的影响与启示。例如有研究者认为，雅斯贝尔斯在《什么是教育》一书中指出，大学是开展全人教育和全民教育的场所，前者意味着个体的自我实现和自我超越，后者则体现了教育机会均等的意蕴。[①]其中，不乏一些针对具体教育工作的思考，如从存在主义教育观出发，探究对辅导员工作的启示，以及幼儿教育中的教师角色等问题，或者围绕师生观、教育目的等问题，将存在主义与其他流派进行比较研究。

第二节　西方教育哲学知识论的影响

来源于希腊文的"认识论"一词，主要是指知识、学说产生发展的过程与规律，在此意义上，也被称之为知识论。知识，关系我们对自己、对人和对世界的理解。围绕知识的性质、分类、构成等问题的探究与回答，形成了哲学的一个重要研究领域，即知识论。在知识的来源上，观念论主张知识源于理性而非经验，也就有了与经验论的分野。洛克的经验论影响了18世纪知识哲学的发展，及至主张存在即被感知的贝克莱，便从经验论转向主观的观念论。在贝克莱看来，人们感觉不到的东西，是不存在的，换言之，万物皆是人们的主观观念而已。康德的知识论因其先验性受到实在论者的反对，他的物自体独立存在的观点，又受到了观念论者的反对。康德认为，对于知识的产生来说，经验是必要而非唯一的要素。经验的产生离不开时间与空间，而经验转化为知识需要感性与理性的结合，需要心灵对印象、感觉的整理。整理所需要的就是先验的形式，也就是说，知识的产生，需要原料和形式的结合，前者来自经验，后者来自理性。在康德看来，相对于把知识灌输给学生，把知识从学生身上挤出来是更为适切的办法。需要注意的是，这些知识应该在学校认可的教材范围内。

知识论的发展影响着人们对知识的探究内容和策略方式。"认识论就是关

---

① 曹艳峰，郝理想.雅斯贝尔斯存在主义教育观再认识：解读《什么是教育》[J].甘肃农业，2005(9)：140.

于知识的理论。它把知识作为一种普遍的事物来研究，目的在于发现认识过程中的种种问题。其绝大部分属于哲学的批判或分析方面。"①知识论的主要目的在于探究知识的来源与内涵、知识的类型与价值等问题。对知识的不同理解和认识，反映着不同的教育哲学观念，关系课程内容的设置和人才培养目标的确立。

一、要素主义的知识观及影响

在对作为课程内容的知识选择上，要素主义主张遵循有利于国家和民族、具有长期的目标、包含价值标准的原则。②在要素主义者看来，教材的编写应着重体现知识的逻辑性。在遵循学科原则的前提下，既要体现知识自身的次序与体系，同时还要具有一定的挑战性，以促进学生智力的发展。

巴格莱认为，人类文化中的共同要素是最有价值的内容，这一论断为后来他所倡导的要素主义教育哲学奠定了思想基础。赫希明确提出构建核心知识的课程体系，并发起了相应的改革运动，试图让学生从中受益并树立自信心。改革主要是"引导学生掌握、尊重不同文化知识，培养学生对多元文化的同情心，进而掌握居于主导地位的现代语言体系"③。赫希还倡导建立学习者社区，努力为社区成员获得教育资源提供机会。

当代要素主义者的重要作用不仅在于对传统要素主义教育思想的继承，而且能够根据时代的需要对其进行更新，关键是能够将这些思想付诸实践领域，实实在在地推动美国教育的改变，使其影响得以持续发挥。这其中，芬尼发挥了极其重要的作用。他对标准性测验的重视与呼吁、对教师资格认证体系的完善，基于平等对卓越教育的追求等举措，都彰显了要素主义教育思想的价值和意义。

有研究者对巴格莱的《教育与新人》进行了解读，从其产生的基础、课

---

① 陈友松.当代西方教育哲学[M].北京:教育科学出版社,1982:137.
② 陆有铨.现代西方教育哲学[M].北京:北京大学出版社,2012:65.
③ 孙曼丽,许明.美国当代新要素主义者的教育观:赫希的教育思想探析[J].福建师范大学学报(哲学社会科学版),2007(5):158.

程理论、教师作用与功能等方面论述了要素主义的基本内涵。①该流派对人类文化共同要素的重视，也提醒人们应省思信息时代课程内容的设置。新要素主义者雷维奇倡导传统的文科教育，认为文科教育不仅传递给学生知识，也培养了学生的技能和想象力。强调教师地位和学科知识基础的重要性，在民主的教育中引导学生努力学习。同时，要坚持设立统一的国家学业标准。②对于当代要素主义者费恩来说，标准化测验是教育必须予以关注的重要问题，他倡导将权力还给校长，由校长决定学校的日常管理与运行。要加强教师教育，让教师拥有坚实的知识基础。追求教育平等以及少数民族儿童教育机会均等，也关注学业有困难的孩子。③费恩的思想中不仅有保守主义的特征，也吸收了自由主义的一些思想，在美国基础教育的改革发展中产生了重要作用。

另一位新要素主义者贝内特在20世纪80年代的美国教育改革中也发挥了重要作用。针对当时美国社会吸毒、犯罪等暴力现象的发生，贝内特提出要在课程中加强传统美德教育，强化数学科学教学，要求严格遵循规章制度，在实施标准化考试的同时允许学生自由选择学校。与其他要素主义者一样，贝内特同样关心教师的入职资格和道德品质。上述观点和主张的提出，反映了贝内特等新要素主义者在继承传统要素主义思想的同时，对彼时时代发展需求的回应。

要素主义者使学科课程从经验层面转向理论层面，重视学校传递传统社会价值准则和共同要素的功能。要素主义的知识观引发了我国研究者在新课程改革、教师教育课程改革、大学英语课程改革等方面的探究与思考。在新课程改革方面，要素主义者认为课程内容应该包括人类文化遗产，因为这意味着对文明的传递和继承。要素主义的这一主张强化了学科课程在学校中的地位。要素主义者对文化共同要素，以及教育核心价值的分析，让我们重新

① 郑长利.要素主义教育的时代回音:巴格莱《教育与新人》评析[J].外国教育研究,1999(1):1-4.

② 朱琼敏,洪明.美国要素主义教育思想的当代发展:新要素主义者黛安·雷维奇的教育思想探析[J].外国教育研究,2006(9):52-56.

③ 张丽玉,洪明.要素主义教育思潮在美国的新发展:当代要素主义者切斯特·费恩的教育改革主张[J].外国教育研究,2006(3):12-16.

审视传承民族精神、掌握基础知识的重要性，客观理解讲授—接受教学模式的合理性。加强道德教育，培养学生的社会责任感，而非在教育中去道德化。无论是对语言基础知识的学习，还是能力的培养，都应借鉴要素主义课程观念的合理性和积极性，以人为本，激发学生学习的自主性，促进学生的个性化发展。同时，要处理好素质提升与知识传授的关系，真正体现学科课程的价值和意义。

要素主义在课程方面做出的突出贡献是使其从经验形态转为理论形态，主张课程要基于一定的价值标准进行选择，强调课程的目标性、国家性和民族性，但是忽视了学生在情感、意志等方面的个性发展需求。比较进步主义与要素主义的课程观，应取其所长。就目前基础教育课程改革而言，应注意兼及儿童兴趣与社会和国家的需要，内容上既要传承民族文化，也要体现个人经验；组织上应将知识的逻辑与学生的心理接受能力相结合，而非重视活动课程、经验课程，轻视学科课程。[①]

有观点指出，如果说学科中心课程由要素主义流派得以确立、永恒主义流派加以推动的话，那么其理论的升华和现代化则是由结构主义完成的。学科中心课程注重知识的系统性、逻辑性、等级性和对理智的训练，它对教育实践发挥影响的途径之一是课程理论的传播，特别是课程专家的认同与接受；途径之二是在得到政府和教育管理部门的认可后，以政策和规章制度的形式发挥对教育实践的影响。[②]也有研究者将要素主义、结构主义置于科学主义课程的范式中，将永恒主义、存在主义置于人文主义的课程范式中进行反思，提倡人文精神与科学精神的融合。[③]

二、永恒主义的知识观及影响

永恒主义教育哲学的主要代表人物赫钦斯认为，无论在何种场合，真理

---

① 娄立志,孙洪清.进步主义和要素主义教育的课程观比较[J].现代基础教育研究,2002(4):116-119.

② 和学新.学科中心课程思潮:20世纪的回顾[J].天津市教科院学报,2002(6):3-10.

③ 张胤.科学或人文:两种大学课程范式的思考与抉择[J].现代教育科学,2004(4):3-6.

都是相同的，而知识就是真理。因此，他们所坚守的道德原则和教育内容、教育目标适用于不同情境下的教育。对于永恒主义者来说，教育的本质就是掌握知识，其进步之处在于：他们看到了知识的永恒性价值，看到了知识在培养人的理智能力和推理能力等方面的重要作用，由此形成了永恒的经典知识观。

永恒主义者认为，学校并不承担社会改革的功能，也不必引导学生去支持特定的政治活动。总之，在他们看来，是受过教育的人们而非教育改革推动了民主的完善和社会的进步。当然，从实际情况来看，教育改革与社会发展是相互影响的，教育不改革、不创新，社会便难以取得进步。从这一点来看，永恒主义关于学校功能的观点是失之偏颇的。

在教育内容上，这一流派重视古典文明和永恒性知识，强调要回到古希腊，回到柏拉图。永恒主义者坚持认为，体现传统和人性的共同因素、具有理智训练价值的永恒学科才是课程设置的首选内容。在永恒主义者看来，个人价值的实现、理性的发展是教育的主要目的，而这些学科是实现教育目的、训练学生理智、理解当代问题的最佳途径。

在课程观上，永恒主义基于共同人性，将古典著作视为教育的重要组成部分，这些著作既是知识增长的基础，也是培养学生思想和道德的必要工具。这一流派传承了西方自由探索的传统，认为课程的目的在于传授真理并促进学生理智的发展，引导学生发现何谓真、何谓善、何谓美。课程内容方面，永恒主义者强调基于永恒学科设置课程。在他们看来，作为社会文化的传承，课程内容应具有普适性和永恒性。永恒主义者非常重视阅读经典，在他们看来，经典是思想精华的积淀与传承，代表着人类的共同要素，对经典的学习有助于在形成共同观念的基础上增强人们的沟通与联系，从而进一步探索知识、认识世界。他们认为，读书有助于学习语言、训练理智、完善人格，丰富闲暇生活，在阅读中学会学习、学会成长。但永恒主义者过于重视古典文科课程，在一定程度上也压制了学生的学习兴趣，使其在质疑进步主义的同时走向了复古保守的极端。

已有研究还注意到了永恒主义者在不同阶段对课程的开设要求和内容设

置，如小学阶段应注重读、写、算的基本训练，掌握经典著作中的精彩段落和名言；中学阶段要在学习经典的基础上接触自然科学；大学阶段则应实施通才教育。在课程的设置标准上，与实用主义者强调课程的功利性、实用性相比，永恒主义者非常注重训练理智、陶冶个性。有研究者指出，永恒主义的真实用意在于："使人们能够按照统治阶级要求的理性去生活，不要为追求物质的满足而与社会发生激烈对抗，从而拯救处于严重危机中的资本主义制度。"①此外，也有观点认为，国内学界专门针对古典—永恒主义课程开发与利用的实践智慧及其模式探索比较少见。应秉持古典—永恒主义的课程文化理念，切实抓好中小学生经典诗文诵读活动。在本科阶段开设与之相适切的具体课程，在研究生阶段应开设经典名著阅读研讨会。②从中可以看出，关于永恒主义课程观的研究，引发了人们对我国优秀传统文化的重视和传承，为把相关内容引入课程提供了新的视角。

三、存在主义的知识观及影响

如果我们对存在主义进行一个追根溯源式的梳理的话，就会发现它在尼采、克尔凯郭尔的思想中就已经初露端倪。对于存在主义者来说，每个个体的经验才是产生、表达意义的基础。生活不仅仅意味着生存，还意味着与死亡、危险的对抗。早在文艺复兴时期，理性就成为衡量一切的唯一尺度，彼时理性就是人性的具体表现。在存在主义者看来，哲学意味着激情的理性、完整的理性，意味着对人类现实困境的关注。存在主义对传统的形而上学和怀疑论都提出了质疑，认为人所经验的东西就是实在的东西，这种实在提醒人们关注现实而非虚无缥缈的未来。人也不应该对周围的一切事物都持怀疑的态度，因为人作为一个独特的存在，有能力探究、发现自身存在的本质与真相。因此，相对于传统的形而上哲学来说，存在主义更加重视个人的存在，

---

① 冯喜英.永恒主义教育哲学的课程论述评[J].河南师范大学学报(哲学社会科学版)，1999(3)：107.
② 余小茅，俞郴.试论古典：永恒主义课程开发与利用的实践智慧[J].课程·教材·教法，2015(1)：68-74.

在风格上也更接近文学。

有研究者认为："知识论是哲学体系的一个重要组成部分，但存在主义者却没有这方面的论述。存在主义者不太关注经验主义与理性主义的传统论证，而是把归纳与演绎的逻辑问题留给数学家和科学家。"①但这并不意味着存在主义教育哲学不关心知识问题，在存在主义者看来，知识促进了人类的自由，要将知识视为发展的手段，而不是被其奴役。知识要推动个体的思考，并且在思考中形成属于自己的真理，也就是说，知识可以通过内省、直觉等方式获取，而非完全受科学方法或形式逻辑的制约。其认知模式以经验为中心，经验意味着一个人自由地与外界开展斗争，这样的斗争意味着对外界的主观感悟。因此，在存在主义者看来，真理取决于个体的自由选择，它具有主观性。

理性、永恒性的知识是存在主义教育哲学所反对的。在他们看来，纳入课程体系的知识应有助于受教育者自由的实现。因为人的存在先于本质，且人所处的境遇也处于变动不定的状态，所以课程内容不应是固定不变的。更为重要的是，知识的习得应体现对生活和学生自身发展的意义。衡量知识价值的标准在于主观性而非客观性，重在学生的体验和感受。

存在主义的上述观点，与他们强调以个人为起点的哲学观密切相关。如果说分析哲学关注语言，及其在科学和逻辑中展现出来的真理，并认为只有这样的真理才能展现出真正的意义的话，那么存在主义所关注的意义就是以个人，及其主观感受为核心，认为学校所传授的知识除了专业性以外，还必须具有人文性。在存在主义者看来，如果世界上存在真理，那它就是人类自身的情感和灵魂，是具体的人在现实生活中所拥有的东西。存在主义教育哲学认为，教育除了传授知识和技能以外，还要培养人的情感和意志，在帮助个人实现自由的基础上适应社会。

教材中的知识应促进学生的自我实现和自我发展，要有助于学生将外在的知识转变为自己的知识，简言之，学生理应成为知识的主宰者而非被主宰

---

① [美]杜普伊斯,高尔顿.历史视野中的西方教育哲学[M].彭正梅,朱承,译.北京:北京师范大学出版社,2008:199.

者。知识的意义不是来自别处，而是取决于占有知识的人。正是因为知识能够帮助人们获得更多的自由，它才变得更加重要。知识并不是考试的手段和工具，它应对学生的个性发展产生实实在在的影响。从理论上来说，教育最重要的意义在于培养人的创造力、想象力，让学生拥有一种自我教育、自我学习的能力和品质，帮助个体做出更为自由、理性的选择，但在现实的教育中，灌输控制、机械重复的现象并不少见。为此，教师在教材的使用上应有利于促进师生之间的交流和共享，不能把自己的解释硬性灌输给学生，而是要引导学生去讨论、思考，进而呈现出他们自己的观点。存在主义者坚持教师应在诚实的基础上争取学生的信任，开展对话式的教育。学生不仅要掌握专门知识，而且还要掌握与此相关的知识，例如关于人情世故、苦难生死等方面的内容。

存在主义者认为，知识的目的在于探索自我存在的意义，进而实现个体的解放和自由。这样的解放和自由具有以下四种含义：第一，人没有必要为了获得认可和赞扬而在思想和行动上与他人保持一致；第二，人应该摆脱平庸的生存状态，充分发挥自己的力量去形塑、发展一个独特的个体；第三，人对生存环境的不确定性和艰巨性要有一定的预见，以便更好地应对生活中的种种困难；第四，最为重要的是，学校应该意识到，个体乃是一切教育活动的起点，发展自由的个体乃是教育的目的。当教育能够让个体意识到自由的重要性和与之相应的责任时，教育活动才能持续开展，学校才能持续存在。

对西方教育哲学流派知识观的研究，既有理论方面的意义，也有实践方面的客观需求。对知识观的梳理，不仅涉及知识自身的结构与组织，而且也涉及知识创造过程中的主体性问题。在克尔凯郭尔的审美阶段、伦理阶段和宗教阶段中，在尼采的超人意志中，在海德格尔的存在与时间中，在萨特的自我与他人的冲突中，个体这一主题在存在主义哲学的世界中被赋予了独特的内涵，拓展了我们认识、理解人类自身的视野，对人之生命本身有了更为深刻全面的理解。"康德认为，能够称得上知识的判断都须具有客观有效性或者普遍必然性，明确地将个人的主张、意见、偏见、经验、情感、常识等主观性东西排除在知识之外，从而在个人的主观价值判断和普遍的科学陈述之间划定了严格界限。"①但在存在主义者看来，学生的主体性而非知识自身的客观性才是课程设置的前提，特别是与人的存在和生活意义密切相关的知识，理应成为课程内容的重中之重。

在奈勒看来，存在主义排除了以下三种传统观念：教育是传递文化遗产的社会机构、教育是传递永恒真理的途径、教育是使青年适应民主社会生活的工具。取而代之的是，教育应该为了个人的存在而存在。对存在主义教育哲学来说，教育的价值就是要服务于个人的发展，激活个体的发展意识，提供选择的机会，形成自我认识和责任感。存在的价值并不是为了正确的思想，而是为了彰显自身的真实性，发现存在的自我对每个人来说才是最为重要的课题。因此，知识的价值就是要帮助人实现个性和自由的发展，进而达到自我发现。

相对于其他流派而言，存在主义在课程的内容上更加重视人文学科知识，这与该流派对人本质的认识有关。存在主义认为，知识的传授不仅在于实现教育目的，更在于影响受教育者的精神世界，学生的现实需要才是选择课程内容的依据和标准，而人文学科知识更有助于人类全面、深入地了解自身。因此，这一流派重视人文学科而忽视自然学科，尤其是为职业训练设置的课程。存在主义的上述观点影响着人们对自然学科知识与人文学科知识关系的认识，如何使二者在教育中充分发挥各自的价值和意义，进而助力学生的自我选择与责任的承担，仍是需要我们深入思考的问题。

存在主义的知识观也影响着对人这一存在本身的认识。如果说进步主义在强调科学方法的基础上关注儿童的生长、要素主义关注文化、永恒主义重视传统人文学科所具有重要的地位和意义、改造主义将中心放在社会秩序的建立上的话，那么及至存在主义的产生，开始聚焦于人本身。尽管克尔凯郭尔、海德格尔、萨特等人主张在人与物、主体与客体的对立中来认识个人与他人的关系，布贝尔、马塞尔则是在我与你的关系中来看待人与人的关系，但这些不同并不影响他们对存在本身的看法。存在主义教育哲学认为，存在

---

① 傅永军.后现代知识观与社会批判方法的知识学意义[J].文史哲,2004(2):17.

本身就意味着价值。这种价值是内在的、绝对的，它来自个体的自由选择，而不是任何外在的标准。只有当一个人能够自由做出决定和价值选择时，他才能够形成自己的道德观，并且承担相应的社会责任。存在主义认为，人应该将团体、社会的目的转变为自己的目的，认识到纪律的价值并自觉遵守。

存在主义认为，教育应该提供一种有利于学生发展的环境。因此，教师在讲授知识时要尽可能地为学生呈现广阔的视野，引导学生围绕相关问题进行深入思考并形成自己的见解。存在主义者强调人的自我选择，但这种选择并不是任意的，而是应该基于问题的提出、教师的引导和讨论的可能性空间。存在主义者十分重视人文学科中有关生活、人性的内容，在他们看来，正是这些内容的存在与运用，才充分体现了人与他人、人与生活、人与世界的关系。在存在主义者看来，唯有人文学科知识才能使人拥有真正意义上的自由。也有研究者基于存在主义与解释学的视角，阐释对教育叙事研究的理解与认识，思考如何从研究者自身的角度去理解文本、如何与文本展开交流等问题。①

对于存在主义者来说，价值就是选择的自由，而非客体对主体的有用性。这样的价值，完全是一件个人意义上的事情。如此一来，个人所确立的价值标准就在一定程度上缺失了来自社会的规范，这与存在主义哲学高扬个人性、主观性的旗帜有关，与其重视直觉、内省、情感等主观因素不可分割，也正是在这个意义上，存在主义教育哲学有着其独特的吸引力。此外，责任与爱、尊严的实现、创造能力的彰显是存在主义教育哲学重点关注的问题。如果说选择的自由是最高价值的话，那么个体对责任的觉察和承担则是价值的真正体现。正是责任意识的觉醒，才使个体的发展拥有了来自内心的动力与热情。存在主义教育哲学认为，价值标准具有决定性的作用，因为它对知识具有指导意义。即使有困难，也要努力向前，将高尚的、普适性的道德内化于个人的发展过程之中。

存在主义者强调自由，这种自由意味着自我实现，它不应该被压制，但

---

① 刘阳科.从存在主义与解释学的视角理解教育叙事研究[J].首都师范大学学报(社会科学版),2007(1):124-128.

也不能处于无政府状态，而应该是纪律与自由的结合。所以，知识应该有助于促进个体解放和个体自由的实现。存在主义对个体，以及个体所拥有的自由的重视，使得其对学校的作用持一种批评态度。在存在主义者看来，作为教育机构的学校，进行的是流水线般的授课，最后所教导的只不过是批量化的头脑。因此，对于学校来说，不应仅仅注重以学科为中心的内容，也应开设活动性课程，关注个体的经验差异。

存在主义虽然没有直接关于教育问题的言说，但这并不影响研究者将其主要观点应用于教育领域。一种新的哲学流派出现，特别是对人的问题做出思考与探究的哲学流派，被应用到教育领域具有一定的必然性。在此种意义上来说，基于存在主义哲学的主要观点与核心思想对相关教育问题进行探讨，是一种偶然性与必然性的结合。同时，我们也应该看到，由于存在主义者对个人自由的高度重视和推崇，拒斥否认个人自由的任何观点和行为，使得以其为基础的教育活动难以实施。且存在主义的部分观点具有悲观主义的色彩，在重视个人自由选择的同时也弱化了对社会责任的承担。

四、进步主义的知识观及影响

在进步主义者看来，所谓知识，是人与环境相互作用的结果。知识不仅意味着与外部实在相一致，也意味着人对它的创造和运用。这也就引申出关于知识的又一个问题，即检验知识的标准与知识被运用后所产生的效果直接相关。只有当知识或者观念对人有用时，才可以说这种知识或观念是正确的。实用主义者认为，要想获得这种有用的知识，就必须采取智力的方法，通过智力提出假设并检验假设有用与否。与其有用性的知识观相一致的是，在学习手段的选择上，进步主义者也特别强调其有用性。他们认为，只有当学生认识到读、写、算等方法的工具性时，这些方法才会变得更有意义，也更有利于学生学习。此外，进步主义者还指出，知识的抽象性并不意味着它远离生活且难以理解。所谓抽象，是指其之于有限背景的超越性，以及在运用过程中所具有的参考作用。学习是一项具有反省思维的活动，而抽象是反省思维形成、运用过程中不可或缺的重要组成部分。抽象思维的培养，有利于学生经验的迁移和新知识的习得。

在杜威的哲学中，与教育学说关系最为紧密的是知识论和道德论。在他看来，有知识的人，就是一个问题的解决者。知识的发展有三个层次：一是直接知识，二是间接知识，三是逻辑知识。在教育的过程中，无论是带有反省性的思考，还是创造性的智慧，或者是理性化的知识，都不能脱离实际生活去体现教育的本质。

杜威认为，知识论的根本问题在于经验与理性，以及不同阶级之间的严格区分。知识是人类经验持续积累的结晶，学校课程的设置，应该将人类积累的经验组织化、系统化，然后再教给学生。科学证明，神经系统的运行和心灵作用的发挥密切关联，智力在人类发展过程中的作用越来越重要。当一个人的感官接受了外界物体的刺激以后，就在知行合一中充分体现了"教育即生活"。在杜威看来，正是在实验的过程中，验证了知识的效用，体现了思想的价值与意义，进而形成富有创造性的智慧。

杜威认为，知识的产生既需要客观条件，也需要主观个体。如果仅仅重视客观，将人视为机器，就会陷入机械宿命观，犯了经验论的错误；如果单纯强调理性，忽视客观环境的影响，就犯了理性主义至上的错误。说到底，在杜威那里，知识是环境与人的心灵、理性交互作用的产物。从此意义上来讲，知识就是经验，就是思想。对于教育来说，利用过去的经验是最为普遍而又直接的方法。如果教育不能将知识内化为学生的经验，这样的知识就仅仅停留在感觉刺激的层面，流于空谈而无意义。知识的本质在于改变环境，道德亦有相同的作用。学校这一特殊组织具有社会的特征，应把儿童的日常经验和学校生活、社会生活结合起来，并将其作为一以贯之的追求。

在杜威看来，经验的改造就是思想从经验转化为人的活动结果，然后再回到开始的假设和猜测活动。这样的过程将会一直持续下去，在此过程中的认识活动，也就是杜威所说的反省思维。杜威的特别之处就在于，他赋予了经验以精神的意义。经验一方面指人对物的实验，另一方面指实验对人态度的改变。杜威对待经验的态度是辩证的，在他看来，经验兼具回顾与前瞻、归纳与推论相结合的特点。每个个体在对经验进行加工之时，也实现了对环境和自身的改变，将人类特有的文化通过文字、语言等形式保存下来，这也正是人类区别于动物的关键所在。经验意味着连接过去、现在和将来的生活，构成人类的思维，使人类拥有系统的知识，以便更好地应对环境的变化。教育的内容、方法和政策都应该根据所处环境和知识自身的变化及时进行调整。经验改组、改造的过程，就是体现教育本质、实现教育目的的过程。

进步主义教育哲学认为，知识是动态的、发展的。因此，对于学生来说，学会如何思考比思考什么更重要，学会自主地解决问题比一味地灌输背诵更重要。进步主义教育哲学反对传统的权威式教育，重视兴趣和经验，在教育领域产生了深远影响。在传统主义者看来，知识就是学生通过学习而获得的一种抽象存在。进步主义者反其道而行之，认为知识是具体的、生动的，是整合、管理经验的工具性存在，体现了进步主义无处不在的实用主义哲学观，但是进步主义者对变化、相对性的坚持和推崇，使人们认为这更加难以认识真正意义上的教育概念。

在杜威看来，学校对教材和知识的选择，一定要看所选内容是否与儿童的生活有联系，换言之，要重视儿童的生活环境和切身体验，因势利导，在以下三个方面培养儿童：一是使儿童对社会产生兴趣并有所体认，认识到自我与他者共同构成了社会；二是让儿童学习到社会所必需的知识，探究人生的真正意义；三是形成知行合一的习惯，成为社会的有用之材。

尽管杜威提倡"教育即生活""学校即社会"，但对课程内容的选择，杜威并不是不加选择地全盘拿来主义，而是注重那些有用且有益的内容。这样做的目的在于：一是使社会和教育的优良传统得到延续，传统的意义就在于让人们更加清晰地把握现在，认识未来。保存过去形成的经验和成就，应从语言文字着手。经典著作正是经过保存后的产物，要使其发挥活力，就要在教育中加以应用。二是培养儿童将来在社会中的选择能力。杜威认为，教育的价值才是社会的最高价值。教育始于儿童，终于民主社会的形成，伴随于其中的则是个体的生长和有益于社会发展的公民培养。学校和教材介于儿童和社会之间，是教育的工具，其目的就是要使儿童走进成人社会。

　　有研究以杜威进步主义教育思想为切入点，探究高等教育资源课程建设，以突出教育资源的独特性，满足社会的多元化需求。通过多主体共建模式的实施，加强教育价值机制建设；通过课程的规范性建设，实现教育与社会理性的同一性。[①]

　　进步主义教育强调以儿童活动为中心的课程，重视课程组织的心理学化，引发了人们对语言教学中显性课程与隐性课程的深入思考，重视学校的物质环境、组织制度环境以及精神心理环境等因素的影响。[②]"在进步主义教育家的观念中，与其说儿童'是'教育的中心，倒不如说儿童'在'教育的中心。"[③]进步主义的这一教育观念不仅对美国的教育理论与实践产生了深远影响，而且也影响着人们对教育哲学基本问题的认识与理解。从知识观来看，进步主义对儿童的重视使其特别强调知识的经验性。

　　在帕克学校的课程设计中，坚持以儿童为中心的集中原则、以研究主题为中心的核心科目，不仅在一定程度上反映了学校与社会之间的互动关系，而且表达了进步主义试图通过培养有社会责任感的公民来推动社会改良的教育目的。[④]进步主义的教育思想也引发了人们对大学通识课程的思考，如何在兼顾社会需求的同时充分发挥人文知识的价值和意义，仍是当今大学课程建设中需要思考的重要问题。[⑤]由于重视以兴趣和经验为中心的课程，忽视知识的学科性与系统性，进步主义也受到了人们的批评与质疑。

　　杜威实用与发展相统一的课程目标观，儿童、活动和经验相协调的课程内容观，以及做中学的课程实施观对陶行知产生了深远的影响。基于杜威的课程观，陶行知提出了追求真理与做真人、活的课程、教学做合一的课程目标观、内容观和实施观。他们的课程观对今天课程改革的启示在于：目标设计上应重视儿童主体性和创造力的培养，内容上应重视与生活和社会的联系，

① 　段勃.杜威进步主义教育思想对高等教育课程资源建设的启示[J].中国成人教育，2017(21)：89-91.
② 　邓满秀.进步主义课程观与语言教学中的隐性课程[J].中国电力教育，2010(32)：98-100.
③ 　张斌贤."世纪难题"：什么是进步主义教育[J].教育研究，2020(1)：73.
④ 　吴婵.进步主义教育的标兵：帕克学校[J].教育科学研究，2016(4)：70-78.
⑤ 　李佳.进步主义思想对大学通识课程论的影响[J].高等农业教育，2007(6)：22-24.

实施上应重视实践。①

　　有研究认为，应该基于克雷明在《学校的变革》一书中对进步主义教育性质的界定，分析其存在的缺陷，明确区分作为思潮和作为运动的进步主义教育，以深入认识进步主义教育的特质。②特别是杜威与进步主义教育之间的关系，更需要我们回到彼时的历史情境中，深入分析二者之间的复杂性关联。"在出任进步主义教育协会名誉会长之前，杜威更多地扮演了这一流派的探索者、实践者、传播者和集大成者的角色；而在此之后，杜威则主要发挥了捍卫者和进步主义教育运动引导者的作用。"③就进步主义教育运动的启示来看，一是教育改革应最大程度赢得教师和家长的支持，二是处于社会转折时期的教育应进行全方位的、根本的革新，三是教育改革应适应社会发展的本质要求，四是关注并深刻认识世界性的教育问题。④此外，进步主义成人教育理论对我们如何认识成人教育的本质和目的、教育对象和教育起点、教育内容和教学方法、教学过程控制和师生角色等问题也产生了一定的影响。⑤也有研究对杜威的高等教育思想进行了分析，认为其追求真理和自由探究，由博雅教育、学徒式教育走向通识教育、实验室范式教育，这些内容共同反映了杜威高等教育思想中进步主义的核心理念。⑥

五、改造主义的知识观及影响

　　从改造主义产生的理论渊源来看，既有马克思主义和人类学的影响，也有对进步主义、要素主义等流派的借鉴。尽管在布拉梅尔德等改造主义者看

①　陈功江,王佩,申国昌.杜威与陶行知课程观比较及其当代价值:基于当代课程研究创新与本土特色的视角[J].课程·教材·教法,2012,32(4):7-12.

②　张斌贤.超越"克雷明定义":重新理解进步主义教育的出发点[J].清华大学教育研究,2018,39(4):17-28,39.

③　张斌贤,钱晓菲.杜威与进步主义教育的关系:一桩悬而未决的"公案"[J].教育研究,2021,42(6):80.

④　张斌贤.进步主义教育运动与现代教育发展[J].教育科学,1996(2):41-46.

⑤　高志敏.进步主义成人教育理论探析[J].外国教育研究,1993(1):1-6.

⑥　涂诗万.杜威高等教育思想中的"进步主义"[J].北京大学教育评论,2018,11(6):99-114,190.

来，要素主义具有保守性，永恒主义因其对复古性的重视也体现了一种倒退的色彩，但是改造主义在形成和发展的过程中，既有对要素主义测验工具的借鉴，也有与永恒主义对人类命运问题的共同关切，同时在课程的设置和内容选择上参考了进步主义的很多做法，强调教育要通过知识的传授和应用服务于社会新秩序的形成。"改造主义与进步主义在'思想渊源'上具有基于杜威教育哲学的同源性，拉格、康茨、克伯屈等改造主义者原本就是进步主义教育运动中很有影响的教育家。二者代表了进步主义教育运动发展的两个阶段，在基本价值上一脉相承。"[1]也正是因为改造主义对其他各个流派的兼收并蓄，有观点认为，"改造主义是一种博采各家之所长的文化教育哲学"[2]。正是改造主义的兼收并蓄和博采众长，使其在知识观上与进步主义有着密切的关联。"在认识论方面，虽然改造主义强调知识和真理的出发点是社会而不是个人，但在知识的获得方面，他们并不完全否定杜威提出的解决问题的方法。"[3]

从改造主义知识观的实践影响来看，这一流派主张更新教学内容，设置适合青少年身心特点和社会需要的课程，改善中学与大学，学生、学校与家庭的关系，进而达到改造社会的目的。这主要表现在以艾金为首的中学和大学关系委员会、以泰勒为首的中学课程委员会和以科勒尔为首的人际关系委员会的改革活动。[4]中学和大学关系委员会成立于1930年，其宗旨是讨论中学怎样更好地为青少年服务。委员会认为美国中等教育忽视了优秀的民主遗产，也没有为学生的公民资格做好准备。1932年，他们动员了30余所大学参加了旨在改革课程的研究计划，即八年研究或三十所学校计划。关于八年研究的影响，史密斯认为泰勒的评价与测试工作具有重大意义。列德弗认为"八年研究中最重要的遗产是它的合作的工作方法，教师积极参与改革活动"[5]。中学

---

[1] 张斌贤.社会改造主义的兴起及其与进步主义教育的关系[J].外国教育研究,1996(1):27.

[2] 郭戈.评改造主义教育思想[J].外国教育动态,1989(1):35.

[3] 陆有铨.现代西方教育哲学[M].北京:北京大学出版社,2012:143.

[4] 徐辉.美国改造主义教育研究[J].西南师范大学学报(哲学社会科学版),1995(2):48-53.

[5] P·A·Graham.Progressive Education from Arcady to Academe:A History of the Progressive Education Association 1919-1955[M].New York:Teachers College Press,Teacher College,Columbia University,1967:134.

课程委员会致力于初等学校和中等学校课程的编制、选择范围以及进步主义教学方法的研究。人际关系委员会主要研究建立在儿童身心特征基础之上的儿童与教师、父母之间的人际关系。这三个委员会的工作紧密联系,共同服务于青少年身心发展的需要。

改造主义主张以广泛的社会问题为课程核心,以此考察和认识科学、技术、经济、政治、家庭、社区和宗教等诸多社会现象。为此,在改造主义者看来,课程应是平等教育、国际教育、文化多元主义和未来主义的集中体现。①课程目标应围绕未来理想社会的目标而定,不同学年的课程内容应包括经济、政治、科学、艺术等领域,激发学生的学习动机,明确学习方向。

从改造主义知识观的影响来看,主要体现在我国研究者围绕改造主义的活动课程和师范教育课程所进行的分析与讨论。活动课程方面,有研究者对20世纪30年代后美国活动课程实践的演变进行了研究。1929年开始的经济萧条引发了人们对社会问题和经济问题的关注,随着人们对进步主义的质疑与批评,改造主义也对进步主义教育理论的主要观点进行了批判,认为以经验为中心的课程设置无法处理萧条时期所面临的社会问题。"尽管后期改造主义教育的课程理论中也出现了具有社会中心性质活动课程的体系,如布拉梅尔德的轮状课程,但与20世纪初的活动课程相比,在课程的选择、组织等方面都已改变了原有的面貌。"②

师范教育课程改革方面,新学院课程计划和教育的社会基础课程计划是改造主义早期代表人物提出的两个最具代表性的师范课程改革方案。③前者于1932—1939年在哥伦比亚大学师范学院设立并开展,该课程注重社会生活中的直接经验,鼓励学生参与社会生活和政治活动;后者设立于1935年,注重为学生呈现学校、社会和文化的基本问题,致力于帮助学生确立未来社会教育政策制定者所需的社会哲学和教育哲学。但是,除了奥尔德、古德曼开设

---

① 有宝华.课程、教学与哲学:美国几种教育哲学的课程与教学理论比较分析[J].外国教育资料,1999(5):32-36.

② 张华龙.美国活动课程理论与实践述评[J].湖南行政学院学报,2003(2):83.

③ 王万俊,李化树.20世纪美国师范教育课程改革的四大历史取向[J].高等师范教育研究,1992(6):80.

社会研究方法课程和泽克、利斯坦推出以调查研究为基础的教学实习计划外，其他社会改造主义取向的师范教育课程改革收效甚微。

　　有研究者还对不同时期的改造主义课程理论进行了比较研究，认为从课程改革角度出发的社会改造主义与20世纪30年代初以康茨为代表的社会改造主义有着明显的不同。前者认为社会急需改良，学校应该带领社会做必要改造，通过灌输特定的课程内容以实现教育的目的；后者则对社会充满信心，更加重视学校与社会的联系，坚信民主就存在于社会之中，在课程内容的传授方面不是特别重视灌输的方法。[①]

　　有研究者指出，在改造主义者看来，课程乃是实现未来社会变化的一种工具，决定学校课程意义或价值大小的最终标准在于它的社会价值。为此，学校课程必须面向现实社会生活，包括各种社会问题，以社会问题的探究与解决为中心进行课程的设计与组织。[②]改造主义课程的主要目的是使学习者正视人类所面临的一系列严重的、不幸的骚乱。布拉梅尔德认为："我们正处在一个重要的时期，危机是普遍的，而这种普遍性应该体现在课程之中。"[③]培养政治、文化、社会批判主义的态度和技能，为改造现存社会并创建理想社会做准备。[④]也有研究者认为，改造主义课程目标在于提倡一个鲜明的社会改革方案，探讨学校、教师、教学等如何实现了解社会、理解社会、改造社会的作用。[⑤]部分社会改造主义者追求一种强调文化多元主义、国际主义和未来主义的课程，他们认为课程计划应包括批判地检讨社会和整个文明的文化遗产，致力于引起社会的和机构性的变革，养成学生的未来主义态度，围绕社会的政治、经济等重大问题来组织课程，教师和学生都应该是促进文化更新和多

---

① 徐辉.美国改造主义教育研究[J].西南师范大学学报(哲学社会科学版),1995(2):48-53.

② 夏正江.科学与人文:课程价值取向的两歧及启示[J].中国人民大学教育学刊,2015(4):24-45.

③ 黄健.现代美国课程观的考察[J].外国教育资料,1987(4):73.

④ 吕红日.教学方法的有效性思考:欧美日主要发达国家二十世纪七十年代以来教学方法变革的历程与启示[J].当代教育科学,2010(22):47.

⑤ 陈晓端,郝文武.西方教育哲学流派课程与教学思想[M].北京:中国轻工业出版社,2008:181-182.

元化，以及社会变革的积极力量。[①]

在改造主义者看来，所谓真理就是要得到大多数团体成员的同意且付诸行动。"改造主义从要素主义那里学到了一条原则，即教学的基本任务是维持文化经验的连续性。"[②]布拉梅尔德所设计的课程鲜明地体现了问题中心和经验导向，在内容的选择上均聚集于社会问题的解决。这样的一种知识观也影响了改造主义者对学习的看法，即强调学习过程中非理性因素的作用，重视通过交流和达成一致来进行学习。

知识的获得离不开目标的实现，改造主义者认为，进步主义所强调的实验和解决问题的方法，无法应对情境的复杂性和创造性的工作。因此，他们或者主张通过创造和设计的方法来获得知识，或者通过寻求社会一致来实现对真理的探索。在他们看来，"获得知识的过程就是在以下四个方面寻求一致性的过程，即团体中的每一个人提出自己所要寻求目标的证据、公开讨论这些证据、在团体内达到对上述证据的一致性统一、在活动中对这些统一加以检验"[③]。改造主义者也特别重视对天才学生的教育，倡导教师充分发挥对学生的影响，使学生意识到改造社会的重要性并付诸行动。在改造社会的过程中，实现个体在社会意义上的自我实现。"改造主义重视学校与社会的联系，致力于课程内容特别是德育课程的改革，他们强调人际关系和思想品德的培养值得我们研究、借鉴。"[④]

六、后现代主义教育哲学的知识观及影响

第一次世界大战以后，"后现代"以欧洲文化虚无主义的代名词登上了哲学的舞台。"后现代主义有各种不同形态，但在批判现代性上大体一致。广义的后现代主义与现代西方哲学实际上没有多大区别。狭义的后现代主义指20

① 靳玉乐.现代西方主要教育哲学流派的课程观述评[J].外国教育研究,1991(3):14.
② 涂诗万."必要的乌托邦":改造主义的"教育学想象力"[J].现代教育论丛,2021(4):8.
③ 陆有铨.现代西方教育哲学[M].北京:北京大学出版社,2012:128.
④ 徐辉.美国改造主义教育研究[J].西南师范大学学报(哲学社会科学版),1995(2):53.

世纪下半期以来法美等国出现的思潮。"①20世纪60年代以后，作为一种话语和社会思潮的后现代主义在西方普遍流行开来，尤其是法国的后现代主义者对理性主义和现代性理论展开了批判。法国的利奥塔、鲍德里亚、福柯、德里达等，美国的蒯因、罗蒂等人的学说都从不同的角度反映了后现代主义的特征。在后现代主义的征程中，利奥塔的《后现代状况》是一部具有标志性意义的著作，现代化理论中的宏大叙事也受到了利奥塔的批评与质疑。福柯解构了主体概念，认为人如同一张埋没在海边沙砾中的面孔，很快就会消失。鲍德里亚则认为客体开始取代主体。

西方近代哲学到现代哲学的转型，伴随着由抽象思辨转向对现实生活的关注，而后现代主义是对西方近代哲学绝对主义、思辨和形而上学的超越，换言之，后现代主义之于现代主义，并不仅指时间上要晚于现代主义，处于同一时代的思想，也有现代与后现代之分，二者的区别重在思维方式与精神实质的变化。从后现代主义产生的理论渊源来看，不仅有现象学、悲观主义、非理性主义的作用，而且有杜威、加塞特等人的影响。后现代主义对多元性、差异性的推崇，一如西方现代哲学对理性、普遍性、必然性、确定性和绝对性的重视。对于部分哲学流派来说，虽未使用后现代主义这一概念，却呈现出后现代主义的一些特征。"一些西方哲学家把现象学和存在主义、各种类型的语言哲学和科学哲学等流派在不同意义上归属于后现代主义。把一些较早出现的哲学流派的代表人物，例如皮尔士、詹姆斯和杜威、柏格森、怀特海等人当做后现代主义的奠基者，把尼采、狄尔泰等19世纪思想家当做后现代哲学的重要先驱，甚至是划分现代与后现代哲学的转折点。"②

（一）后现代主义教育哲学的传播与研究

从传播历程来看，改革开放之初，后现代主义开始传入中国。中国学术界起初是小心翼翼地引介这股思潮。③从影响上来看，我国后现代教育研究首

---

① 刘放桐.当代哲学的变更与后现代主义和西方马克思主义[J].社会科学战线,2012(5):1.

② 刘放桐.当代哲学的变更与后现代主义和西方马克思主义[J].社会科学战线,2012(5):4.

③ 张国清.中心与边缘:后现代主义思潮概论[M].北京:中国社会科学出版社,1998:1.

先起源于后现代建筑设计对传统设计教学的冲击。1985年，上海市建筑创作实践与理论畅谈会在同济大学召开，出席会议的不仅有建筑设计领域的专家，也有教育领域的学者。在这次会议上，卢济威就同济大学建筑系学生尝试后现代建筑设计所引发的教学问题的研讨情况进行了汇报，揭开了教育界讨论并思考后现代教育问题的序幕。[①]1986年，张维城发表了《美育和"后现代主义"》一文。作者指出，后现代主义打破了艺术和科学的界限，使美育站在新的、更高的立足点上。后现代主义对美育的发展产生了一定的积极作用，同时也应该注意其消极影响。[②]总体而言，这一时期后现代主义对教育的影响较小，处于初步引入阶段。

1990—1993年，中国知网上以《后现代教育》为题的研究论文数量为零。1994年起开始逐年增加，直到1996年每年才达到10篇以上。[③]这一时期的研究，期刊论文居多，有关后现代教育的硕博士论文很少。1997年，华东师范大学张文军撰写了题为《后现代教育思想述评》的学位论文，系统地论述了后现代教育思想的观点并对其进行评价。1999年，张文军的《后现代教育》（明智出版社）一书出版。1999年，熊川武的《反思性教学》（华东师范大学出版社）一书出版。该书将后现代主义作为反思性教学的理论基础之一，并用专门的章节探究了后现代主义的影响。

从内容上来看，已有成果主要包括对后现代主义教育思想、后现代主义教育管理思想的研究，基于后现代主义视角对传统教育、道德教育、思想政治教育进行分析，探究后现代主义对知识观、师生观、教育理念、教育评价、教育改革、教育研究方法、课程设置，以及对高等教育、成人教育、教师教育、远程教育、技术教育、女性主义教育、民族教育学、基础教育课程改革的影响。也有研究分析了后现代主义对教育史学、教育哲学的影响，以及对历史教学、英语教学等学科教学的影响。

---

① 周险峰.后现代转向:我国后现代教育研究近30年回顾与反思:以中国期刊网录入论文为例[J].比较教育研究,2010(2):18-19.

② 张维城.美育和"后现代主义"[J].黑龙江财专学报,1986(4):44-45.

③ 周险峰.后现代转向:我国后现代教育研究近30年回顾与反思:以中国期刊网录入论文为例[J].比较教育研究,2010(2):19.

20世纪90年代以后，国外后现代教育的进一步发展推动了其影响力的提升。后现代知识型不会像现代知识型剥夺形而上学和神学知识的合法性那样剥夺现代科学知识的合法性，但是后现代知识型会重新阐述科学知识的合法性，并将其作为人类的一种知识类型而不是所有知识的典范或标准。[①]后现代主义对开放性、多元性和差异性的强调，为应试教育到素质教育的转向提供了理论上的借鉴。

21世纪以来，我国后现代教育研究进入繁荣时期，研究成果日益增多。国外有关后现代教育研究的著作被翻译到国内，如多尔的《后现代课程观》和史密斯的《全球化与后现代教育学》。[②]国内学者也出版了后现代教育研究方面的著作，主要集中于课程与教学研究领域，如《课程研究：现代与后现代》和《后现代主义课程理论》等。[③]

这一时期是后现代主义教育哲学在我国传播的高潮时期，研究的内容更加丰富。在瞿葆奎、郑金洲主编的《中国教育研究新进展·2002》[④]一书中，对国内关于后现代主义教育的研究成果进行了梳理。钟启泉、高文、赵中建主编的《多维视角下的教育理论与思潮》[⑤]的论文集，包括后现代主义在内的七个教育专题，主要涉及后现代主义教育对课程改革的影响。此外，张斌贤主编的《外国教育思想史》和黄志成主编的《西方教育思想的轨迹：国际教育思潮纵览》两本书中都有专门的章节对后现代主义教育思想进行了分析和评述。[⑥]

2015年6月4日—6月7日，第10届世界怀特海大会暨第9届生态文明国际论坛在美国加利福尼亚州克莱蒙市波莫纳学院召开，来自30多个国家和地区的

---

① 石中英.知识转型与教育改革[M].北京:教育科学出版社,2001:79.

② [美]小威廉姆E·多尔.后现代课程观[M].王红宇,译.北京:教育科学出版社,2000;[加]大卫·杰弗里·史密斯.全球化与后现代教育学[M].郭洋生,译.北京:教育科学出版社,2000.

③ 汪霞.课程研究:现代与后现代[M].上海:上海科技教育出版社,2003;靳玉乐,于泽元.后现代主义课程理论[M].北京:人民教育出版社,2005.

④ 瞿葆奎,郑金洲.中国教育研究新进展·2002[M].上海:华东师范大学出版社,2004.

⑤ 钟启泉,高文,赵中建.多维视角下的教育理论与思潮[M].北京:教育科学出版社,2004.

⑥ 张斌贤.外国教育思想史[M].北京:高等教育出版社,2007;黄志成.西方教育思想的轨迹:国际教育思潮纵览[M].上海:华东师范大学出版社,2008.

1500余名专家学者和环保主义者参会。该论坛以走向生态文明为主题，重在体现怀特海哲学研究与生态文明思想的有机结合。会议设有82个分论坛，不仅讨论了哲学、经济学、美学，以及科技在生态文明中的作用，而且探究了朝向生态文明社会的教育体系等诸多问题，是迄今为止在西方世界举办的以生态文明为主题的讨论话题最为广泛、内容最为深入、规模最大的一次国际会议。

后现代主义在教育研究中以不同面貌呈现，如后现代主义教育哲学、后现代主义教育理论、后现代教育思想、后现代教育、建设性的后现代主义教育等。有学者对我国后现代教育研究进行了总结和述评，研究内容主要涉及后代主义的教育观、课程观、教学观、师生观和方法论研究，基于后现代主义的道德教育、教育管理、教育评价、教育技术、教育心理学研究，以及中国情境和中国问题研究，体现为解构和建设两种向度，研究目的在于改进我国教育实践。[①]

后现代教育理论中国化的进程分为20世纪80年代的萌芽阶段、20世纪90年代的发展阶段、21世纪以来的高潮阶段。这一流派中国化的途径有翻译介绍、国际交流、国内理论探讨、实践尝试，具体表现为对教育研究方法和研究思维、教育研究特点，应试教育、基础教育课程与教学改革、师生关系，以及教育评价多元化等方面的影响。[②]基于后现代教育观的教育科研方法发生了如下转向：思维方式由二元对立转向多元纷争，研究视角由唯理性转向非理性，价值取向由科学主义转向人本主义，话语结构由权威桎梏转向对话创新。[③]有论者认为，后现代教育理论转变了中国教育研究的方法论和思维方式，转换并扩展了教育研究主题。不仅为基础教育课程改革提供了理论资源，也推动了教育评价的多元化和师生关系的平等。[④]

① 余奇."解构"与"建设"：我国后现代教育研究述评[J].现代教育管理，2016(10):61-66.
② 付谢好.后现代教育理论的中国化[D].硕士学位论文，天津师范大学，2014:20-37.
③ 潘芳.后现代教育观对教育科研方法的影响[J].教学月刊(中学版下)，2008(9):31.
④ 和学新，付谢好.论后现代教育理论对中国教育的影响[J].当代教育与文化，2015(1):10.

（二）后现代主义教育哲学知识观的影响

与现代哲学强调知识的客观性、中立性不同，后现代主义更加重视知识的差异性和特殊性。在后现代主义看来，知识的意义不仅由其本身的形式和内容来体现，而且由其产生的背景和场域来赋予。后现代主义的知识观不仅给予了认知主体在教育实践活动中的核心地位，而且实现了一种容错性的知识建构。后现代主义认为，真理是不断流动的、变化的，需要人们不断地去质疑。知识是一个开放的、可自我调节的系统，具有开放性、多元性、互动性等特征。后现代知识观强调知识的文化性、境遇性和价值性。①从现代知识性质向后现代知识性质的转变主要体现在从客观性到文化性、从普遍性到境域性、从中立性到价值性三个方面。②与现代哲学知识观相比，后现代主义更加重视教育者、受教育者的共同参与和建构，强调对话双方在具体情境中的体验。后现代主义的知识内容具有可解释性、知识价值具有游戏性、知识发展具有多样性，体现了一种不确定性的知识观。③

知识不仅关系课程内容的选择，而且关系教育目的的实现。教育目的就是培养批判性思维，使人们通过批判性分析做出明智的决定，进而促进民主社会的建立，使基于个体之上的共同体利益得到优先考虑，而不是推崇竞争至上的个人主义。教育之所以需要哲学的批判精神，是因为教育者不仅需要了解受教育者的性格与能力，还要成为受教育者的榜样，在教材选择、社会问题的分析、教育精神及教育自由的确立等方面都需要体现批判性思维。在后现代主义看来，善不是道德的考量，而是与人的生存状态和所处环境密切相关，进而由个体利益走向共同利益、个体善走向共同善。不论性别、种族、出身如何，每个人都应该得到尊重。

国内对后现代主义知识观的研究主要体现在以下几个方面：一是围绕后现代主义知识本身开展的研究，如对知识方法、知识不确定性、知识权力观

---

① 衷克定.从后现代主义知识观视域再认识教学结构的变革[J].中国电化教育,2011(12):8.

② 石中英.知识转型与教育改革[M].北京:教育科学出版社,2001:143,151,155.

③ 李志慧.后现代主义知识方法研究:基于马克思主义哲学的视角[D].博士学位论文,上海师范大学,2018.

的研究，基于马克思主义认识论视野对后现代主义知识论的研究，以及对后现代主义知识教学观、知识观本身价值与局限的分析。二是基于后现代主义知识观，探究对新课程改革，中学生物教学、语文教学、数学教学的启示；对高中政治课程、体育教学，高校课程改革，职业教育哲学进行反思。三是基于后现代主义知识观探究对科学教育、教学结构、教学思维、教学观、人才培养、课堂教学评价、网络教学、网络课程、教育场域的启示。四是后现代主义知识观对美国成人教育的影响，以及与现代西方知识论的比较性研究。从研究视角来看，后现代主义知识观除了对知识的建构方式、知识特征的认识产生影响之外，在知识生产创造过程中对批判性思维方式的运用，以及师生主体性的认识等方面也产生了一定的影响。从研究主体上来看，既有教育领域的研究者，也有来自英语等其他学科的研究者；不仅有教师，而且有部分硕士、博士将后现代主义教育作为毕业论文选题开展研究。

后现代主义教育哲学知识观的影响有：一是对新课程改革的影响。多尔在他的《后现代主义课程观》一书中，对现代主义课程体系的封闭性提出了质疑。他主张建立一种非线性的、开放性的课程观，更加注重课程的实施过程而非结果。为此，他以丰富性、循环性、关联性和严肃性作为课程的标准。即便是科学，在后现代主义那里也失去了它的客观性，成为一种相对性、主观性的知识。教育除了传授知识以外，更要培养学生跨越学科界限的学习能力。因此，有研究者指出，后现代主义知识观建立在对现代主义知识观的批判、反思和超越的基础之上，相对于后者的绝对客观性、普遍性、中立性和单一性而言，前者更加注重知识的不确定性、情境性、价值性和多样性。基于这样一种知识观的新课程改革，在课程本质上更加重视其动态性，在课程目标上更加体现对人主体性的关注，在课程内容上更加关注多元性，在课程评价上更加关注多样化。①

二是对教学思维、教学观念的影响。建立在对现代知识观批判基础上的后现代主义知识观，也引发了教学思维的变革。教学关系从对象性思维向关

---

① 龙喜平.后现代主义知识观视野下的新课程改革[J].内蒙古师范大学学报(教育科学版),2004,17(8):10-12.

系性思维的变革、教学过程从控制性思维向开放性思维的变革、教学目的从科技理性思维向生活存在性思维的变革。[1]有研究者认为："后现代主义知识教学观是建立在后现代主义教学哲学的认识论、实践论基础上的关于知识教学的观念，是对后现代主义知识教学的本质、来源、范畴、价值、策略的假设，是人们关于后现代主义知识教学问题的总体认识和基本观点。"[2]

后现代主义知识教学观打破了现代主义的话语霸权和碎片世界，使绝对、普遍、稳定、精英的知识观走向相对、境域、流动和大众的知识观，倡导人的全面发展与生命活力的焕发。[3]也有研究指出，后现代主义知识教学观有着自身的局限性，对差异性的重视有可能使其走向一种虚无主义和无政府主义。其教学实践缺乏科学性和可行性，也未能很好地处理精英主义与平民主义、量的研究与质的研究之间的关系。[4]

三是对教育实践的影响。2012年6月8日—6月9日，"建设性后现代主义与中国的教育改革"国际学术研讨会在哈尔滨师范大学召开。后现代思想家大卫·格里芬、小约翰·柯布提出了建设生态大学的主张。与会者认为，后现代不是一个时间概念，而是一种哲学和文化存在。部分研究者指出，建设性后现代教育哲学应为社会变革服务，提倡一种有机教育，即绿色教育，并将其视为促进中国教育改革的重要力量。[5]也有研究对后现代教育哲学思想的研究现状，以及怀特海的后现代教育哲学思想进行了梳理，怀特海有关大学内涵、大学教师的评价及审美教育等方面的观点，对今天的大学教育也具有重

---

[1] 张俊列,徐学福.后现代主义知识观下的教学思维变革[J].当代教育科学,2008(24):40-42.

[2] 龚孟伟,陈晓端.后现代主义知识教学观:价值与局限[J].课程·教材·教法,2008(10):24.

[3] 龚孟伟.现代主义知识教学观之多维批判:兼谈后现代主义知识教学观[J].教育科学研究,2008(10):17.

[4] 龚孟伟,陈晓端.后现代主义知识教学观:价值与局限[J].课程·教材·教法,2008(10):27-29.

[5] 温恒福,杨丽.探索建设性后现代教育哲学对教育改革的意义:"建设性后现代主义与中国的教育改革"国际学术研讨会综述[J].哲学动态,2012(11):111-112.

要的启示。①

怀特海的过程教育哲学不仅影响了人们对高等教育的思考，而且也影响着幼儿教育的发展。北京、大连等市均建立了怀特海幼儿园，也有研究者围绕幼儿园的课程编制开展了研究。美国过程研究中心广东国际过程教育研究所（广州）所长李方，在一次访谈中指出，番禺区中小学校德育特色创新与发展项目于2013年底正式启动，明确提出要把番禺区建设成为"中国第一个过程哲学视野中的德育试验区"，借鉴运用过程哲学理论指导、开展德育工作。该研究所还于2014年协助区教育局举办了首届番禺区中小学校长过程教育与学校文化论坛，邀请相关专家到校参观交流，并多次组织关于过程教育研究的学术交流活动，推动了过程教育理论在实践领域的具体落实。

从后现代主义知识观的产生来看，既有源自哲学基础和社会环境的动因，也有基于教育变革的客观需求。后现代主义知识观最为吸引人的地方，是在强调知识建构性的基础上，体现了个体作为主体的情感、意志所赋予知识的意义。在这种对意义的追寻和探索中，人们不仅看到了知识的理性与客观性，而且看到了知识的感性与主观性，在知识传授的过程中融入对生活本身的理解，以及对主体的人文关怀，体现了后现代主义知识观的迷人之处。

后现代主义知识观不仅影响着知识的选择和课程的设计，而且为不同阶段、不同领域的课程改革提供了新的视角和思维方式。后现代主义教育哲学提倡多样、平等的价值观，重视边缘群体的文化，特别是对批判性思维的重视，为哲学的世界带来了新的生机和活力。"后现代主义既不归于保守主义，也不归于自由主义教育模式之下，它融合了来自两者的成分，尽管它和自由主义的框架更为相似。它有时也指关于概念重建、建构主义学习理论、多元文化教育和女性主义教育学的论述。"②对于后现代主义教育者来说，个人在

---

① 杨四海.怀特海的后现代教育哲学思想与大学教育[J].江苏教育学院学报(社会科学版)，2006(1)：37-39；杨富斌，高茜.建设性后现代教育哲学思想国内外研究现状[J].河北青年管理干部学院学报，2016，28(5)：50-53；曲跃厚，王治河.走向一种后现代教育哲学：怀特海的过程教育哲学[J].哲学研究，2004(5)：85-91.

② [美]杜普伊斯，高尔顿.历史视野中的西方教育哲学[M].彭正梅，朱承，译.北京：北京师范大学出版社，2008：256-257.

学习过程中对意义的建构方式是其关注的中心；对于自由主义者来说，学生是其关注的中心。教育应该让学生清晰地认识到努力的方向和目标，引导他们形成关于理解、解放的批判性自我认识。总体而言，后现代教育哲学推动了人们对教育问题、教育改革的省思，对受教育者生活方式、智慧、责任感的重视。后现代主义的知识观具有不确定性、可理解性以及个体主动建构的特征，在教学目标、教学内容、教学过程等方面对外语教学改革存在着一定的启示，更加注重学生主体性的培养，更加重视教学内容的结构化、综合化，以及师生关系的主体间性。[①]

后现代主义知识观的启示在于："打破科学知识垄断课程内容的局面，加强科学世界与生活世界的沟通，基于人文课程培养学生的批判意识，消解教师的绝对权威，使教学也成为课程建构的过程。"[②]也有研究者指出，作为形式理性、工具理性对立面的儒家实质理性对教育的意义再次在后现代教育中彰显。后现代教育将随东西理性的融合而发展。[③]其中，史密斯所著《全球化与后现代教育学》体现了对人性的关怀、对教育理念的探索，以及西方智慧与东方智慧的融汇。在教育目的上，后现代主义致力于培养具有生态意识、批判精神和社会责任感的公民。也有论者指出，中国基础教育改革在理念和目标上与后现代主义有契合之处，但是因社会基础、文化背景和教育问题的不同也存在着一定的冲突，对后现代教育理论的运用需要与我国的教育改革实际相结合。[④]

此外，后现代主义的知识观也为人们认识、理解教师角色提供了一种新的视角，即注重"教师角色的知识多元化、教师角色的动态个性化、教师角色的理解交互性、教师角色的创造开放性，使教师转变为教学活动的变革者和创

---

①　徐华.后现代知识观与外语教学改革[J].陕西师范大学学报(哲学社会科学版),2002(S3):47-50.

②　聂荣鑫.后现代知识观中的课程改革[J].全球教育展望,2003,32(6):35-36.

③　陆自荣.论儒家理性在后现代教育中的意义[J].湖南师范大学教育科学学报,2002(3):41-46.

④　王玲,周小虎.后现代教育思想与中国基础教育改革[J].教育理论与实践,2006(5):20-23.

新意义的建构者"①。后现代主义知识具有非确定性、情境性、多元性和流动性等特征，体现了从既定知识观到流动知识观、从普遍化知识观到境遇化知识观、从一元化知识观到多元化知识观的变革。就其对教育的启示而言，应树立一种公平的学生观，从知识传授走向人文关怀，推动课程改革的多元化。②

第三节　西方教育哲学价值论的影响

　　教育价值是教育哲学中一个极具复杂性的问题，其复杂体现在人们对教育价值认识的多样性。从教育价值的表现形式来说，存在政治价值、经济价值、文化价值、个体价值、社会价值、工具价值、内在价值等多种认识。教育价值体现了人们对教育的一种主观见之于客观的判断，彰显了教育在不同方面的作用。当教育活动与特定的价值取向相结合时，就为教育的世界确立了一种秩序。加拿大著名的教育管理学家克里斯托夫·霍奇金森在元伦理中区分了三个层次的价值等级，其中，"最低层的价值反映了个体基本的偏好结构，第二个层次认同理性证明，位于最顶端的价值则是超理性的，建立于意志而非推理能力之上"③。一种教育价值取向的确立，是人们对某种特定教育观念的认同与肯定。在实在论者看来，价值具有永恒性和客观性；实用主义者却坚持认为价值观是相对的，没有任何一种价值可以保持永远的绝对性。深入了解西方马克思主义有关文化霸权、批判理论、社会理论、权力、知识等问题，特别是西方马克思主义所强调的被经典马克思主义中所忽略的文化和权力等命题，有助于我们更加深入地了解西方教育哲学在价值论方面的影响。

　　受学界对马克思主义理论分类的影响，西方马克思主义教育哲学也体现为人本主义和科学主义两个派别。一般来说，卢卡奇、葛兰西，以及反对工

①　沈骑.困惑·理解·误构：基于后现代知识观的教师角色研究[J].教育发展研究,2008(2)：46-47.
②　姚文峰.后现代主义知识观及其对教育的启示[J].教育探索,2004,4(7)：70-72.
③　[美]菲利普斯.教育哲学[M].石中英,等译.重庆：西南师范大学出版社,2011：22.

具理性的法兰克福学派、抵制理论学者和英国新马克思主义者，都属于人本主义阵营，再生产理论由于带有结构主义倾向而被归于科学主义的阵营。实际上，这两个阵营的很多观点是相互渗透、相互关联的。与存在主义哲学一样，西方马克思主义的一些代表人物也没有专门论及教育的著作，但这并不妨碍人们从其著作中去寻找教育的踪影，并借助其理论和观点去分析、研究教育问题。

西方马克思主义在中国的传播从20世纪30年代就已经开始了，基本与西方马克思主义的产生同步，且主要体现在哲学与文学领域。1930年，张斯伟翻译的苏联哲学家德波林的《哲学与马克思主义》一书中的第六章《乔治·卢卡奇和他的马克思主义批评》，对卢卡奇及其《历史与阶级意识》进行了介绍。卢卡奇的思想对以胡风为首的七月派现实主义文学创作与理论发展也发挥了重要的推动作用。1940年，《艺风》杂志摘译了存在主义者萨特的小说《墙》。新中国成立初期，"西马东渐"呈现出受中苏关系影响较大，译介多、研究少的特点。[①]

1983年，王佩雄在《外国教育动态》第3期上发表了《当代西方教育理论与马克思主义》一文。文章介绍了当代西方教育理论对马克思主义哲学的吸收和运用，但未使用西方马克思主义教育哲学的概念。这一概念的明确提出是在1985年，陈列、俞天红在《"西方马克思主义教育思潮"简介》一文中指出："在'西方马克思主义哲学'的发生发展中，同时也形成和发展起了'西方马克思主义教育哲学'。"[②]

从西方马克思主义教育哲学在我国的影响来看，一是研究视角的拓展。基于再生产理论，我们可以看到教育的选拔功能和分层功能，深刻认识到教育机会均等与个人发展不平等的问题，以及如何基于抵抗理论视角分析教育中的失范行为。如果说再生产理论关注的是统治阶级如何取得被统治阶级的赞同和服从这一问题的话，那么抵抗理论关注的则是被统治阶级如何能够获

---

① 曾军,汪一辰."西方马克思主义"在新中国初期的理论旅行及其引发的理论问题[J].文艺争鸣,2020(5):109.
② 陈列,俞天红."西方马克思主义教育思潮"简介[J].外国教育动态,1985(6):20.

得自我创造的力量，进而赋予自己权能。但是西方马克思主义因为自身理论构架不完善，在对马克思主义观点的借鉴和运用上失之偏颇，为应用而应用，导致人们对其持怀疑态度。尽管传统自由派教育者认为教育扮演着社会整合者、变革者、分配者、平等化者等角色，但在西方马克思主义者看来，传统自由派所倡导的教育失去了批判性和文化性，没有关注学生的成长需要，他们所做的工作将会加剧教育的异化。

西方马克思主义者认为，正是由于马克思的学说，他们才对教育问题有了更深的了解和认识，但也有学者指出，"他们没有什么发展马克思主义教育思想的'崭新'业绩，相反，他们压根就否定马克思主义经典著作中'有一套系统阐述的规范的教育理论'，只是抓住了'再生产''矛盾'等带有方法论意义的概念或观点，大做文章"[①]。有学者认为，西方马克思主义的理论基础并不是真正的马克思主义，片面甚至歪曲地应用马克思主义。他们所说的社会主义新人与我们所说的社会主义"四有"新人也有着根本的不同。[②]

二是相关理论的借鉴。有研究者基于西方马克思主义的乌托邦社会主义思想，特别是布洛赫的乌托邦哲学，对教育这一必要的乌托邦进行了分析和论述。[③]包括北美批判教育学派和英国学派在内的西方马克思主义教育学学者所提出的教育与国家关系的理论，为国内学者研究这一问题提供了知识借鉴，有助于教育与国家之间良性关系的构建，但同时也需要看到这一流派的教育与国家关系理论存在着视角碎片化的弊端。[④]特别是英国的西方马克思主义教育学者罗杰·戴尔，他借鉴阿尔都塞的意识形态国家机器理论和葛兰西的政治实践观，对教育与国家发展之间的关系进行了系统论述，对于我们认识和

---

① 王佩雄.当代西方新马克思主义教育观述评[J].教育研究与实验,1987(4):25.

② 杨秀治.当代西方马克思主义教育思潮述评[J].中国农业大学学报(社会科学版),2002(2):99.

③ 庞桂美.乌托邦与教育:"西方马克思主义"的启示[J].青岛科技大学学报(社会科学版),2012,28(2):91-94.

④ 乐先莲.西方马克思主义教育与国家关系理论的发展流派及当下意义[J].外国教育研究,2008,35(11):1-5.

思考学校教育与意识形态、文化和经济生产之间的关系也具有启发意义。[①]

还有研究者以《西方学者对马克思主义人之教育与发展思想的争论及启示》为题，对经济再生产、文化再生产，以及阿普尔、吉鲁、麦克莱伦和弗莱雷等人的教育批判说进行了分析和探索，指出这三个流派研究的特点在于价值取向的批判性、研究视角的多元化和观点的差异性，这对于我们重新思考教育目的、突破传统思维局限、拓展教育改革研究视野都极具启发意义。[②]此外，也有学者基于西方生态马克思主义的相关理论，对高校生态观教育这一问题进行了探究，认为生态观教育是一种意识形态教育，生产方式是生态问题的关键。生态观教育要打破自然主义的立场，制度的制定则是解决生态问题的根本措施。[③]尽管西方马克思主义对马克思主义哲学的理解还需进一步深入，但他们对资本主义社会及其教育问题所进行的深刻分析，有助于我们全面了解西方国家的教育，这一流派鲜明的批判性也影响着我们对教育问题的系统思考，对教育与人、社会之间的关系做出合理的期待与设想，致力于和谐教育生态的构建，将思考的目光投向教育价值这一问题。

作为西方马克思主义教育哲学的重要代表人物之一，吉鲁从未远离过对教育公共价值的探索，他运用清晰而深刻的语言分析了当今美国社会、教育中存在的很多问题，将解决问题的希望寄托于对教育的批判性思考和民主意识的复兴。我们有必要对吉鲁关于教育公共价值的分析进行梳理，以资借鉴，寻求启示。吉鲁因其在边界教育学、差异教育学和差异政治学等方面的主张，也被划归到后现代主义教育的阵营之中。如在《躁动的百年：20世纪的教育历程》一书中，作者认为，在多尔、厄休、爱德华兹、柯里、马丁、斯拉特瑞、尼门等后现代主义教育学者中，吉鲁的影响无疑是最大的。[④]对西方教育

① 乐先莲.西方马克思主义视域中的教育与国家关系：罗杰·戴尔的教育意识形态国家机器论[J].外国教育研究,2007(11):14-18.
② 施旭英,霍福广.西方学者对马克思主义人之教育与发展思想的争论及启示[J].河南社会科学,2015,23(2):27-31.
③ 王晓路,柴艳萍.西方生态马克思主义对生态观教育的启示[J].哈尔滨工业大学学报(社会科学版),2016,18(2):114-119.
④ 陆有铨.躁动的百年：20世纪的教育历程[M].济南:山东教育出版社,1997:163.

哲学影响的梳理，始于柏拉图对教育本体的追问，终于吉鲁对教育价值的探究，在一定程度上是为体现教育哲学的与时俱进。

一、现实的阿喀琉斯之踵：教育面临的困境①

吉鲁指出，从美国教育发展的历史来看，教育管理者很少或几乎没有对自己所采取的教育目的、教育方法进行过批评与自我批评。人们希望教育培养的人才有助于保持美国军事强国和经济大国的优势地位，至于教育培养富于批判性公民的使命、追求自由和解放的目标，以及它的政治意义则被弃之一旁。公立教育所受的攻击、教师公共知识分子地位的式微、传统教学法的弊端使美国教育面临严峻的考验。

（一）以市场为导向的教育改革危机重重

吉鲁认为，人们似乎很少对新自由主义给教育领域带来的危害进行反思。作为掠夺性资本主义的最新阶段，它尊崇优胜劣汰的法则，将获利视为民主的核心。它在市场理性下来审视人生的各个维度，无视伦理问题的存在，坚信市场是解决一切问题的万能钥匙。新自由主义无视民主和公共价值的存在，推崇以利润和私有化为逻辑的改革，在意识形态、管理模式、公共教学法等方面剥夺了学生的想象力。以改革为名义进行的折腾已经成为教育的新死亡区，威胁着教育的本真存在。

在吉鲁看来，奥巴马政府所主张的教育改革主要存在以下三个方面的问题：一是缺乏科学理论观念的指导。改革者无视如何提供高质量的教育、如何保持课程内容活力等问题，也没有让师生意识到民主社会所需要的理想和价值观的重要性，而是认可以绩效为目标的竞争行为，将教育改革简化为依靠功利、效率和量化方法的囹圄。在风险投资者和富翁领袖的主导下，自由派教育改革导致了公立教育地位的弱化和教师的下岗危机，出现了教师为岗位晋升和工资奖金而篡改考试成绩的现象。二是责任的缺失。教育改革者没

---

① 本部分内容以《重新界定教育与知识：吉鲁基于美国公共价值危机的批判分析》为题发表于《教育学报》2017年第4期，第25-31页。

有承担起对教育应尽的责任，以新自由主义的市场价值观为导向制定教育政策，强调效率和竞争而不是合作与责任，将个人权利置于集体利益之上，削弱甚至破坏了学校教育的民主目标和公共价值。其结果就是使教育远离阅读与思考，成为"机械记忆""惩罚性关系"的代名词。三是民主理想的空场。吉鲁尖锐地指出，美国的教育改革忽视了对学生公民性的培养，将一致性文化、教学方法凌驾于批判性思考之上，破坏了学生的想象力，导致学生缺乏建设民主社会的必要知识和技能，很少甚至不参加关于公共利益的辩论。这种忽视政治问题的教育改革，显然无法担当起为民主社会培养建设者的重要责任。

（二）教师公共知识分子角色的式微

吉鲁认为，对教育和作为公共知识分子教师的攻击，始于里根—布什时代并一直延续至今。美国学者博格斯甚至说，专业知识分子并没有延缓失业、预算赤字、军事主义（在美国）和生态破坏等危机的发展。在理性主义影响下的现代知识分子堕落非常明显，他们在阻止民主参与的同时也窄化了公共领域。①

作为公共知识分子，教师应充分意识到教育改革是公共生活的重要组成部分，然而一些教师没有兴趣去建设一个更加公正的世界或者帮助学生更好地认识权力的运行方式以及传播有力量、有道德、有责任的话语意味着什么；还有一些教师不仅反对政治，而且对人类的痛苦与困境保持冷漠，其学术研究常常与重大社会议题没有任何关系。特别是右翼政客和部分电视节目将教师和教师工会的行为妖魔化，严重损害了教育的公共价值。忽视教师公共贡献的直接后果之一，就是将学生推向了暴力与偶像崇拜的文化。

目前，反民主的趋势和行为已将美国教师分为两个阵营：一个阵营的教师将学生视为产品，强调学生对学习的盲目性服从；另一个阵营的教师则认为学校教育威胁着传统的存在，他们重培训轻教育、重依附轻独立，使公立

---

① [美]卡尔·博格斯.知识分子与现代性的危机[M].李俊,蔡梅榕,译.南京:江苏人民出版社,2002:126,179.

教育面临前所未有的挑战。吉鲁认为，目前在传统的大学院系结构中，教师未能在一些特定问题上形成积极开展斗争的旨趣，当他们面对社会、政治等总体性问题时，便难以完成作为知识分子所应具有的使命。特别是当竞争成为推动教育前行的唯一原则时，导致教师一味地重视实际教学技巧而沦为工具性培训，不能有效引导教师对公共性问题的关注。总之，"教师不再被视为关键的公共资源和思想资源，而是被限制在讲授标准化课程和考试技巧上，成为低技能技师"①。与此同时，那些勇于挑战权力、勤于反思并付诸行动的教师，则被视为反美人士，阻碍了教师作为公共知识分子作用的发挥。

（三）传统教学法的危害

传统教学法的危害一方面表现为师生关系的异化，另一方面表现为对控制性、中立性语言的运用。传统教学法下形成了灌输式的师生关系，在这种关系中，学生只不过是课堂的一个存在物而已，与周围环境毫无关联。每个人相对于他人都只是一个旁观者、被动接受者，而不是一个积极主动的参与者和创造者。教师机械地向学生讲授他所认知的客体，而这个客体只为教师所拥有，并没有内化为学生所认知的客体，不能引起学生的批判性思考，也就无法使学生获得真正意义上的知识与文化。

传统教学法主要运用控制性语言和中立性语言两种模式，在前一种模式中，教师是垄断知识的权威主义者，将自己的观点强加给学生，抑制了学生的创造力和观察力，使教学由指导性行为变成了操纵性行为。控制性语言使课堂氛围处于沉默文化之中，教师沉溺于确定性的消极不作为，既无法了解教育对学生所产生的影响，也弱化甚至丧失了师生的权力。在后一种模式中，中立性语言则对问题的复杂性视而不见，否认了文化与权力的关系，将支配性文化与从属性文化一起遮蔽了。中立性语言的运用，导致教师不能从文化过程的角度认识学校，没有对经验的建构及合法化等问题形成批判性理解，也阻碍了教师对不同类型语言的学习和对课堂中不同社会关系的分析。由此，

---

① [美]亨利·A·吉鲁.教育与公共价值的危机:驳斥新自由主义对教师、学生和公立教育的攻击[M].吴万伟,译.北京:中国人民大学出版社,2016:62.

这一话语也就限制了自身的应用空间，不能对处于附属地位的社会群体是如何抵抗课程中占支配地位的文化这一问题做出合理性解释，导致影响学校各方面运转的政治与社会力量逐渐弱化。

总之，在传统教学法的概念中，教学法与政治毫无关联，无论是知识的生产，还是对身份的认同，其背后所代表的意识形态和不同阶层的利益诉求均被遮蔽了。随着应试教学及其教材的盛行，知识的工具性日益显化，教学法沦为培训技能的生产线，标准化考试和机械记忆最终培养的是经受严格训练的工人。

二、未来的邀请：关于教育的理性思考

针对美国教育面临的问题，吉鲁展开了一系列的批判。吉鲁本人对美国教育的期望与设想是非常鼓舞人心的，他认为，将教育的乌托邦式想象与教育者的斗争结合起来是必要的。人们需要将教育的应然状态渗透到日常的教育理论与实践中去，使教育不断趋向于理想边界。对于吉鲁来说，如果没有对教育的乌托邦式想象，那么所下的赌注就太大了。因为"可能"已经播种在"所是"——实际和现实事物的种子之中了。

（一）作为公共空间的教育

吉鲁指出，教育的重要性就在于它不仅培养社会所需要的劳动者，更是培养具有批判能力公民的沃土。教育的公共价值不应该任由企业模式引导，而是要维护自身作为民主公共空间的地位。如果作为公共空间的学校因其公共性本身而受到削弱和攻击，那将是人类的悲哀。因此，每当以市场驱动为导向的企业文化盛行于教育领域之时，都会受到有识之士的批评与抵抗。吉鲁认为："如果要维持民主的存续，就需要认真看待教育问题，关注维持教育理论和教学法实践的根本重要性，因为只有教育才能产生民主所需要的知识、价值和构成性文化，才能让年轻人相信民主是值得为之奋斗的理想。"[①]这需要

---

① ［美］亨利·A·吉鲁.教育与公共价值的危机：驳斥新自由主义对教师、学生和公立教育的攻击[M].吴万伟,译.北京:中国人民大学出版社,2016:44.

在重视教育作为公共空间的前提下，充分发挥教育的政治功能。在吉鲁看来，教育的政治功能是一种具有建设意义的功能。无论是教育的内容、过程，还是结果，都与政治有着密切的相关性。

作为特定政治计划的一部分，教育必须积极面对统治力量，同占据统治地位的种种文化及价值观做斗争，打破各种保守教育模式，也就是说，要想实施激进的、解放的教育，仅仅进行知识、文化的变革是远远不够的，还必须有政治方面的变革。"政治对教育的影响是普遍的、深刻的，在多数情况下是决定性的。"①吉鲁强调，如果不严肃看待政治的教育本性，所有呼吁左派重新恢复活力以便成为美国政治中的一支重要力量的尝试都将陷入失败的泥沼。在一个民主社会中，教育和政治都对理性的生活负有引导责任，进行意识形态批判和社会批判是教育在政治方面的重要使命。教育改革不仅关涉民主使命的实现，还要对收入不平等、财政危机等社会问题做出解答。这意味着，人们需要在认真思考社会问题的基础上，通过教育与政治的共同作用为民主政治的复兴、权力的合理使用创造条件。教育必须走向政治的核心，才能真正带动社会的变革，而个体也只有通过教育，才能获得政治代理人所需的能力与知识，这需要教师以恰切的角色开展教育教学活动。

（二）作为转化性知识分子的教师

教师角色的合理定位，关系教育发展观念和教育行动的改变，关系师生道德境界的提升和心灵的丰富。吉鲁认为，人们不能只从专业发展的单一视角和狭隘语言审视教师角色，而应在更为广泛的社会实践和公共斗争中来对待它。基于美国教育实践和改变青年人生存现状的迫切需要，吉鲁指出，提高教师的公共知识分子地位，需要教师充分参与到教育实践和民主社会关系的创造中，承担起作为转化性知识分子的责任和使命。也正是在此意义上，吉鲁一再提倡将教师教育作为文化政治工程来打造，既是为了实现教师的转化性知识分子角色，也是为了实现教育与政治的共同发展，为教师呈现良好的教育生态和生机勃勃的教育人生。

---

① 马凤岐.教育政治学[M].北京:人民教育出版社,2002:63.

吉鲁对教师角色的这一定位，为教师考察自身经历、建构学生的个体经验提供了一个出发点。这一概念具有以下几种含义：第一，转化性知识分子的角色意味着一种劳动方式，这种劳动方式代表着行动与思维的密切关联，对割裂设想与行动，忽视特殊经验的工具性教育提出质疑；第二，转化性知识分子的身份意味着教师任务的转变，为其提供了一个批判性的参照系，警醒教师时刻把握变化的政治条件，为教育功能的充分发挥创造前提条件；第三，转化性知识分子意味着教师对文化生产方式和管理方式的深刻理解，通过分析文化生产在学校不对称权力关系中的组织形式，为参与社会斗争制定政治对策，维护学校作为民主公共领域的地位。基于公共知识分子的使命，作为转化性知识分子的教师需要完成以下两个方面的任务：从社会方面来看，教师需要把反思和行动结合起来，成为一个批判的行动者，注重教育功能的转化，在社会关系的再生产与合法化过程中发挥批判性作用，建设一个更加公平正义、更有利于人发展的世界；从学校内部来看，教师应将学生权能的发展作为教育的第一要务，赋予学生各种形式的知识和技能，使学生能够更好地迎接未来社会的挑战，为建立一个民主社会而奋斗，这需要教师运用批判性与可能性相结合的语言，突破传统教学法的限制。

（三）作为斗争武器的批判性教学法

批判教学法是一种富含人文精神与生命气息的教学方法，是艺术性与技术性的结合。其意义在于：它不仅为学生提供工作、生活所需的必要知识和技能，更重要的是，它增强了学生建设民主社会的意愿和参与度，引导学生认识并超越所处的现实世界。让学生充分意识到，教育的未来与社会密切相关，社会的未来与年轻人密切相关，从而激励学生不断探索充满无数未知的可能。批判教育学通过培养学生的阅读能力和写作能力，使其有勇气、有能力质疑所见所闻，形成一种质疑文化。同时，它凸显了个体经验的重要性。批判教学法注重学生批判潜力和改造潜力的挖掘，这需要教师重视每一位学生的个体经验，将学生的生活经历、学习背景与所处的社会现实相联系。学生也需要将自身经验作为探索和研究的对象，通过批判反思使其成为富有意义的教育资源。

吉鲁特别赞成弗莱雷关于批判教学法的观点，即"教学法是培养批判意识和推动社会行动的构成性文化的核心。在此意义上，教学法与社会变革联系起来，它是激励学生批判性地参与世界并根据世界变化而行动的一项工程"①。在吉鲁看来，批判教学法是消除社会不平等的最好方法，也是通往民主社会的最近途径。批判教学法在发展学生批判能力的同时，也有助于形成平等对话的师生关系。吉鲁特别提倡同伴—领导者的学习模式，要求学生以同伴和领导者的角色出现，通过评价他人和自身的工作发挥服务性作用。教师应帮助学生在彼此之间建立密切联系，鼓励学生通过批判性的反思与阅读，激发创造的愿望，以解决传统课堂模式中孤立的、互不依赖的学习方式，让学生学会理解经验转化的可能性。

教学不等同于考试和就业技能的培训，而是意味着具有批判性、理解性的对话与行动，这就要求教师必须重视对批判性语言的运用。吉鲁特别指出，通俗易懂的语言固然是衡量理论是否能被学生理解的重要标准，但不能以简单化和常识取代对教育的复杂性思考和观点表达。作为公共知识分子的教师，在语言的运用方面应避免清晰与晦涩的二元对立，既要有良好的沟通能力，也要使理论具备冲击力和震撼力，"公共知识分子有责任与大众一起努力将语言变为建设民主社会运动而进行实验、争取权利、参与斗争和表达希望的场所，这种运动不仅有理想追求而且要有理论指导"②，概言之，教师不能因追求清晰而降低教学本身的丰富性和复杂性，反之亦然。

三、人类共同利益的关切：彰显知识的本真意义

当一种知识因无法测量而被视为可有可无时，教育也就失去了理想与哲学引领，而没有理想与哲学的教育，必将损害自身的价值和尊严。正是在这

---

① [美]亨利·A·吉鲁.教育与公共价值的危机:驳斥新自由主义对教师、学生和公立教育的攻击[M].吴万伟,译.北京:中国人民大学出版社,2016:118.
② [美]亨利·A·吉鲁.教育与公共价值的危机:驳斥新自由主义对教师、学生和公立教育的攻击[M].吴万伟,译.北京:中国人民大学出版社,2016:99.

个意义上，《反思教育》报告指出要重新界定知识的概念，将其作为共同利益，彰显知识的本真意义，这也是吉鲁在其批判教育思想中一直关注的核心问题。

（一）知识与人的自由发展

无论是古老阿波罗神殿上的"认识你自己"，还是普罗泰戈拉"人是万物的尺度"，都暗含着人是什么这一永恒的问题。早在公元前386年，柏拉图就以"洞穴影像"之喻表明人是囚徒式的存在，说明人类只有在不断学习、运用知识的过程中才能逐步摆脱时代和环境的限制。作为人们在实践中积累起来的经验，知识是教育得以进行的基础性材料，它引导学生形成关于解放的批判性自我认识，帮助学生形成社会想象和公民精神。

在吉鲁的批判教育思想中，无论是他对抵抗行为以及教育与学校本质的阐释，还是他对理论的构建与思想的实践指向，对人的关切始终在场。的确，知识指向人的道德精神和价值领域，渗透着对人性的关怀和培育，但是在传授、运用知识的过程中，一些理论上正确的观点和看法，为何在教育实践中却南辕北辙，收效甚微。在吉鲁看来，那是因为美国大学公司化和军事化的趋势在消除学术自由的同时，也扼杀了人们对平等、公正之民主社会的希望，使知识失去了分析和批判的力量，成为人们敬畏和单边接受的对象，限制了人的自由发展。为此，吉鲁指出，在教育中发展政治战略的过程，也是知识得以重新构建的过程，教育工作者所要做的不仅是在理性和因果的层次上去分析知识，更要注重将意识和情感投入其中，引导学生丰富人性，实现自由发展。

"在世界上所有不完美的存在中，人是唯一既能将自身的行动，也能将自身作为反思对象的存在，而教育的不变性决定教育以人为依归，必须教人成为人，以发展人性，培养人格，改善人生为目的。"[①]吉鲁倡导注重知识的超越性、对话性和意识形态性，致力于分割主流文化的理解版图，为开创新的未来提供种种想象，这是对生命本身的尊重和对获得解放之人性的哲学想象。

---

① 贾馥茗.教育的本质[M].北京:世界图书出版公司,2006:201.

"这种想象所激发的关于未来的希望，与其说是对被压迫者提供慰藉，还不如说是推进了持续不断的种种批判，以及为反对客观的压迫力量所进行的斗争。"①正是这持续不断的批判和斗争，在推动教育进步的同时使人类自身的生命得以解放、提升。

（二）知识与批判性思维的形成

人们认识教育、理解教育是为了改造教育，这种改造需要师生以批判性的视角关注教育问题，通过共同的反思与行动获得关于现实的洞见。实际情况是，大学面临的真正挑战和威胁不是新技术的冲击，而是愈演愈烈的工具性心态和商业化倾向，这足以毁掉任何形式的批判性思考。"批判性思考的文化也在美国校园逐渐消失，所有的大学、学院都在强调以市场为基础的技能，学生既不能学习批判性思考，也不学习如何把个人遭遇与更大的公共议题结合起来。"②美国社会的公共空间与理性思考受到了新自由主义者的大肆攻击，这不但削弱了年轻人与公共空间的相互作用，也阻碍了教育在孕育批判性想象力、构建民主社会等方面的功能发挥。

吉鲁认为批判性思维的培养迫在眉睫，作为有教育意义的学习方法，批判性思维不仅是课程考试的内容，更是学生未来进行自我决策和公民参与的工具。在教育中，有关生存技能的训练是必需的，但学生的学习远远不限于此，学生还必须了解知识的产生与重塑，学会从文化和政治的角度评判知识，依据知识进行社会分析并推动社会变革。吉鲁自己的学习经历和教学工作体验使他对批判性思维的培养有一种刻骨铭心的重视，吉鲁指出，他所教过的大部分学生都将自己定位为技术人员和职员，他们对已有的形式主义和官僚话语已经习以为常，吉鲁所带给他们的批判性思维使他们感到非常的新奇。为了培养学生的批判性思维，吉鲁从后结构主义、解构主义解释学等多种话

---

① [美]亨利·A.吉鲁.教师作为知识分子:迈向批判教育学[M].朱红文,译.北京:教育科学出版社,2008:135.

② [美]亨利·A·吉鲁.超越新自由主义高等教育的边界:全球青年的抵抗和美英分裂[J].吴万伟,译.武汉科技大学学报(社会科学版),2012(3):238.

语和理论派别中去挖掘批判性的潜能，开设研讨式、开放性的课程。

批判性思维的培养也离不开对知识的表达，即对学生写作能力的培养。吉鲁认为，写作意味着主体和世界之间是以一种中介性的积极关系存在的。"这种关系对于学习的形式与内容，尤其是就批判思维的概念而言具有重要意义。"①吉鲁将写作、学习与批判思维相联系，将写作模式视为学习的工具，认为它能够帮助学生批判性地思考什么内容构成所谓的知识，什么知识形成历史的意义。因此，不断进步的教育并不只是意味着发布一项政策、一种制度，或者形成所谓的教育神话、教育奇迹，它必须能够增强学生批判性思考的能力，敢于挑战现有的界限。

（三）知识与权力对现有界限的挑战

知识对每个个体来说，不仅是一种谋生手段，也是认识、改造世界的武器。知识与权力之间具有不可分割性，福柯认为："知识是与权力控制分不开的。任何时期的'知识型'同时就是权力机制。"②谁的知识在教育领域占据主导地位，谁的权力就会通过教育机构的种种活动而被合法化。"正是不同力量之间的抗衡和博弈，造成了不稳定、不平衡、不对称的权力形态，其中变动性、异质性所形成的张力，恰恰是酝酿并爆发闪光点、生长点的契机，这就使得权力关系对于知识话语具有了生产性与建构性。"③知识在不同权力的较量中得到发展，权力在此消彼长的过程中推动知识的增长。

吉鲁认为，权力是在实践与资源的变动中产生的，作为生产社会形态的一种具体实践，它建构了不同的经验形式和主体形式。只有通过理解广泛的权力关系和联系，左派才能克服错位的具体性、孤立的斗争和已经变得狭隘和自我破坏的身份认同政治模式。吉鲁指出，当知识与权力得到有效结合的时候，既强调了差异的重要性，又为差异开辟了更为广阔的思考空间。当然，

①　[美]亨利·A·吉鲁.教师作为知识分子：迈向批判教育学[M].朱红文,译.北京：教育科学出版社,2008：79.

②　刘放桐,等.新编现代西方哲学[M].北京：人民出版社,2000：437.

③　姚文放.文学理论的话语转向与福柯的话语理论[J].社会科学辑刊,2014(3)：150.

这并不意味着教师要抛却自己的权力，而是在开放的、可修正的语境中恰当地运用权力。吉鲁认为，教育者和家长都要意识到，知识既不是中立的，也不是客观的，而是具有特定旨趣、利益和假定的社会构造，"从知识中的怀疑主义，到权力政治规则中的话语性，再到自我认同中的反思性——在这些文化变迁所开启的空间中，出现了新的文化逻辑"①。吉鲁将权力与知识视为边界教育的核心问题，作为重新界定激进教育理论与实践的一个概念，边界让人们认识到现有语言和文化的权力界限，揭示了教育过程是跨越边界的一种形式，对现有的界限发出挑战并重新界定。通过知识与权力的相互作用机制，引导教育者注重培养学生超越界限的能力，使学生能够以自己的方式理解他者，为不同文化资源的存在创造条件，也就是说，边界教育的任务具有双重性，它既要创造新知识以挑战现行知识界限，又要揭示源于基本制度结构的不平等和人类苦难，它拒斥使学生的文化与历史边缘化的教育实践，反对单纯传递教学结果的库存式教育，提供了一种关于知识的新边界，使课程文化和社会实践突破了西方文化的主流模式，激发了教师和学生对未来的想象和希望。

　　教育公共价值的实现，需要社会与学校通力协作，需要教育管理者深刻认识教育面临的问题与挑战、责任与使命。正如吉鲁所期望的，"公立学校是最重要的民主公共空间；教师是关键的公共资源，应该得到有尊严的对待并拥有一定自主性；学生应该得到这样一种教育，使其成为负责任的、批判地参与政治活动的公民，而不是被当作消费者、低技能工人和犯罪分子"②。无论是从事一线教学工作的教师，还是教育政策的制定者、教育改革的推行者，都要将学校视为培养公民的重要场所。作为民主社会的公民需要认识到，无论是个人利益，还是个人自由的实现，都需要承担一定的伦理责任，因为公共性、团结合作乃是实现个人权利和社会权利的基础。人们有理由也应该有

---

① [英]杰拉德·德兰蒂.现代性与后现代性：知识、权力与自我[M].李瑞华，译.北京：商务印书馆，2012：5.

② [美]亨利·A·吉鲁.教育与公共价值的危机：驳斥新自由主义对教师、学生和公立教育的攻击[M].吴万伟，译.北京：中国人民大学出版社，2016：33.

信心将学校视为践行民主理想、开展民主实践、实现民主价值的圣地。

　　然而，当轰轰烈烈的改革收效甚微，当创造知识的神圣殿堂被量化评价牵着鼻子跑的时候，当教师只关心绩效考核而无法致力于教学科研的时候，教育的种种宏大设想与宏伟蓝图如何实现？教育的公共价值如何体现？人性之美又如何通过教育得以完善和提升？关于整个人类未来的共同福祉终归何处？这需要我们每一位教育工作者深思并理性地付诸行动，需要整个社会关心教育、爱护教育，静待花开而非拔苗助长；需要教师得到应有的尊重与理解，潜心教书育人而非受评价之制；需要学生不忘初心，砥砺前行，心系人类共同利益而非虚度时光。唯有如此，教育这项事关可持续发展的战略性、基础性工程才会真正在公共领域中发挥其应有的作用，造福当代，利在千秋，让人性的光辉和知识的月光照耀在世界的每一个角落。

第五章　革新与应用：西方教育哲学对中国教育哲学研究方法的影响

　　西方教育哲学对中国教育哲学的影响是多方面的，既有学科建设方面的推动，也有理论、思想方面的影响；既有研究内容的借鉴，也有研究方法与思维的启迪。对于一门学科的发展来说，理论的构建与形成具有奠基性作用，研究方法则是理论得以创新发展的前提。如果说理论是人类理性认知的结果的话，那么方法则是实现理论创新的一种方式和手段。"一方面，方法创新需以理论创新为指导。另一方面，理论必须通过方法创新才能实现对实践的指导和改造作用，理论创新也必须借助于正确的方法。"[①]同时，理论与实践的统一与相互作用，也需以方法作为中介和桥梁。

　　对于一门学科而言，主要涉及概念、命题和理论的建构方法。具体来说，概念的建构有四种途径，即从日常词汇中引进、从其他学科中移植、独立地创造、从他人文献中吸收。命题的建构是指对概念关系的界定方法。理论建构主要有演绎、归纳、类比、联结四种方法。[②]在西方教育哲学传入中国的过程中，不仅在研究内容方面对中国教育哲学的发展产生了一定的影响，而且也体现在研究方法的借鉴上。"教育哲学是对教育和教育问题的哲学研究。教育哲学研究的核心问题是教育，其研究方法是哲学的方法。"[③]在此意义上，我们以分析教育哲学和现象学教育哲学为代表，探究西方教育哲学研究方法的影响。

---

① 孙奎贞.略论理论创新与方法创新的区别与联系[J].理论视野,2005(3):41-42.
② 马和民.新编教育社会学[M].上海:华东师范大学出版社,2009:49-52.
③ [美]奈尔·诺丁斯.教育哲学[M].许立新,译.北京:北京师范大学出版社,2008:导言1.

第一节　清思与分析：分析教育哲学的影响

一、分析教育哲学的理论基础与主要观点

与其他教育哲学流派相比，分析教育哲学更加注重通过语言澄清概念和思想，力争使教育实践获得科学的基础。基于这一研究主旨，分析教育哲学对教育领域的基本问题做出了自己的分析和回答。"在教育哲学的发展过程中，存在着教育科学与教育哲学、分析教育哲学与规范教育哲学、大众教育哲学与专业教育哲学之争。"[①]这既与各教育哲学流派的功能发挥和存在形态有关，也与教育哲学自身的研究旨趣有关。其中，分析教育哲学以独特的研究方法取胜，在教育哲学的发展历程中产生了深远影响。

（一）理论基础

分析哲学的代表性人物有德国的弗雷格、卡尔纳普，英国的罗素和爱德华·摩尔，波兰的托瓦多夫斯基，英国的维特根斯坦和美国的奎因。其理论来源较为丰富，这一派别可以追溯到古希腊唯物主义哲学家及原子论者，同时它与英国经验论和孔德派的实证主义也相关。英国注重对知识的归纳与总结，在探究知识的方法论上做出了自己独特的贡献，形成了以培根、霍布斯、洛克、休谟为代表的经验主义哲学。在经验主义者看来，形而上学的表达和言说不是知识，科学才是知识；在实证主义者看来，无论是对事物的认识，还是对知识客观性的建立，都需要通过观察或者感觉去验证，只有基于经验、可验证的知识才能称之为真正的知识。孔德就认为，神学的信仰和玄学的形而上都无法获得正确可靠的知识，只有基于科学方法获得的经验性知识才是

---

① 黄济.教育哲学通论[M].太原:山西教育出版社,2009:327-328.

可靠的。与存在主义哲学相比，分析哲学更加注重逻辑证明和对语言的使用，通过语言分析等方法开展研究。

一个新的哲学流派的产生，在一定意义上是通过与其他哲学流派的争鸣来实现的。分析哲学在质疑传统哲学的抽象与思辨中产生，开拓了哲学研究的新方向。分析哲学奠基于英国的经验哲学，最早体现为以爱德华·摩尔和罗素为代表的科学实在主义，这是分析哲学的第一种形式。这种形式认为所有的哲学问题无非就是现实与观念的关系。当它在研究中遇到困难时，第二种形式即罗素和维特根斯坦的逻辑原子主义出场了，这一主义强调哲学研究方法的还原性和经验性。当维特根斯坦注意到逻辑的重要性时，第三种形式即逻辑实证主义出现了，它更为注重观点在经验和逻辑层面上的可证实性，但当某件事情不可证实时，它也就成了无意义的存在，这显然与实际不相符合。而且，更重要的是，逻辑实证主义无法回答人们对无意义语言的多次使用。于此，分析哲学的第四种形式语言分析闪亮登场。四种形式中，语言分析哲学对教育的影响最为直接。

在西方，分析哲学曾一度取代欧陆哲学而占据西方哲学的中心地位，这种趋势也影响到西方教育哲学的发展。"1942年，哈迪出版了《教育理论中的真理与谬误》，成为第一本系统明确运用分析哲学的方法讨论教育问题的著作。"[①]分析教育哲学重在清思、批判，对传统教育哲学的概念、命题、范畴等进行语义上的分析和批判，在一定程度上起到了规范教育哲学和教育科学的作用，在20世纪60年代的美国和英国都得到了快速发展并产生了显著影响。美国以谢弗勒、英国以彼得斯为代表，美国的索尔蒂斯则是分析教育哲学由盛转衰时期的代表性人物。前者注重明晰教育理论的基本概念和论证方式，后者则认为教育哲学清思的目的是追求价值，并不是为了清思而清思。1962年，当彼得斯担任伦敦大学教育学院教育哲学教授这一职位后，便确立了分析哲学的传统。1964年，英国教育哲学学术组织大不列颠教育哲学学会成立，就由彼得斯担任主席。彼得斯的贡献在于：使教育哲学在保持自身独立性的

---

① 陆有铨.现代西方教育哲学[M].北京:北京大学出版社,2012:217.

同时，也成为哲学中一个富有思想活力的领域。他运用概念分析的方法研究传统问题，吸引了一批研究者加入其中，说服一些哲学家思考教育问题并表达观点，促进了英国教育哲学在学术和制度方面的进一步建立。英国的分析教育哲学对澳大利亚和加拿大的教育哲学研究影响也很大，因为实用主义的存在，分析教育哲学在美国的影响相对于英国来说要缓慢一些。

分析哲学的兴盛源于对语言、概念分析的重视，其衰落也源于人们对这一方法的批评与质疑。范博格认为："分析哲学方法的合理程度是有限的，当哲学只是由于澄清语言混乱的特殊本领而被认为有价值时，哲学就在人类问题上失去了根基，而且坚持那些克服障碍的解决办法本身就是一个应该推翻的障碍。"[①] 早在20世纪20年代中期，维特根斯坦就对符号逻辑提出了自己的质疑。在他看来，正是日常语言脱离了日常使用情景所带来的混乱才导致了哲学问题的出现。因此，让被误用、滥用的词语回归日常情景才是好哲学应该做的工作。在逻辑实证主义学派看来，教育哲学理应基于价值中立的立场，对教育语言做出分析，而不是像传统教育哲学一样，仅仅关注形而上学和伦理学的命题。与逻辑实证主义学派不同的是，日常语言哲学学派不仅注重对日常语言的分析，而且关注价值和伦理原则，从理论层面的分析转向对教育实践的介入，并试图在传统教育哲学和分析教育哲学之间寻求一种平衡，尤其是索尔蒂斯在这方面做了很多工作。

日常语言分析教育哲学的重心在于对概念和理论的阐明，更加关注对已有教育概念的澄清，在其发展历程中，先后对教育、知识、道德教育、教学等基本概念进行了批判性的解释和分析。这一派的学者认为，哲学的目的就是为了让句子、词语所表达的意义更加清楚。语言分析哲学之所以在一段时期内对教育哲学产生了广泛影响，与教育理论中惯用的口号式表达有一定关系。也因此，相对于逻辑经验主义来说，语言分析哲学对教育的影响更为直接。总之，在分析主义者看来，当事物经过逻辑和科学的检验时，才更有利于人们了解事物的意义，进而通过意义证实真理。它对教育基本概念的讨论，

---

① 陈友松.当代西方教育哲学[M].北京:教育科学出版社,1982:206.

在一定程度上使教育理论的研究和表达更加科学化、逻辑化，对于推进教育理论的发展具有重要的意义。遗憾的是，这一流派在清思的同时却囿于对概念和语言的分析，回避了对教育哲学基本问题的探讨，因而受到人们的强烈质疑。

索尔蒂斯曾于1987年来华，其关于师范教育改革的观点体现了鲜明的实践主义倾向。在他看来，分析教育哲学专注于方法，却忽视价值论等哲学问题的做法无助于教育哲学理论的完善。在一线教师看来，相对于分析教育哲学对概念的澄清和讨论来说，传统教育哲学对人生理想和价值取向的探究于教育的发展更有实际意义。如果分析教育哲学将历史分析、价值分析，以及验证性的科学研究相结合，而不是仅仅满足于对语句和概念的分析，或许还能发挥一定的作用。

显然，教育哲学的发展不能仅仅停留在语义的层面上去分析概念，还要看到这些要素之间的联系。事实上，准确合理地使用语言，不仅关系教育研究质量的高低，也是衡量教育所培养的公民是否合格的一个基本标准。当我们分析教育问题时，不能仅凭情感用事，还要加以理智的审视。值得警醒的是，部分教育研究者似乎并没有意识到表达流畅、条理清晰的重要性。分析教育哲学的作用就在于此，通过分析和清思，以精确的语言体现了理性的严谨和概念的明确。分析教育哲学强化了人们对教育理论科学性的重视，认识到清晰地表述概念对教育研究的重要意义。因分析教育哲学主要关注语言层面对教育概念进行分析，研究内容和研究方法不仅窄化了教育哲学的任务，也使自身的理论言说远离了生动活泼的教育实践。也正是因为分析教育哲学存在上述缺陷，人们甚至认为它并不是教育哲学中的一个流派，只不过是一项针对教育研究的工作而已。20世纪80年代，分析教育哲学成为一门较为成熟的学科。20世纪90年代，分析教育哲学的研究开始与马克思主义、存在主义、后现代主义的教育哲学研究相结合。

（二）主要观点

如同其他流派一样，分析教育哲学对教育、课程，以及处于其中的教育者、受教育者有着自己的看法和观点。关于教育是什么这一问题，在分析教育哲学看来，作为一种培养理想型人才的过程和活动，教育不仅具有科学性、规范性，而且更具分析性，或者说，对于分析教育哲学而言，后者更为重要。从这一角度来看，无论我们把教育哲学视为一门学科，还是研究教育问题的理论基础，都要针对教育领域的概念、教育理论和实践中存在的问题，以及围绕这些概念、问题所产生的教育关系进行分析。在分析教育哲学看来，教育理论研究中对语言的运用存在不同程度的混乱，流于形式的口号和标语混淆视听，掩盖了教育的本质与目的。如果对语言的使用夹杂着模糊的抽象，就使其成为无意义的文字堆积，既不能表达明确的观点，也不能展现深刻的思想智慧，而流畅清晰的语言为不同观点的争鸣与讨论提供了可能。对于日常语言教育哲学来说，语言的意义是其关注的首要问题，引导人们相信什么则不在其考虑范围之内。在逻辑经验主义者看来，发现知识、寻求真理的过程就是发现科学、检验经验的过程。

彼得斯认为，衡量教育是否为真正意义上的教育，应遵循以下三个标准：一是内容的价值性。人们在教育领域所接受的知识和课程内容应该意味着道德上的可接受性，以及价值上的有用性。一个人若接受了教育，但没有学到有用的知识，那么自身的发展就不会因此而变好。这样的教育在彼得斯看来是没有价值的。二是认知方式的导入性。此标准与第一个标准密切相关，教育内容的有用性不仅仅意味着技能，它还承担着将人的认识和思维引向更高层次的责任。一个受过教育的人，不仅要知其然，还要知其所以然；不仅要记忆事实性的知识，更要在此基础上形成自己的知识体系和理解范式。三是知识的可理解性。强制性的灌输固然能让受教育者记住，并初步理解所学内容，但是从长远和根本来看，调动学生学习的主动性、积极性更为重要，也更有利于教育目的的实现。从这个角度来看，灌输式教育并不是真正意义上的教育。但也有学者提出与之相反的观点，索尔蒂斯就认为，教育本身并没有价值和意义在内，我们完全可以持一种中立的态度来研究和开展教育。

在教育目的方面，分析教育哲学认为，教育主要是通过知识培养学生的能力和理性思维，发展学生的智力，以增进个人成长的自主性，而不是其他外在目的。如果从注重教育目的的内在性这一点来看，分析教育哲学与杜威的民主主义教育哲学有相似之处，只不过二者对内在目的的着眼点不同，杜威更强调教育对经验的改组与改造。在分析教育哲学家看来，知识因其自身的重要性，在教育哲学的中心地位从未动摇过。为此，哲学最主要的任务和最重要的贡献就是对知识开展批判性分析，无论这种知识来自日常经验，还是来自精确严密的科学。人们对教育哲学方法的运用，既有规范性的，也有分析性的。对于分析教育哲学而言，它的运用更多的是体现在分析方面。因其自身的哲学立场，相对于其他教育哲学流派来说，分析教育哲学较为关注知识产生的条件，即事实的认知何以形成。知识有事实性、行为性、技能性和分析性等不同类型。在分析教育哲学看来，作为师生之间进行沟通、交流的中介，事实性、技能性知识固然重要，但是分析性知识同样有它的意义所在。

在分析教育哲学家看来，一些关于课程的名词和定义不是让人更加清楚它的含义，而是让人更加困惑。课程计划的制订由于使用了错误的语言，所表达的含义也是模糊的。因此，人们应该对课程问题进行批判性省思。在这个过程中，分析教育哲学家同样也在追问课程的意义，以及其中所蕴含的知识假设与形式。在分析教育哲学看来，教育所传授的知识要可靠、客观、公正，能够经得起公开的检验。如此一来，教学就不仅仅是一个单向的传授过程，而是教与学的双向互动。教学并不是在教师完成教的动作就停止了，而是能够在学生那里引起回应，能够激发学生的积极性、主动性，这样的教学才可以说是成功的。教学需要师生双方都为之做出贡献和回应。在教师方面，相对于角色和责任是什么来说，显然分析教育哲学家更加重视教师对语言的理解和运用，其表达是否清晰明了。赫斯特认为，教师应明确教学作为一种专业活动的核心特征，以及教学活动与目的之间的关系，更要在经验的层面上研究教学方法的有效性。

关于对人的认识在分析教育哲学这里则不能成为一个问题，分析主义者特别是逻辑实证主义者认为，对于人是什么这一问题的回答不在哲学的思考范围之内，而是心理学、社会学思考的问题。相对于传统哲学的形而上思考，逻辑经验主义者更倾向于在行为科学中来寻找人的本质。

分析教育哲学力图通过对教育领域诸多核心概念的考察来培养学生的批判能力，在这一点上，分析教育哲学与批判教育哲学有异曲同工之妙，而且在教给学生掌握推理、分析的工具方面，分析教育哲学显然有着得天独厚的优势，特别是在语言的运用上。但是，分析教育哲学也因为过于重视一些较为细小的问题而备受诟病，他们主张从微观、局部入手研究教育问题。甚至认为，即使一个资质平平的人，也能在研究这样的问题中取得突出成绩。分析教育哲学是比较特别的一个流派，该流派的形成与发展是西方教育哲学发展史上一个具有转向意义的标志性事件，其观点和影响所引起的争议，在特定的阶段丰富并促进了西方教育哲学的发展。

二、分析教育哲学在中国的传播概况

从我们目前收集的资料来看，最早出现在中国的有关分析哲学与教育的文章，应该是在1960年由吴棠翻译的《现代分析哲学和教育理论的关系》一文。这篇文章主要对分析哲学的作用、特点及其对教育的贡献等问题进行了探索。作者毛根拜索在这篇文章中指出，分析对于哲学来说并不是什么新鲜的事，从苏格拉底就开始了。他对当时的分析哲学颇有微词，伟大哲学的成就似乎不限于分析，而目前的哲学家除了分析之外却什么也没有做。[1]在毛根拜索看来，有的分析哲学家缺乏阐明终极目的的才能，因此对这些问题避而不谈，但这并不意味着分析哲学家在探究教育目的和教育手段时没有自己的观点和主张。分析教育哲学将研究的聚焦点集中于概念这一工具，并试图通过概念的分析来改进教育行为。

思想上的模糊会在语言中有所呈现，对于教育研究者来说，尤其要注意对教育术语的使用。在分析主义者的眼里，教育为生活做准备这句话的含义并不明确。当且仅当在限定的意义范围内，才可以说教育是生活的准备。在

---

① ［英］毛根拜索.现代分析哲学和教育理论的关系[J].吴棠，译.现代外国哲学社会科学文摘，1960(5)：4.

毛根拜索看来，分析哲学的研究领域主要有三部分："一是注重普通的语言，二是注重分辨科学知识性质的梗概，三是用特创的术语分析传统的哲学概念。"①遗憾的是，这三个领域之间没有很好地进行融合，其研究成果彼此孤立甚至互相轻视。总体而言，分析哲学对教育理论的贡献主要是间接的，它不能直接告诉教育家运用语言的规则和提出教育理论的具体形式，但它有助于教育家更为清楚地阐明教育、教学、训练、才能等具体概念的含义。就此而言，分析哲学与教育研究的结合将有助于教育理论的创造和对教育问题的分析。

瞿菊农在《当代资产阶级教育哲学》一书中翻译了白恩斯和白劳纳合编的《教育哲学》部分章节，其中就有谢弗勒的《分析的教育哲学导论》。20世纪70年代末期，国内引进分析教育哲学的主要作品有奥康纳的《教育哲学引论》（摘译）、奈勒的《教育哲学导论》和《教育学基础》（摘译）、普特拉的《分析的教育哲学：历史的观点》等。索尔蒂斯的《论教育哲学的前景》、麦克莱伦的《教育哲学》、赫斯特的《教育理论及其概念基础》（摘译）、T.W.穆尔的《教育理论的结构》、卡尔的《教育理论与教育实践的原理》等。②

1987年7月27日—7月30日，英国科学哲学家柯恩访问西安，并在西北大学做了两次学术演讲，其中的一次演讲主要围绕分析哲学是否有统一的学术观点、统一的研究方法、统一的问题等内容进行了探讨。柯恩指出，对于不同的分析哲学家基于何种原则实现了统一，可能会有以下三种不同的观点："一是共同拥有一种学说，二是有不同的学说但使用同样的研究方法，三是有不同的观点和研究方法，但是具有共同的研究问题。"③就第一种而言，部分分析哲学家反对二元论的观点。在分析哲学家眼里，价值判断无关真假，正是因为这一点，人们也将这部分分析哲学家称之为逻辑实证主义者。随着分析哲学的发展，他们对宗教、命题的真假等问题的看法都各有不同。因此，分

---

① [英]毛根拜索.现代分析哲学和教育理论的关系[J].吴棠,译.现代外国哲学社会科学文摘,1960(5):7.

② 王海涛.分析教育哲学在中国[J].宁波大学学报(教育科学版),2010,32(5):7-11.

③ [英]J·柯恩.分析哲学是什么?[J].邱仁宗,译;刘伟,整理.西北大学学报(哲学社会科学版),1988(1):72.

析哲学家的观点并不具有统一性。柯恩在这个演讲中进一步指出，对于分析哲学家来说，他们所关心的问题具有一致性，如对怀疑论、悖论、主观与客观的思维方式、意义、逻辑、数理哲学等问题的思考与分析，也就是说，分析哲学的统一更多地体现在讨论问题的一致性，而非具体观点的一致性。至此，分析教育哲学家并不拥有相同的教育观点也就不难理解了。

三、分析教育哲学在中国的研究聚焦

分析教育哲学在我国的传播和研究内容主要聚焦在以下几个方面：一是关系性研究。如分析哲学、分析教育哲学与现象学、后现代主义、亚里士多德哲学等内容的比较研究。在意向这一领域，相对于分析哲学来说，现象学的独特发现是意向的相关性，但是要想更为深入地认识心与物、人与世界的关系，仍然需要现象学与分析哲学的共同努力。[①]也有观点认为："后现代主义与教育分析哲学并非相互对立，两者反而可以相辅相成，发展出教育哲学的新取径。"[②] 有研究对英国教育分析哲学的代表性人物彼得斯、赫斯特与亚里士多德之间在理论上的承继关系进行了分析，指出二者分别在道德教育和实践智慧方面部分地借鉴了亚氏的观点。[③]尽管分析哲学的清思和研究方法对教育研究做出了一定的贡献，但是也有研究者认为："分析哲学没有正视思维与存在之关系这一哲学的根本问题，它将知识的真假对错简单地归结为知识的对象现实与否，表现了实证主义的历程。分析的目的不在于建立一个新的教育哲学体系或某种新的教育哲学的'主义'，它旨在帮助人们更好地理解各种思想的意义。"[④]

二是对分析教育哲学发展历程的整体性梳理及评价。国内研究者基于不

---

① 毛红玉.分析哲学与现象学中"意向性"的不同内涵[J].海南大学学报(人文社会科学版)，2017,35(4):100.

② 王嘉陵.教育分析哲学与后现代主义之折冲[J].山西大学学报(哲学社会科学版),2017,40(5):75.

③ 苏永明.教育分析哲学从Aristotle学到了什么？[J].山西大学学报(哲学社会科学版),2017,40(5):64-69.

④ 陆有铨.分析教育哲学述评[J].山东师大学报(社会科学版),1987(5):43.

同国别和代表性人物开展了相关研究，如对英国、美国分析教育哲学的梳理，对奥康纳、彼得斯等人所持观点的分析。20世纪初，伴随着自然科学的发展与进步，逻辑实证主义的影响日益增加，科学的方法、经验材料的证实更加重要，本体论、认识论、价值论、道德论等有关形而上学的探索则显得无足轻重。但是逻辑实证主义的优势地位并没有一直持续下去，到了20世纪中期，人们意识到语言、概念的分析与使用也同样重要。于此，语言分析哲学开始发挥自身的作用，在20世纪六七十年代处于兴盛时期，到了80年代则面临发展的困境。分析教育哲学试图通过对教育基本概念和命题的清思，追求一种更有意义、更富成效的教育。分析教育哲学并不同于永恒主义、要素主义等流派中的某种主义，而是一种研究教育的方法。分析教育哲学的弊端在于：它在强调语言分析作用的同时，却没有在自己的言说中为价值和道德留下立足之地。

分析哲学家认为，如果认为教育哲学相对于教育领域其他学科具有统领性和基础性，那么会导致以下两种弊端："一是简单地将哲学前提移植于教育研究，但无法解决实际问题。二是从不同立场的哲学体系抽取'合理内核'拼凑成一个折中的体系，但缺乏严格的组织结构和科学论证。"[①]1957年，奥康纳的《教育哲学导论》出版，奥康纳在这本书中首次质疑现代教育理论研究的可靠性，拉开了将语言分析哲学应用于教育研究的帷幕。彼得斯与赫斯特在20世纪六七十年代推波助澜，迅速扩大了分析教育哲学的影响。分析教育哲学能够在众多流派中独树一帜，部分原因在于这一流派秉持价值中立的立场，以一种相对客观的分析方法对教育领域的基本概念及任务进行解释和说明。这一特点也为后来人们质疑分析教育哲学埋下了伏笔。

三是分析教育哲学在教育中的应用及影响。具体包括基于分析哲学对教育理念、教育学语言和概念的分析，分析教育哲学的教育观、知识观、课程观、教学观、方法论的影响，以及在分析教育哲学的视野下探究高职改革、教学研究等。

---

① 李玢.分析教育哲学的兴起和面临的困境[J].华东师范大学学报(教育科学版),1991(4):48.

英国分析教育哲学的基本特点在于："它与分析哲学共进退的本土性、与教育改革相联系的实践性以及与分析方法相结合的工具性。鉴于其影响的衰退与困境，与欧陆哲学进行对话、与传统教育哲学进行融合、对公共教育哲学进行研究是未来英国分析教育哲学的走向。"[①]如怀特等人创办的《冲击》杂志，致力于对教育政策的哲学分析，试图与管理部门及一线教师展开对话，反映了分析教育哲学关注教育实践的发展趋向。尽管分析教育哲学的出现被视为西方教育哲学发展历程中的转向，但因其忽视了对教育历史、现状，以及新问题的研究，仅仅围绕名词、概念做文章，最终陷入困境。

四是分析教育哲学代表性人物及其观点的研究。分析教育哲学中的逻辑实证主义流派主要以哈迪和奥康纳为代表，日常语言哲学主要以彼得斯、赫斯特为代表。在奥康纳看来，教育哲学重在批判、分析教育语言，以寻求确证性的知识。作为有着逻辑联系的系列假设，教育理论应该对教育制度、教育改革进行解释，并发挥对二者的改进作用。在他看来，心理学及相关学科构成了教育理论的分析基础。赫斯特则持不同观点，认为教育理论也可借鉴哲学、历史和道德等方面的知识。彼得斯则认为，教育概念的逻辑前提应是分析的主要内容，以避免因误用语言而引发争论。

四、分析教育哲学对中国教育哲学研究方法的影响

西方教育哲学流派在研究方法上存在范式的转换：一种是观察视角和分析前提的转换，对于一个新出现的教育哲学流派来说，这种转换既是对以往教育哲学流派观点的证伪，同时也是对自身观点的证实。分析教育哲学更多的是倾向于一种哲学的方法而非系统的哲学。无论是在学科的创建层面，还是在思想创生的维度，分析教育哲学的发展都与西方哲学的发展息息相关。怀特与赫斯特认为："20世纪80年代以来，分析教育哲学已经不折不扣地成为西方哲学传统中的一部分。当前，分析教育哲学的主要任务就是认真地对学

---

① 李贤智,杨汉麟.英国分析教育哲学的发展与走向[J].外国教育研究,2008(10):1-5.

科内部的根本问题进行重新评价和修正。"①

（一）基于日常语言分析基本概念

语言的分析转向，意味着由重视绝对性的知识和真理转向对基本概念的澄清和分析。维特根斯坦认为，哲学上对真和意义等命题进行探究的结果，带来的不是精神的解放而是对精神的约束。因此，与其思考意义是什么，倒不如追问意义的解释是什么。在他看来，对某一个特定名词意义的解释与其使用环境和语言结构密切相关。爱德华·摩尔关注的是日常语言和哲学常识，而罗素所重视的是科学、数学和规范的语言，他更加注重对逻辑实证主义和形式主义分析方法的运用。在罗素看来，语言在生活中占据极其重要的地位，因此必须力求语言的清晰、准确。为此，他试图通过逻辑分析法追求一种规范性、精确性的逻辑语言。罗素认为，哲学应该突破综合与封闭的系统，通过分析解决存在的问题，进而获得明确的意义。

对于维特根斯坦等分析哲学家而言，哲学存在的目的不是为了改变世界，而是使世界更加清晰。分析教育哲学家与传统教育哲学家的观点冲突是显而易见的，前者认为后者的概念不清晰，而在后者看来，分析教育哲学忽视甚至无视生命、精神、道德等问题。罗素认为，对生命等问题的研究很重要，但从分析哲学的观点而言，它们却并不属于哲学的世界。基于这一点，罗素甚至认为教育哲学的工作要么囿于价值观的局限，要么对理论和实践的发展都意义甚微，归根结底于教育基本没有太大的益处。事实上，就分析哲学本身而言，分析这一行动并不是穴外来风，它是基于特定条件而产生的。分析哲学家似乎很难保持中立，其分析行动也带有一定的动机。尽管他们试图将自己的价值观与自身的分析区别开来，但是当他们想表达自己对一个特定问题的观点时，显然会有一定的主观倾向蕴于其中，这就使得分析哲学家的这种努力呈现出一定的非中立色彩。

对于分析教育哲学家而言，他们排斥将自己的哲学进行系统建构，在他

---

① ［英］帕特里夏·怀特,保罗·赫斯特.分析传统与教育哲学:历史的分析[J].石中英,译.教育研究,2003(9):18.

们看来，哲学的意义是通过使用明确清晰的语言来澄清概念，借以解决人类理解上的困惑，除此之外别无目的。在他们看来，需要运用分析方法来研究教育哲学的核心问题。比如，当分析哲学家对教学这一概念进行分析时，就认为教师在开展教学活动之前，应对学生所处的学习困境加以了解。人们在运用分析的方法特别是罗素所强调的分析方法时，应该将生动的教育现实、个体的情感与主观偏好弃置一旁。显而易见的是，在教育领域中，我们不可能将教育情感、意志等非理性因素完全排除在外。因此，尽管对教育领域基本概念、基本问题的清思与分析至关重要，但是这一方法显然不能体现教育研究的独特性，也无法满足教育研究的价值诉求。

当我们提出教育是什么这一问题时，我们所探究的是一种本体性或者理想性的教育应然状态，而分析教育哲学家关注的是回答这一问题涉及的语义群是什么。分析教育哲学重点关注的是对教育概念，以及各种陈述之间关系的澄清，但并不为教育实践的合理运行提供指导。分析教育哲学的工作在起到清思作用的同时，它在语言分析上的优越感也引起了其他学者的质疑，这种质疑甚至来自分析教育哲学者自身。艾德尔就认为，分析与经验、规范的泾渭分明并没有对分析本身产生积极的作用。仅仅关注日常语言对世界真实性的揭示是远远不够的，还应该关注语言背后特定的历史和文化情境。为此，分析教育哲学需要将经验、规范等方法与分析方法结合起来运用。

总体来看，分析教育哲学的分析本身具有启发性，引导人们突破语言的迷宫并发现事物的本来面目，试图通过分析发现教育语言的逻辑结构，进而在教学层面和行为目标层面实现概念一致与逻辑一致。整体而言，分析教育哲学的清思主要集中在以下几个方面：一是对教育、知识、学习等基本概念的分析，二是对教师权威、课程内容、学生权利等延伸性概念的分析，三是对智力、兴趣、动机、需要、公民教育、道德教育等心理学、社会学、伦理学学科相关性概念的分析，四是对教育理论、教育政策等方面的分析。

有些分析教育哲学家主张不仅要对教育领域的基本概念进行分析，而且要明确教育知识的合理性标准，以结束不同教育哲学流派之间的纷争。"达到目的的程序是方法。教育内容也是达到目的的程序的一部分，所以内容和方法相互联系。"①彼得斯以对知识形式的探讨为出发点，不仅对教育概念进行分析，而且还对教育实践的客观需求和合理性进行探究，并对作为学习和教育之基础的心理研究进行哲学层面的反思。20世纪50年代以后，分析教育哲学又被视为对行动发挥指导作用的领域或者是基于规范伦理学的实践，其知识观对教学批判精神也产生了一定的影响。对于分析教育哲学家来说，教学必须明确所教知识的种类，提醒人们关注获得知识的有效方法，以及知识自身的价值。分析教育哲学的知识观之所以能够引发教学的批判精神，就在于教师对所教知识的批判性思考。②

分析教育哲学家已经意识到，学生深受各种方法的影响。对于一般的教育研究者而言，关注的是学生应该读什么书、为什么要读这些书，学习意味着什么、为什么要学习，但对于分析教育哲学家而言，关注的则是"读""学习"这些词语本身意味着什么。分析教育哲学试图在批判、分析概念的过程中，使学生学会如何进行批判，但这并不意味着教育目的充分完满实现。因为教育哲学不仅要澄清概念，还要解决问题；不仅要有清晰的论证、深刻的分析，还要关注教育理论的经验性、规范性。总之，在分析教育哲学家这里，分析是一种持续性的活动，它不能得出普遍性、全面性的结论，而是力图获得清晰的原则和共识。需要注意的是，这些结论、原则和共识并不是分析活动的出发点，而是其目标。

教育哲学构建教育理论的功能是分析教育哲学家所反对的，他们认为教育实践的意义不能从特定的哲学理论得出，因为二者之间并没有直接的对应关系。同一种类型的教育实践可能来自不同的教育理论，同一种教育理论也有可能导致不同的教育实践结果。在分析教育哲学家看来，对于持有同一种教育哲学观的两个人来说，也有可能在课程内容、教学过程等具体问题上无法达成一致性意见。因此，分析教育哲学家认为，对于教育者来说，选择一种特定的教育哲学似乎没有人们想象的那么重要。

①　张栗原.教育哲学[M].福州:福建教育出版社,2008:29.
②　王涛.分析教育哲学知识观对教学批判精神的影响[J].浙江教育科学,2007(1):28-30.

（二）基于分析方法澄清教育目的

分析教育哲学家十分重视语言及其背后的潜在力量，相对于教育者所开展的实际教育行动来说，分析教育哲学家所追求的是清晰的表达。在他们看来，教育思想的呈现取决于对语言的运用。无论是教师还是学生，都需要对教育内容、学习内容进行价值判断和批判检验。

就教育目的而言，在分析教育哲学家的眼里，当有意义的活动与教育相伴而生时，就可以认为教育实现了自己的目的。因此，他们拒绝对教育目的做出规定性的陈述。彼得斯甚至认为，当教育目的都遵循一个普遍的准则时，对它的讨论则显得十分令人费解且可笑。对教育是什么、教育目的是什么做出规定性的价值表达，并不是分析教育哲学家要做的工作，他们的兴趣点聚焦于教育者的语言风格和语言的运用，看重的是词语的意义及用法。

尽管分析教育哲学家在主观上拒绝价值预设，但在客观上还是无法避免这一问题。如彼得斯在分析教育的含义时，认为人们应考虑以下问题："教育不仅仅是专门的技能，因为教育要发展人们推断问题的能力，要证明教条、信仰和行为是否正当，既要知道什么是什么，也要知道为什么；教育不仅仅是具体的知识，它还要发展个人认识事物的视角，充分发展人们道德上的判断力和美学欣赏力。"[①]

分析教育哲学的贡献就在于：引导人们清晰明确地使用概念。分析教育哲学家认为，只有当人们谨慎恰当地使用语言时，语言才能成为表达、传播思想的有力工具。如果语言被误用，就会使思考变得无效且无意义。为此，教师一方面要熟悉语言的使用规则和用法，另一方面要培养学生正确运用语言的能力，使之成为一个好的阅读者和好公民。从这一点上来看，分析教育哲学家实际上也是有一定价值倾向的，不可能完全脱离价值倾向进行选择，将自己置于价值真空之中。对于学生来说，对语言的误用和模糊会带来思想的问题，学习语言是为了更准确地描述生活并为之进行意义的辩护。因此，

---

① [美]奥兹门,克莱威尔.教育的哲学基础[M].石中英,邓敏娜,等译.北京:中国轻工业出版社,2006:282.

分析哲学在教育哲学研究领域的运用，重点不在于形成系统的教育哲学流派或理论体系，而是如何在教育的过程中使用更具意义、更加清晰的语言。在这一点上，后现代主义者虽然承认分析教育哲学做出的贡献，但他们同时也看到了分析教育哲学家因为执着于语言而导致的局限性。

分析教育哲学家试图重新定义哲学的工作，他们认为，分析方法在教育领域的运用有助于澄清教育活动中的基本概念，而不是像规范教育哲学那样夸夸其谈，去追求那些终极性答案和绝对性结论，还不能解决实质问题。这样的观点也遭到人们的质疑，因为在人类的生存空间中同样需要宏大叙事和乌托邦意义上的空想，而哲学恰恰提供了这些。"尽管分析哲学家避免规范性和潜在的假设，但总的看起来，分析哲学家有他自己潜在的假设或规定。"①那就是使用精确性语言和严密的逻辑工具，分析教育哲学家的问题就在于他们将这种追求视为目的本身，而不是实现某种用途的工具。

分析教育哲学之所以受到人们的批评，一方面，是因为这一流派在分析的过程中较为重视语言问题，但是这并不能完全代表哲学问题。方法的合理性都有各自的限度，如果只注重语言的分析，不仅会使哲学失去存在的合法性基础，也使其对教育哲学的分析无所依归。另一方面，分析教育哲学聚焦于概念分析的同时也使自己远离了教育的基本问题，没有对教育中的价值问题、道德问题给予应有的关注，从而排除了价值论和社会哲学中的一些问题。随着教育问题的出现和教育观念的变革，即便是在分析教育哲学内部，也有人认为教育哲学应该以高尚的心灵去追求教育的价值和意义。

正如我们对什么知识最有价值、谁的知识最有价值这一问题的拷问一样，面对分析教育哲学，我们同样需要追问，谁的概念正在被分析。分析只能为概念的正确使用提供相对意义上的普遍性，这种普遍性会随着具体情境的变化而变化。对一些教育理论和教育问题的分析需要从更为广阔的视野和框架内进行，而不能先入为主地认为，经过语言分析的概念就具有正确性和恰当性。这也反映出，专注于逻辑和语义分析，忽视甚至无视综合性、规范性方

① [美]奥兹门,克莱威尔.教育的哲学基础[M].石中英,邓敏娜,等译.北京:中国轻工业出版社,2006:288.

法的分析教育哲学，其原有的立场正在发生改变。他们也认识到，除了对意义和概念本身的分析以外，二者赖以存在的背景和社会性同样重要。因此，到了20世纪80年代，分析教育哲学继续发展的活力来自对一般哲学的借鉴与运用，而不是其本身。

分析教育哲学家在一些问题上的看法将他们自己置于困境之中，谢弗勒曾对"关联性"一词进行分析，试图指出人们对该词的误用，但最终的结果是不仅没有解决这个问题，反而使问题更加复杂了。在谢弗勒看来，对关联性的探究并不是教育的研究范畴，而是属于社会学、物理学等其他领域应该关注的问题，这显然不符合教育的发展实际和研究的应有之义。分析教育哲学家试图通过对基本概念的清思来终结不同教育哲学流派之间争论的目标并没有实现。在分析教育哲学的世界中，为分析而分析，难以得出有意义的结果，人们也无法看到教育的规范性和应然性。对道德和价值的忽略、方法的缺陷，以及语言分析的烦琐，导致分析教育哲学的影响日渐式微，渐渐失去了往日的吸引力。但是，分析教育哲学家基于一种理性的批判所做的清思工作，恰恰为不同学者之间的理解与交流创造了基本前提，在教育哲学的大千世界中展现了自己独特的一面。

第二节　悬置与还原：现象学教育哲学的影响

现象学教育哲学在中国传播伊始，是以现象学教育学的形态出现的。我们之所以在教育哲学的意义上来梳理现象学教育哲学的传播，一方面，与教育哲学知识体的指代形式有关；另一方面，也是在元研究的层次上对其进行回顾和反思。

一、现象学教育哲学的理论基础与主要观点

对现象学教育哲学的理解，需要走进现象学的发展历程追根溯源。作为

20世纪最有影响的西方哲学流派之一，现象学以其独特的研究方法产生了极其深远的影响，其影响领域不仅关乎哲学本身，也涉及美学、文学、心理学、教育学等多个领域。作为一个同名不同质的学派，现象学起源于哲学底蕴深厚的德国，代表性人物胡塞尔、海德格尔、萨特、梅洛·庞蒂的理论风格各异，如海德格尔也被称为存在主义者。及至进入教育研究领域，盛行一时的现象学教育学的代表人物如兰格威尔德、范梅南等人，在现象学这面旗帜下也有着不同的关注点。

"现象学"一词来源于黑格尔，当密涅瓦的猫头鹰在黄昏起飞时，不仅反映了理性和沉思的价值，或许也可意指这位唯心主义哲学家的大器晚成。黑格尔的精神现象学因思辨性和体系性而广受重视，同时也因为这一特点受到了胡塞尔的质疑。在现象学家看来，只把自然科学的描述视为真实的看法是错误的。一支笔、一张纸不仅仅是原子的集合，它们还有着源于自身及其背景的丰富性与多样性。与日常语言分析哲学流派相比，在现象学的世界里，自然是现象而非语言占据中心，它所强调的生活世界在认识论上占据着优先地位。对于现象学来说，不仅要描述不同的现象和具体的情境，而且还要发现构成意义的因素。在现象学的视域内，对本质的认识需经由以下三种途径：一是悬置，意指把所要认识对象的前置印象、外缘条件暂时搁置一旁，使对象自身能够清楚地得以呈现；二是运用自由想象法做出判断；三是借助还原法将所要认识对象的本质置于具体情境中，以便获得真相。

现象学可以从两个方面去理解：一是作为哲学的现象学，二是作为方法的现象学。"如果说作为哲学的现象学主要显示为主体主义现象学或观念论、唯我论现象学。那么，作为方法的现象学主要呈现为描述现象学和解释现象学。后者由前者派生，描述现象学以主体主义的立场描述人的意识及其内在发生，解释学现象学则是以主体主义的立场去解释文本。"[①]从以上论述可以看出，主体主义现象学彰显的是主体性的立场和意蕴，描述现象学重视的是对意识发生过程和意识体验的描述，解释现象学则是基于主体性强调主见、偏

---

① 刘良华.西方哲学："生命·实践"教育学视角之思[M].上海：华东师范大学出版社，2015：173.

见在揭示文本意义中的重要作用。它试图把超验性认识与直接性认识、认知与非认知一体化，通过人与自身、人与他人、人与世界的关系阐明行为背后的意义，使这种意义得以凸显并能够为人们所理解。基于上述观点，也就不难理解为什么现象学能够对教育哲学的研究产生深远的影响。当然，我们可以做如下设想，现象学可能对任何一个领域都会发挥方法层面的作用，但教育哲学的独特之处就在于：它不但与人的主体性有关，更与人之为人的情感体验、生命体验和生活世界须臾不可分离。现象学教育哲学进一步引发了教育研究者对自己、对学生生活世界的独特体验和认知。

20世纪40后代后期，荷兰乌特勒支大学的兰格威尔德等人运用现象学的理论与方法研究教育问题。作为胡塞尔的学生，同时也是乌特勒支学派的代表人物之一，兰格威尔德关注儿童的生活境遇及其体验。他在《简明理论教育学》《儿童生活的隐秘世界》《儿童世界的事物》等著作中研究了儿童成长之路的具体场景、生活实践及亲子关系、师生关系等，他甚至将自己的教育学称为家庭、厨房的现象学教育学。是谁来自山川湖海，却对家庭与厨房中的教育学情有独钟？这样的现象学教育学，无疑具有了一种极接地气的亲切感。

20世纪60年代末，由于北美行为主义和德国社会批判理论的影响，现象学的发展面临着意识形态和社会的双重压力，使得德国的现象学教育学运动和荷兰的现象学一度陷入低潮。20世纪70年代，加拿大阿尔伯塔大学的范梅南等人进一步推动了现象学在教育实践领域的运用，而且还创办了专门的学术期刊《现象学与教育学》，使这一领域的研究有了更为专业的学术交流平台与科研阵地，阿尔伯塔大学也因此成为现象学教育学的研究重镇。"哲学传统在很大程度上是以否定的方式亦即拒绝其他传统来界定自己的。现象学对自己的界定是，一方面反对心理学主义的思想家，另一方面反对新康德主义。"[①]在此意义上，可以说对现象学的理解，关系对20世纪西方哲学其他流派的认识和理解。正是由于兰格威尔德、范梅南等人的探索，现象学教育哲学才在

---

① ［英］M.库什.哲学与知识社会学(续)[J].闲云,译.哲学译丛,2001(4):65.

众多的流派中独树一帜，对教育哲学的发展产生了深远的影响。

德国海德堡大学校长克里克运用胡塞尔现象学的本质分析方法探究教育科学，推动了教育学科学化的进程。到底什么是现象学研究呢？范梅南对现象学的哲学概念做出了自己的理解。范梅南认为："教育现象学是一门探究教育生活现象及其体验的学问。它以日常生活为原点，让我们始终对教育的生活世界和生活体验保持一种敏感，保持一种好奇之心。它驱使我们去探究日常生活体验的教育意蕴。"[①]按照范梅南的观点，教育现象学之所以在人文社会科学领域产生广泛影响，在于它将显性课程与隐性课程、课堂内外的生活世界、教学与教育、教师工作的技术层面与教师的实践智慧、现象学哲学的理论与现象学的方法兼而重之。这样的教育现象学不仅凸显了教育的人文精神和对学生的生命关怀，同时也增加了教师对生活的敏感性，以及随之而来的教育机智。这种教育机智赋予了教育现象学独特的教育情怀和教育追求，那就是不仅通过知识与儿童发生联结，更重要的是要用教育之心走进儿童的生活世界，感受他们的感受，体验他们的体验，尊重儿童作为个体的独特性和可能性。

二、现象学教育哲学在中国的传播概况

对现象学哲学的引进，最早可以追溯到张东荪等1922年发表的《新实在论的论理主义》一文。在这篇文章中，张东荪等认为："胡塞尔的'纯粹现象学方法'是以为哲学应当抛弃一切'立场'，以无立场为立场乃是哲学的本务。我们果真取胡氏此说，我们必定可以说新实在论不是哲学，因为新实在论先设立有科学兼常识的立场，就这个立场架起他们的高楼大屋来。"[②]

1926年，《教育杂志》第18卷6号的栏目新刊中介绍了日本学者由良哲次的《纯粹现象学的概念》一文。1929年，杨人楩在《教育杂志》上发表了《现象学的教育思潮》。蒋径三出版的《西洋教育思想史》（1931年，商务印书

①　[英]马克斯·范梅南，李树英.教育的情调[M].李树英，译.北京：教育科学出版社，2019：155.

②　张东荪，等.新实在论的论理主义[J].东方杂志，1922，19(17)：34.

馆）一书中有一节介绍了现象学派的教育思潮。[1]

1940年，孙邦正在《现代西洋教育思潮鸟瞰》[2]一文中，对自然主义的教育、社会本位的教育、人格的教育、艺术的教育、实验的教育学、民本主义的教育、文化的教育学、现象学的教育和唯物主义的教育等思潮进行了概括性介绍。

林砺儒的《教育哲学》（1946年，开明书店）一书也有现象学派之修正的内容。1966年，定扬翻译介绍了在美国威斯康星大学举行的现象学和存在主义哲学会第四届年会的有关内容，会议围绕关于现象学和社会的一些考察、心的概念和意识的概念、现象学和人工理智、异化和社会作用、作为心理治疗家的现象学家、社会异化等问题做了相关报告。[3]

前已述及，从教育哲学知识体存在的角度来看，已有学者对现象学教育学在中国的传播历程进行了全面系统的研究，将其划分为三个阶段：第一阶段为1928—1948年，在此期间共有7篇介绍现象学教育学的文章（详见下表），呈现出传播者分散、传播内容主要以德国为主、传播载体以杂志为主且著作较少、影响小的特点；第二阶段为1949—1979年，在此期间由于政治形势的影响，现象学教育学传播受阻；第三阶段为1980年至今，呈现出传播队伍壮大、内容较为丰富、方式多样化、影响广泛的特点。[4]1987年，李立绪在《教育研究与实验》上发表《存在主义和现象学对美国教育哲学的影响》一文，强调通过引入现象学方法，研究儿童的生活世界和教育现象。[5]

[1]　侯怀银.德国教育学在中国的传播和影响[M].北京：商务印书馆，2018：198-199.
[2]　孙邦正.现代西洋教育思潮鸟瞰[J].教育心理研究，1940，1(2)：49-57.
[3]　美国现象学和存在主义哲学会第4届年会简况[J].定扬，译.现代外国哲学社会科学文摘，1966(1)：29.
[4]　侯怀银，等.德国教育学在中国的传播和影响[M].北京：商务印书馆，2018：200-205.
[5]　李立绪.存在主义和现象学对美国教育哲学的影响[J].教育研究与实验，1987(1)：63-68.

序号	时间 / 期数	期刊	文章名称	作者及译者
1	1928,1（5）	《交通教育月刊》	何谓教育现象学	［日］渡部政盛，白毓森译
2	1929,2（9）	《河南教育》	现象学派之教育思潮（附表）	吴家镇
3	1929,21(8)	《教育杂志》	现象学的教育思潮	杨人楩
4	1932,29(4)	《东方杂志》	现象学者谢勒尔的教育观	蒋径三
5	1936,6（9）	《教育研究》	现象学的教育思潮之究明与批判	雷通群
6	1939,1（1）	《教育月刊》	现象学派的教育哲学解说	郑执中
7	1939,1（4）	《国立中央大学教育季刊》	现象学的教育家克里克之思想	许本震

20世纪80年代以后，特别是进入21世纪以来，现象学日益引起国内学者的重视。现象学的著作陆续被引介到国内，如胡塞尔的《现象学与哲学的危机》《纯粹现象学通论：纯粹现象学和现象学哲学的观念（第1卷）》《现象学的构成研究：纯粹现象学和现象学哲学的观念（第2卷）》《现象学和科学基础：纯粹现象学和现象学哲学的观念（第3卷）》《内在时间意识现象学》《欧洲科学的危机与超越论的现象学》，舍勒的《哲学与现象学》，洛伦·巴里特、托恩·比克曼等人的《教育的现象学研究手册》，施皮格伯格的《现象学运动》等著作先后在国内翻译出版。2011年，张祥龙的《从现象学到孔夫子》（商务印书馆）、李革新的《走向精神与生命的融合：舍勒的人格现象学研究》（同济大学出版社）出版。2018年，倪梁康的《中国现象学与哲学评论》（上海译文出版社）等书籍相继出版。

现象学哲学在国内的传播也推动了现象学教育哲学的传播与研究。随着国际性学术交流和对话的开展，关于现象学教育哲学的引介性传播和研究性传播明显增多。在现象学教育哲学的传播方面，2003年，范梅南的《生活体验研究：人文科学视野中的教育学》（宋广文等译）一书由教育科学出版社出版，2016年7月重印。该书主要围绕现象学实践与写作、如何关注人的生活体验、语言之于人文科学研究的作用，以及生活故事在现象学写作方法中的应用等问题进行了探究。范梅南在这本著作中写道："在六十年代，教师教育中占主导性的研究方法在德国叫人文科学教育学，在荷兰则叫做现象学教育学。前者的传统方法是解释学的，而后者则更富有描述性特点或现象学取向。"[1]在他的这本著作中，则兼顾了两种传统的内容和特点。

2004年，范梅南来中国开展学术访问与交流。2014年，《教学机智：教育智慧的意蕴》《儿童的秘密：秘密、隐私和自我的重新认识》（与荷兰学者巴斯·莱维林合著）这两部著作均由教育科学出版社出版。范梅南认为，秘密是人生成长的关键所在。教师应关注儿童的内心世界，在其成长过程中给予理解和支持，帮助儿童形成正确的自我意识和自我认知，使人们重新认识秘密在儿童成长过程中的重要性。

2018年，范梅南的《实践现象学：现象学研究与写作中意义给予的方法》（教育科学出版社）在中国翻译出版，并入选中国教育新闻网2018年度"影响教师的100本书"。在这本书中，范梅南在梳理现象学思想传统的基础上，对一些主要的现象学作品进行了介绍和分析，有助于相关研究者进一步理解现象学的独特性和研究方法。

2019年，范梅南与李树英合著的《教育的情调》（教育科学出版社）一书出版，该书入选了中国教育新闻网2019年度"影响教师的100本书"和《中国教育报》"受教师喜爱的100本书"。在这本著作中，范梅南用教育现象学的视角，通过对现实教育场景的参与式观察和研究，对日常生活中的教育进行了深入解读。旨在引导成人通过换位思考，重新定位自己在儿童教育中的角色，体验儿童的真实处境，能够真正看见儿童、发现儿童，将儿童从成人的管制和束缚中解放出来。作者通过一个个生动教育故事的展现，带领教师也包括父母在内的教育者走上了一段寻找教育情调的生命成长之旅。

从国内学者的研究情况来看，除了对现象学教育学、现象学教育哲学著作的引进和研究外，逐渐拓展到对现象学教育哲学家本人的访谈，以及国际性学术研讨会的召开。2011年，冯荘的《教育场域中的对话：基于教师视角的哲学解释学研究》（教育科学出版社）出版。2012年，王萍的《教育现象

---

[1]　[加]马克斯·范梅南.生活体验研究：人文科学视野中的教育学[M].宋广文,等译.北京:教育科学出版社,2003:前言1.

学：方法及应用》由教育科学出版社出版。2014年，蒋开君的《走近范梅南》一书由北京师范大学出版社出版。2016年，刘强的《课堂提问情境中学生的体验及其意义：一项现象学教育学研究》由重庆大学出版社出版。

2005年，李树英对范梅南进行了访谈，围绕教育学、教育现象学是什么，教育现象学的起源与发展、现象学的运用、现象学方法的运用等问题，以及关于《儿童时代的秘密》《教育的机智》《生活体验研究》的主要内容进行了对话交流。[1]2014年，李政涛访谈了德国教育学家布因克曼，围绕教育现象学方法论和德国的研究风格等问题进行了讨论。在布因克曼看来，现象学是一门跨学科的学科，它其实并没有自己的研究方法，只有一种思考和研究的风格。他们和范梅南的区别在于，一是不像范梅南那样认为经验/经历是一个整体性的概念，二是范梅南的出发点是经验/经历的语言化、文字化，而他们也重视对图像化手段的运用。[2]

国际性学术会议交流方面，2006年10月14日—10月17日，首都师范大学教育学院举办了以多元世界意义为主题的第一届现象学与教育学国际学术研讨会，中国、加拿大、美国、挪威、以色列、意大利、瑞典、日本等国内外的300多名专家学者参加了会议。会议围绕实践、反思、体验等问题进行了讨论，巴斯·莱维林指出："现象学颠覆了以往的认识论，以'我与世界'取代了'主体与客体'之分。在现象学中，意义由人赋予并提取。在教育学中，成人与儿童的关系基于信任而建立。"[3]

2010年10月14日—10月16日，首都师范大学教育学院举办了以现象学教育学：体验与实践为主题的第二届现象学与教育学国际学术研讨会，中国、加拿大、美国、挪威、瑞典、意大利等国内外的200多名现象学、教育学专家学者参加了此次会议。会议主要围绕现象学理论对教育学的影响、现象学在数字化时代对教育学的影响，以及情感现象学对教师教育的影响等问题进行

① 李树英.教育现象学：一门新型的教育学——访教育现象学国际大师马克斯·范梅南教授[J].开放教育研究,2005(3):4-7.
② 李政涛,林小遐.教育现象学的方法论与德国研究风格的形成：访谈德国教育学家布因克曼教授[J].教育研究,2014(11):137,140-141.
③ 刘洁."现象学与教育学国际学术研讨会"综述[J].教育研究,2007(1):94.

了讨论和交流。这次会议还邀请了研究海德格尔的专家陈嘉映围绕教育学与哲学的关系、当代教育面临的问题进行了深入的讨论。[①]

2015年9月18日—9月20日，首都师范大学教育学院举办了以现象学与专业实践为主题的第三届现象学与教育学国际学术研讨会，中国、英国、加拿大、瑞典、丹麦等国内外的100多名专家学者参加了此次会议，主要围绕现象学之于教育的特有价值、现象学引发的教育思考等问题进行了讨论。范梅南认为："'现象学教育学'同时包含'现象学''教育学'两个主题。作为关于惊奇、语言和世界的科学，现象学帮助人们探索生活世界的意义，以及个人行为与责任的本质何在。作为表达专业追求的一种词汇，教育学关注教育的机智与反思、教育意义以及教育对人性的孕育。"[②]本次会议还设立了现象学与教育基本原理、现象学与教师专业、现象学与生活体验三个分论坛，与会者围绕论坛主题进行了深入的讨论。

2018年10月11日—10月12日，首都师范大学教育学院举办了以现象学教育学的时代际遇：自识与反思为主题的第四届现象学与教育学国际学术研讨会，来自中国、荷兰、德国、英国等国家和地区的80多名研究者参加了此次会议，主要围绕现象学方法论与教育研究、现象学教育学的跨学科对话，以及现象学与学校变革、儿童成长、教师专业、人工智能等问题进行了讨论。10月14日，江苏师范大学教育科学学院（教师教育学院）组织召开了现象学教育学国际高层论坛，会议围绕儿童的秘密，梅洛·庞蒂关于儿童心理学、教育学，以及发展和文化的观点，现象学方法与本土化研究、现象学与教师教育研究、教育现象学与现象学教育学之间的区别等问题进行了讨论与交流。

从四次国际性学术研讨会的主题和内容来看，关于现象学之于教育学的意义与价值，特别是对儿童成长、教师教育等方面的影响一直是人们关注的焦点问题。对教师教育、教育情感体验、教育智慧和教育机智的形成等问题的讨论与交流，有利于中外学者互通有无，及时了解学术前沿动态。在此过

---

① 刘洁.第二届现象学与教育学国际学术研讨会综述[J].教育研究,2010(11):109-110.
② 刘洁.现象学与专业实践——第三届现象学教育学国际学术研讨会综述[J].教育研究,2015(11):157.

程中，中国也逐渐形成了研究现象学与教育学的专业学术团队。这些成绩的取得，既是现象学教育学在中国传播的结果，同时在客观上也推动了国内学者对现象学教育哲学的深入探索。

三、现象学教育哲学在中国的研究聚焦

除了一线教师、教育研究者对现象学教育哲学的关注之外，近年来，部分硕士、博士论文围绕现象学教育学研究的启示、现象学之于教师及教育智慧形成的作用、以现象学教育学为视野对教育语言、教师个人实践知识、知识教育、思想政治教育、体育课程以及学生心理健康教育展开了研究。这些研究主题和论域，反映了现象学教育学所产生的广泛影响和研究队伍的壮大。国内关于这一流派的研究成果主要表现在以下几个方面：一是对现象学教育哲学的发展历程进行梳理。有研究者对这一流派从孕育、产生到繁荣的阶段性历程进行了分析，①从荷兰乌特勒支学派的形成到现象学在加拿大阿尔伯塔大学的发展与超越等问题都进入了国内研究者的视野。②其中，不乏对现象学教育学哲学基础的拷问。有观点认为，从胡塞尔的本质直观理论及其哲学中的先验性质来看，其哲学并不是现象学教育学的理论基础，应对这一问题重新进行思考并予以明确。③对于乌特勒支学派来说，现象学在与教育学的联姻中，它是以日常生活现象学而非哲学现象学出现的，它是一种方法和态度。④

如果以1979—2020年为时间节点，仅以《现象学教育学》为篇名在知网中搜索出相关研究成果84篇，虽不全面，但从中可以大致反映出在此期间这一领域的研究概况。从时间分布来看，进入21世纪特别是在2006年第一届现

① 王萍.现象学:教育现象学的哲学基础[J].华北水利水电学院学报(社会科学版),2011,27(5):162-165;王萍.教育现象学的发展历程[J].河北师范大学学报(教育科学版),2011,13(9):70-74;刘洁.现象学教育学之源:兰格威尔德的现象学教育学思想探析[J].教育研究,2012,33(9):152-157.
② 刘洁.乌特勒支学派的"现象学"与"教育学"[J].比较教育研究,2018(5):76-82;蒋开君.现象学教育学:欧陆与北美教育学的桥梁[J].黑龙江高教研究,2012(11):1-4;蒋开君.现象学教育学的源与流:从乌特勒支到阿尔伯塔[J].教育理论与实践,2011(1):7-10.
③ 麻健.胡塞尔哲学是现象学教育学的哲学基础吗[J].当代教育科学,2016(23):3.
④ 刘洁.乌特勒支学派的"现象学"与"教育学"[J].比较教育研究,2018(5):79-80.

象学与教育学国际学术研讨会召开后，关于现象学教育学的研究呈现出明显的增长趋势。

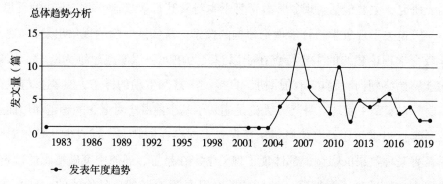

总体趋势分析

从发表论文关键词的分布来看，主要是以现象学教育学为中心，涉及以下三个方面的研究：一是围绕这一流派的核心观点及主要代表人物开展的研究，如现象学、研究方法、生活体验、生活世界、教育/教学机智、教育智慧、教育学意向、兰格威尔德、胡塞尔、范梅南、舍勒等方面的成果，包括对部分现象学著作的探究，以及对范梅南的访谈等。一个流派的传播与影响范围的扩大，与其代表性人物的研究是分不开的。随着现象学教育学研究的"中国热"，国内学者对这一流派的代表性人物范梅南的观点进行了系统梳理和探究。其中，涉及对现象学教育学目的的探究，即解释教育现象，形成教育者的教育智慧。从范梅南现象学教育学的研究内容来看，主要涉及生活世界与生活体验研究、教育意识与教育意向、教师与替代父母、教育智慧与教学机智、儿童的秘密、教师的专业发展与成长等。此外，范梅南的《生活体验研究》《实践现象学》两本著作也引起了我国研究者的关注，从中梳理其思想的发展与变化，思考如何开展现象学教育学研究，如何进行现象学教育学的反思与写作等。

二是以现象学教育学为理论基础，借鉴其视野或者方法展开的研究，如在家庭教育、教师角色、课程开发、基础教育课程改革、教师行动、校长培训、教育机智的生成策略、多元智能理论及应用、高职学生心理健康、英语教师个人实践知识、公共教育教学等方面的研究成果，或者基于现象学视角对其他教育哲学、教育家的研究，如对马克思、恩格斯教育观的研究，对杜威教育思想中的现象学意识的分析等。同时，也出现了关于现象学教育哲学的元研究，主要包括对现象学教育哲学本身及其哲学基础、研究方法的反思。

三是关于现象学教育学理论建构的探索。从实践哲学的视角出发，"现象学教育学理论建构的主要特点在于以意义为单元，以实践思维为线索，使建构能够始终朝向事情本身的原初、直接、丰富和生动的样态，真实参与教育本身并在实践中实现自身"[①]。无论是胡塞尔基于前概念对概念的超越和形而上的科学性追求，还是海德格尔从存在者走向存在的状态，抑或伽达默尔对哲学获得某种效果的强调，都体现了现象学家在悬置、还原中突破概念的规定，进而走向实践的一种路径。这样的路径既是理论展现自身价值的一种方式，也关系现象学教育学作为实践哲学的建构内容，即以意义为单元的理论与实践追求。

需要注意的是，除了现象学教育哲学研究关键词的变化之外，还有围绕教育现象学与现象学教育学进行的比较研究。有观点认为，前者是关于教育的现象学，是哲学的范畴；后者是以现象学为哲学基础的教育学，是社会科学的范畴。二者在学术旨趣、研究方法、价值方面均有差异性，前者重视沉思和描述，主要运用现象学的本质直观、还原、悬置等方法，其价值在于形成对教育更全面、真实的认识；后者的目的在于指导实践，直接或间接利用现象学已有的结论，明确教育实践的方向。[②]

四、现象学教育哲学对中国教育哲学研究方法的影响

悬置和还原作为现象学的基本方法，使这一流派在哲学大家族中独树一帜。悬置是将前见、偏见置于一旁，还原则是走向纯粹意识，试图找到知识的源头所在。悬置是还原得以实现的前提，如果没有悬置，则纯粹意识无法得以显现。还原是回到事物本身，是对基于经验之现象的超越，是一种直接、

---

① 宁虹.教育的实践哲学：现象学教育学理论建构的一个探索[J].教育研究,2007(7):8.
② 荣司平.教育现象学与现象学教育学的分野[J].教育文化论坛,2019,11(4):84-87.

纯粹的还原。相对于传统形而上学中的形式本质来说，纯粹本质是纯粹意识运用理性后的产物，它经由本质直观被呈现给意向体验，是一种实质本质。前者具有形式化的特点，后者则体现了一般性和实质性。随着现象学的兴起与传播，人们越来越重视在特定的情境中探究教育的意义，从而引发了教育研究方法的变革。

（一）通过悬置探究教育本真

悬置是把科学的、宗教的或者日常生活中对世界的看法搁置起来，将已有关于外部世界存在的判断置之一旁。"经过悬置的方法，我们所达到的就是纯粹现象或自身显现的东西"[①]，把不属于纯粹意识的事物排除在研究视野之外，但是悬置并不意味着研究范围的缩小，反而是扩大了，因为悬置让研究者放弃成见与信念，从而真正地面向事物本身。如果将经验事实等同于事物本身，在胡塞尔看来，无疑是陷入了经验主义的囹圄。"现象学还原是要把一切具有预设前提或假定的论断还原为对事物本身的描述。"[②]在胡塞尔看来，意识之所以能够呈现，是先验还原所致。它不是孤立的存在，而是指向一个具体之物，唯有通过纯化才能达至一种纯粹的意识，纯化是一个脱离某种东西、某个状态的净化过程。纯粹是一种离开了经验事实且独立于外部实在的纯粹，在一定程度上体现了其先验的概念。就此而言，纯粹关乎内容，纯化关乎方法。

传统的实证研究推崇普遍性、概括性的真理，这是现象学教育哲学所反对的。从教育本身出发追求真理，探究教育的本来面目，就应暂时悬置对教育的种种偏见和前见。现象学教育哲学所倡导的本质直觉和回归事实本身，为我们体认理解教育及处于其中的生命个体，提供了一种新的研究方法。这种研究方法有助于人们重新思考获取知识的途径，即在具体的教育情境和现实生活世界中去掌握知识，进而在恰当的时刻采取机智性的教育行为。有研

---

① [德]胡塞尔.现象学的观念[M].倪梁康,译.上海:译文出版社,1986:83.
② 张庆熊."朝向事物本身"与"实事求是":对现象学和唯物论的基本原则的反思[J].哲学研究,2008(10):19.

究者在对直观性教学的必要性及面临的问题进行反思的基础上，提出应基于本质直观重新理解直观性教学。"基于现象学视角，直观性教学意味着教师能够以本源性、构成性的方式生动形象地'充实'知识内容的'意义'，重新激活和唤醒知识符号的原初意义，使之能够被学生的意识直接体验到，由此让知识从学生的心中生长起来。"①

随着现象学教育哲学的引进，"生活世界""悬置""意向性""内在经验""教育机智""教育情调"等关键词出现在我国学者的研究视野中，拓展了我国教育哲学的研究内容。一方面，让我们重新审视理论与实践的关系。对生活世界的回归，影响着人们对教育研究的探索和表达，在追寻教育的意义中致力于教育神圣使命的实现。另一方面，也让我们深入思考对教育本质的理解，通过对具体教育情境的亲身体验，力图对所研究的问题进行一种整体性、全景性、本然性表达。现象学教育哲学呼唤人们面向事实本身，关注人的生存及其内心世界，进一步引导教育者关注人的能动性和主体性。探究教育学何以才能回到教育本身，明晰现象学之于教育学的根本意义何在。②

现象学教育哲学的引进与传播，引发了学界对这一流派在教育研究方法方面的深入思考和应用。③它不仅推动了国内学者从新的视角对教育理论与实践问题开展研究、推动教师反思教育教学模式，而且反思教育哲学和教育研究的方法，从质性研究取向和教育哲学方法论的角度来分析教育研究和教育实践。④朱光明、陈向明以康纳利的叙述探究与范梅南的现象学研究两种教育研究方法为例，比较分析了教育叙述探究和现象学研究方法在理论来源、研

① 胡萨.从"感性直观"到"本质直观"：现象学视域中的直观性教学研究[J].教育学报，2023(1)：52.
② 刘炎欣，蔡兆梅.教育学何以"回到教育本身"：一种现象学教育学的省思[J].教育理论与实践，2015(10)：3-7;胡萨.现象学之于教育学的根本意义：追寻教育学成其为"学"的"明见性"依据[J].学习与探索，2011(6)：45-49.
③ 刘良华.何谓"现象学的方法"[J].全球教育展望，2013(8)：43-50;荣司平.现象学影响我国教育研究的三种形态[J].教育科学，2014(3)：18-22;李政涛，林小遐.教育现象学的方法论与德国研究风格的形成：访谈德国教育学家布因克曼教授[J].教育研究，2014(7)：136-143;侯怀银，郭建斌.现象学教育学在中国的传播及其影响[J].高等教育研究，2018(6)：54-66.
④ 朱光明.理解现象学教育学的意义[J].教育理论与实践，2015(28)：3-7.

究方式和文本呈现等方面的差异。[①]

　　现象学对教育研究的影响主要表现在研究程序上，通过去除偏见、运用介入观察和访问等手段获取学生真实的意向性意识、依据自由想象将意识进行分类，在此基础上将分类结果与同类研究、相关性研究进行比较，并开展对照分析以形成结论。[②]有研究者认为，应在当前的教育研究方法论教材和著作中深化现象学方法的研究，通过系统性的理论知识和典型案例研究、科学可行的操作步骤，丰富我国的教育研究方法。[③]这一流派力图在个体的生活世界与体验中追寻教育的意义，重视日常生活中的感性体验，在具体的生活情境中实现体验者与对象之间的互动与开放，主张在生动的教育实践中形成教育机智。这提醒我们在教育哲学的研究中，除了严密的逻辑自洽和分析论证之外，还应该有来自研究者个体和教育生活的丰富体验。

（二）经由还原回归生活世界

　　现象学教育哲学在现象学的统领下，以对生活世界的关注为起点，通过对语言这一符号形式的运用与表达，发挥了描述现象学与解释现象学的功能。特劳特纳认为，现象学之所以是研究教育的合适方法，就是因为它关注生活世界，而教育与现实的生活情境是不可分割的。对于教育来说，没有什么比教育者、受教育者的生活世界更为重要。生活世界不仅关系人们所处的物质环境，更关系人们的精神世界与意义空间。

　　胡塞尔提出现象学这一概念，旨在追求哲学作为一门科学的严格性，把握一般性的本质。纯粹意识是聚焦特定对象的意向性体验，它不仅指向意识行为本身，也指向意识行为的对象，最终让蕴于现象中的本质得以显现。在胡塞尔看来，这就需要运用哲学的观点和思维，运用先验还原的方法直接面对事物本身，使本质以先验、纯粹的形式显现，从而为知识的产生提供坚实

[①]　朱光明,陈向明.教育叙述探究与现象学研究之比较:以康纳利的叙述探究与范梅南的现象学研究为例[J].北京大学教育评论,2008(1):70.

[②]　高伟.教育现象学:问题与启示[J].清华大学教育研究,2004(1):19-20.

[③]　王坤庆,黄盼林.范梅南现象学教育学的方法论特征及启示[J].中国教育科学,2022(5):92.

的基础。如此，哲学也才能真正体现它作为科学的严格性。当科学基于客观主义将世界加以对象化时，不仅忽视了生活的本来面貌，而且是对生活的一种操纵和控制。生活的意义已经荡然无存了，从而导致了人与世界的分离。所以，现象学要关注生活世界。就像他的学生海德格尔所指出的，"返回生活世界是一种态度，观看者最好由'认识''打量'的姿态转换为'欣赏''使用'的姿态"①。

胡塞尔试图按照现代数学建立起严密的科学哲学，经由现象学还原，以自我为出发点，最终回归生活世界。他的先验意识是一种观念性的存在，包括相互依存的意识行为和意识对象，肯定了主体的能动性、构造性，是对意识还原所达到的一种可能性状态。这种先验意识要想找到世界和人类认识何以可能的真相，须从现实性回归可能性。为此，现象学重视对生活体验的探索，探究生活经验和人类生存的意义。在胡塞尔看来，哲学是一个探索变动不居的纯粹意识和生活世界的过程，它不仅为科学奠定基础，也为人生探究意义。相对于终极性的存在和真理来说，对思维方式的学习、对人生意义的追求更为重要。"现象学在方法论上的真正特点在于，强调把握事物的过程同时是一个意义赋予的过程。"②

生活世界是先验现象学中的一个重要概念，借助对这一概念的分析，现象学的先验还原就有了基础和方向，也为探究人的价值和意义提供了根基所在。现象学的研究不是始于别处，而是始于我们赖以生存的生活世界。当且仅当人们对生活世界中所经历事物的本质进行直观反思时，对自我的重塑、对他人和生活的理解才成为可能。生活世界是人们对其体验并加以反思的活动与生存场域，现象学的研究就是要对生活体验的意义进行理解、描述，结合所在社会、文化底蕴和历史传统呈现出生活的意义及结构，使个体切身感知并体验生活，承担起自己应承担的责任，以一种深刻的洞察力使人类自身与世界保持密切而直观的联系。

现象学探索蕴含于人类心灵深处的奥秘，其描述是对原初体验和世界的

① 刘良华.从"现象学"到"叙事研究"[J].全球教育展望,2006(7):41.
② 杨国荣.现象学:哲学进路及其意义[J].哲学动态,2013(1):45.

真实描述，对意识或认识的发生过程及意识的体验进行描述，胡塞尔曾先后提出现象学描述、本质还原和先验还原的方法。"在现象学研究中，研究者并不是要观察自己的思想并对其变化进行描述，而是要求受访对象用自己的语言描述所经历之事，这通常是回顾而不是内省。"[①]现象学教育哲学有多重视回归生活世界，就有多重视语言对经验和体验的表达。现象学运用描述的方式实现对事物的直观，进而去认识、把握事物的本质，以解决实证主义简化思维方式带来的不足。当然，现象学的描述并不是简单的列举，而是在描述意向性的基础上，实现对意义的理解和解释。

范梅南的现象学教育学在实践中探索教育与人的意义世界，开创生活体验、做现象学等教育研究方法论，重塑语言在教育研究与写作中的角色，引领当代教育改革与实践。[②]"现象学的写作就是思考，有体验描述、故事性、诗化语言三种写作，过程主要包括写作、反思、重写三个过程。"[③]可以说，体验既是现象学教育哲学的一种研究方式，也是它特有的一种表达方式。这种对研究和表达的兼顾，使这一流派在研究中非常注重当事人的体验，重视研究者和当事人之间合作关系的建立。这一点对于教育研究来说，尤为重要和弥足珍贵，也使得现象学教育哲学研究结果的表达极富艺术性和感染性，这就在运用具有反思力、洞察力、敏感性的语言，重视开放性的经验等方面对研究者提出了相应的要求。更为重要的是，现象学教育哲学提醒我们，要对儿童的生活世界保持一种高度的敏感性，在与儿童的共处中去理解不同情境的教育意义。在现象学的视域中，个人体验是使个人意义可能性得以充分彰显的前提。范梅南认为，现象学方法在教育研究中的运用，体现了一种独特而重要的生活实践取向和浓厚的人文精神。这一取向将生活世界作为教育研究的起点，它关注师生的生活体验，有助于教育机智的形成和应用。

面对教育实践，实用主义教育哲学关注哪些课程内容和教学方法更具实

① ［美］洛伦·巴里特，［荷］托恩·比克曼，［荷］汉斯·布利克，［荷］卡雷尔·马尔德.现象学研究：批判与回应[J].刘洁，译.教育研究，2009(11):45.

② 王坤庆，黄盼林.范梅南现象学教育学的方法论特征及启示[J].中国教育科学，2022(5):84.

③ 杨海燕，张鲁宁.论现象学教育学的写作方式[J].江苏社会科学，2007(S2):171.

用性。分析教育哲学关注的是教育哲学的概念是否清晰，论证是否合理。现象学则试图通过悬置和还原，运用个人的思考体验和认知感受去理解教育现象背后的意义。所谓现象，意味着事物在意识中的不同呈现方式。正因为意向性表达的是人与世界之间联系的不可分割性，所以对于现象学教育哲学来说，研究意味着关注和分享，而理解是存在的一种方式，或者说，理解是为了更好地存在。现象学教育哲学所带给我们的，是对生活体验的重视和文本解释的关注，让我们在研究、写作中，时刻不忘与实际教育活动的紧密联系。这一流派不仅提供了具体的研究方法，而且强调对方法的实践；不仅有对文本的反思，而且倡导在与文本对话的基础上形成教育智慧与教育机智，并对日常生活的意义进行反思。现象学的关系思维让我们从关系出发探究教育本质和教育规律，深刻理解教育关系的发生及其存在状态。现象学对问题的描述和体验的表达、对理性的回归，也让我们重新思考科学与人文相结合的教育，进一步反思教育理论的创建方式，以及对教育实践的作用与影响。

现象学教育哲学的研究聚焦于教育学但不限于教育学，也试图在心理学、护理学等其他领域发挥其应有的作用。无论是以兰格威尔德为首的乌特勒支学派，还是范梅南，都从方法的维度将现象学广泛应用于教育、医疗、法律、心理咨询与治疗等领域，期望在理论与实践的并行中更好地理解人类自身。范梅南希望自己的研究成果不仅对教师有意义，同时也能够帮助心理学家和护士等其他有需求的专业人员。范梅南《教育的情调》一书倡导与文本对话，在对话中形成个性化的教育思想与教育智慧，最终服务于教育实践。该书提醒人们思考如下问题，教育者、教师和家长有何不同？不同类型的角色应如何在儿童成长的过程中学会与之相处？这不仅对专业的研究者有所助益，而且对家长也大有裨益。对于这一流派的理解与体认、反思与感悟，正如范梅南在谈到"本质"一词时所表达的观点，即当人们在本质的意义上关注问题时，就能够让情境、语言、主观性等因素在场，这使得问题与解释之间形成一个不断循环往复的过程。或许，这就是现象学教育哲学留给我们最为宝贵的反思。

第六章　西方教育哲学在中国传播与影响的反思

回顾百余年来西方教育哲学在中国的传播与影响，不仅是为了梳理西方教育哲学在中国的传播境况，而且意在反思中国教育哲学的初始面貌及发展历程。这样的回顾和反思伴随着教育问题之永恒性与变化性的统一。因为永恒，教育自产生之日起，其中一些共性问题的具体所指虽有变化，但就这些问题存在的意义而言，则需要在教育哲学的层面上进行持续的追问；因为变化，展示了教育在理性的批判中不断趋近于理想的地平线。有了回顾，我们才能够在不同的时空背景中感知教育哲学的发展与进步；有了反思，我们才能够通过教育哲学的规范与引领持续改进教育中的问题。

第一节　西方教育哲学在中国传播与影响的哲学之思

中国教育哲学百余年的发展历程离不开两条线索：一是中国社会与教育的现实境况，二是西方教育哲学的传播和影响，随之而来的则是贯穿其中的四对关系，即基于空间之维的西方化与中国化、基于时间之维的传统性与现代性、基于实践之维的教育哲学与教育实践、基于学科之维的教育哲学与哲学。

中国教育哲学应加强与西方教育哲学的交流与对话，了解其产生的时代背景与文化传统，密切关注西方教育哲学的研究动态与学术前沿，处理好中国化与西方化的关系。作为教育领域的基础性学科，教育哲学也应传承好中国的文化传统和教育传统，充分挖掘蕴于其中的宝贵资源，为今天的研究与发展所用。"五四虽然已经过去一百周年，但我们至今仍笼罩在五四命题之下。如何对待西方？如何对待传统？正是五四所提出的两大命题，我们迄今并未走出这两大命题。"①而教育哲学的理论创造与表达，也离不开对哲学的借鉴和对教育实践的关注。中国教育哲学的生命力，也只有回到教育实践中才能得以充分体现。

一、时代的追问：西方化与中国化

"发展之略，贵在省思"，如何体现教育哲学的中国特色、中国风格和中国气派，是我国教育哲学面临的重要问题。如果说西方化涉及中国教育哲学对西方教育哲学的借鉴和运用，那么中国化则关系国情、教情对中国教育哲学研究的客观要求。对上述问题的回答，离不开对化什么、怎么化、谁来化这三个问题的思考与回答。

（一）对中国化与西方化的理解与认识

"'中国化'，无疑是指异域文化在中国被吸收、认同进而转化为本国文化组成部分的过程。"②当然，这并不意味着我们完全迷信其文本，而是以辩证、发展的视野了解不同教育哲学流派所产生的时代背景和理论基础，学习其研究思路和分析方法，拓宽教育哲学的问题视域和研究空间，在将其中国化的过程中服务于中国教育哲学自身的发展。以思想自觉、理论自觉与行动自觉，展现教育哲学中国化的理论愿景与发展构想，在西方化、中国化的互鉴融通中指向具有中国特色教育哲学的构建与创造。

西方化，是西方国家和地区的思想、文化、制度、观念在传播过程中所产生的一种客观影响。无论是彼时的"西学东渐"，还是今日新时代中西文明的互鉴，全盘西化不可能也不会成为中国现代化进程中的选择。由西方教育哲学的传播影响到中国教育哲学的原创性研究，反映出我们对中国化与西方

---

① 王学典.中国话语形成之路：西方社会科学的本土化和儒家思想的社会科学化[J].济南大学学报(社会科学版),2019(6):6.
② 孙元涛.教育学中国化话语的反审与重构[J].全球教育展望,2009(4):43.

化这一问题的理性态度。真正意义上的交流对话是一种双向行为，而非单边的输入或拿来。当我们谈到中西教育哲学的交流对话时，既要回答好西方教育哲学的存在对中国教育哲学来说意味着什么，更要回答好中国教育哲学是什么的问题。

如果说西方化是指运用西方教育哲学中的语言、概念或者方法来分析中国教育问题，或者运用其研究范式和体系框架构建中国的教育哲学的话，那么中国化则更加重视西方教育哲学与中国教育实际的结合，在对其进行批判性吸收和选择性借鉴的基础上，对中国教育问题进行本土化的理论探究与实践观照，形成具有中国特色的话语体系、学术体系和学科体系，进一步提升中国教育哲学的国际影响力。最初，中国教育哲学的西方化主要存在以下两个方面的问题：一是忽视甚至无视对中国教育问题的研究，全盘拿来西方教育哲学的观点为我所用；二是在西方化的过程中，也有对中国教育问题的思考和研究，但存在机械套用西方教育哲学理论体系和观点，重模仿轻原创的现象。中国的儒家文化主张中庸，"中"意味着不走极端找到一个中间值，"庸"则寻求一种稳定性和实用性。这既体现了中华民族的一种道德追求，也具有方法论范畴的意义。或许，我们难免会有如下疑惑：为什么彼时会有拒斥西学和全面西化两种非此即彼的观点呢？在这样的争论中，理性的沉思在哪里？当我们在向西方教育哲学借鉴的时候，我们能够借鉴什么？

早在20世纪30年代，劳甫就指出："任何哲学体系的中心是社会问题。中国不能从外洋输入哲学，而应创造一个新哲学以解决当前的社会问题。"[①]在西方理论中国化的过程中，有人认为，西方理论根本就不存在中国化的问题，因其本是西方所生，何来中国化之意。与之相反的观点则是，西方理论应拿来为我所用。中国化是西方理论在中国传播的应有之义，也是在西方化基础上的本土性彰显。如果从理论自身的开放本性来看，西学在传入中国以后，或多或少，或表层或深刻，或短期或长时，都会产生一定影响。从这个意义上来讲，西方理论的中国化有其必要性，也有其可能性。在这样的一个过程

---

① 邱椿.关于讲授教育哲学的几个问题之讨论：杜威、克柏屈等的意见[J].教育杂志,1936,26(11):6.

中，作为来自西方的教育哲学，自然也存在中国化的问题。不论如何看待西方教育哲学，其影响和价值都是客观存在的。问题的关键在于：我们如何从整体上去把握西方教育哲学，如何辨析西方教育哲学流派中的不同传统，如何理解这些传统背后所关注的教育基本问题和答案。

西方教育哲学的引进与借鉴，也只有在中国化的过程中，才能更加有益于中国教育哲学的发展。对于一个研究领域而言，学科体系、学术体系和话语体系的建立，不仅仅是学术层面的叙事，也是教育在国家和时代意义上的叙事。在共处一个地球村的时代，任何学科、任何知识领域都不可能自说自话，从此意义上来说，西方教育哲学的中国化不仅是我国教育哲学发展的开放性使然，而且是对人类共同教育问题的解释与说明。西方教育哲学的中国化是普遍性与特殊性的统一，在体现不同国家文化和教育特点的同时，也为整个人类树立了一种基于教育美好价值的共同追求。中国教育哲学的发展，既是接受、借鉴西方教育哲学的过程，也是思考、创建本土教育哲学的过程；既是学习、分析西方教育哲学产生背景的过程，也是深入中国教育实践，真正将教育哲学理解和应用到教育实践的过程。中国的教育哲学植根本土才有希望，但本土并不是意味着墨守成规，而是以一种开放性的态度深入研究西方教育哲学文本，挖掘其中的理论精髓，结合我国教育实际赋予其新的时代意义与学术价值。

（二）西方教育哲学中国化的意蕴与旨归

因全球化的时代背景和知识自身的本性，西方教育哲学的传播和影响将会一直处于正在进行时。从发展的角度来看，中国教育哲学应秉持开放的心态，加强与西方教育哲学的交流和对话，这需要我们始终保持一种清醒的状态和强烈的责任意识，基于学术发展共同体，寻求新的生长点，以原创性的思想和观点提升中国教育哲学的国际影响力。为此，中国教育哲学的研究需要致力于理论探究与哲学思辨，进一步明晰基本概念和研究范畴，结合新的时代背景构建教育哲学的学科体系、学术体系和话语体系，用以解释、说明中国的教育，切实推动中国教育哲学、教育实践的创新性发展。

西方教育哲学和中国教育哲学皆是一种客观性的存在，关键是我们如何去认识这两种客观存在以及二者之间的关系。中国教育哲学的产生和发展，始终与西方教育哲学的传播和影响交织在一起，回顾、反思西方教育哲学传播，以及中国教育哲学自身发展过程中存在的问题，既是学科发展的内在逻辑使然，也是中国教育哲学逐步走向成熟的表现。我们应全面总结西方教育哲学包括西方哲学中国化的经验，理性地思考中国教育哲学发展所面临的新挑战。中西教育哲学因时空所限和所处阶段的不同体现了各自的特殊性，而能否为人类教育做出贡献，则取决于它的一般性。为此，中国教育哲学未来的发展，不仅要有中国特色，还要有更为宽广的分析视野和可资借鉴的理论成果。

"改革开放以来，我国哲学研究经历了从学徒心态到自我反省的转变过程，包括对'西方马克思主义'的学习、对外国哲学的学习、对阐释学的学习等。我们现在依然处在从'拿来主义'到'消化吸收'的转化过程之中，这也是我国哲学研究从外在驱动向内在自觉转变的过程。"[1] "中国近代学习西方哲学成绩不是特别突出，一个重要原因就是不能将西方哲学纳入中国的哲学语境中来思考和接受，这样就无法使它对现代中国哲学的建设产生积极的影响。"[2]同样，在西方教育哲学传播的过程中，中国的教育研究者都有自己特殊的视域和思考的立足点，也需要经过选择性借鉴，才能在此基础上实现创造性发展。"要引进西方化到中国来，不能单搬运摹取他的面目，必须根本从他的路向、态度入手。"[3]

我们如何理解西方教育哲学中国化，西方教育哲学如何才能实现中国化，西方教育哲学中国化的意义何在，这是我们接下来要探讨的问题。西方教育哲学的中国化，意指在传播过程中我国教育研究者对其观点的批判性理解，而非全盘接受，实行拿来主义。这就需要对西方教育哲学的时代背景、理论基础、核心观点进行历史性、整体性的借鉴和思考，将其充分融入教育哲学

---

① 郝立新.新时代中国的哲学自觉与哲学自信[N].中国社会科学报,2019-10-18(5).

② 张汝伦.哲学对话与中国精神的重建[J].中国高校社会科学,2016(2):10.

③ 梁漱溟.东西文化及其哲学[M].上海:上海人民出版社,2006:6.

的中国语境，结合本土教育实践，逐渐形成中国教育哲学的理论体系架构和观点表达。中国教育哲学的发展，需要原生态的创新，也需要以开放的心态借鉴西方教育哲学的有益养分。

在一个全球化的时代，教育哲学的发展需要树立人类命运共同体的理念，共同应对教育所面临的机遇和挑战、问题与困难。一方面，我们要注重对西方教育哲学的引进与吸收；另一方面，也要注重中国教育哲学国际影响力的发挥。为此，中国教育哲学需要走出去，由西方教育哲学的单向传播走向中西教育哲学之间的双向传播、倾听理解，交流对话、包容借鉴，建立起有利于人类社会进步和教育发展的共同价值观。西方教育哲学发展至今，有着丰富的思想观点需要我们去反复地研读、思考。西方教育哲学的中国化，要服务于本土化、有特色的中国教育哲学的发展。一是需进一步明确中国教育哲学的研究范畴和方法，丰富、完善中国教育哲学的理论体系与话语表达；二是需立足于我国的文化根基，进一步加强对我国传统教育哲学思想的研究，让传统的价值超越时空，焕发其思想活力与理论的生命力；三是需激发、培养教师和学生对哲学、教育哲学的研究兴趣与热情。

对于任何一门学科的发展来说，都需要以开放的视野和心态积极借鉴其他国家相关学科的发展，而非墨守成规，囿于己见。对话本身就是一个沟通交流的过程，在理性审视自身问题的基础上展开对他者的批判和自我批判，在批判中呈现问题的复杂性，进而找到解决问题的路径。教育哲学不是仅仅停留在形而上的纯粹思辨活动，而是基于教育实践的根本问题和重大需求进行理论的思考与探究，进而为教育实践指明方向。真正意义上的对话，不是简单地移植、借用西方教育哲学的话语体系和概念，还需有选择地吸收其精髓。这样的对话既是现实的对话，也是历史的对话，应该在充分了解各自哲学传统、文化传统的前提下进行。如此，才能在继承传统的基础上有所超越与融合，这就涉及教育哲学在发展过程中如何处理传统性与现代性之间的关系。

二、花朵与果实：传统性与现代性

中西教育哲学形成与发展的理论资源、文化传统和研究范式各有不同，应互相补充借鉴，共同为人类教育知识的大厦添砖加瓦，贡献所长。在西方教育哲学传播并产生影响的过程中，我们同样也需要重视中国的文化传统、教育传统在其中所发挥的作用。"融合东西文化的事业以中国人最相宜，因为中国人吸取西方新文化以融合东方，比欧洲人采撷东方旧文化以融合西方较为容易。以中国文字语言艰难的缘故，中国人天资本极聪颖，中国学者心胸思想本极宏大，若再养成积极创造的精神，不流入消极悲观，一定有伟大的将来，于世界文化上一定有绝大的贡献。"[①]

（一）传统的意蕴

"传统"一词有其特定内涵，即指那些世代相传的思想、制度、道德、风俗等。当这些内容在时间的流变中积淀和传承，传统就逐渐形成，并通过文字、语言等媒介代代相传，它是人们认识过去并与当下、未来产生联结的基点。传统，一方面，意味着时间上的延续性；另一方面，意味着历史事件在价值上的当代性。毋庸置疑，如果没有传统的存在，我们就无法理解历史之于现在，乃至未来的意义。

传统的载体有风俗、语言以及文字等，在这些载体中，体现了思想与文化的积淀。无论是历史的记载、经典的形成，还是思维方式的呈现与理论体系的架构，都受已有传统的影响，这是一个无可争辩的事实。传统在时间的流逝中持久存在，具有同一性、持续性、规范性和变迁性的特点。希尔斯认为，西方社会正在经历以下三种传统：一是实质性传统。作为人类思想的主要范型之一，它意味着传统在制度中的积淀，以及范型自身的指导意义。二是理性传统。这一传统高举理性和科学精神的旗帜，承担了对抗实质性传统的角色。三是进步主义传统。这一传统虽然也反对实质性传统，但与理性和

---

① 　宗白华.宗白华全集(第1卷)[M].林同华主编.合肥:安徽教育出版社,2008:102.

科学无关，而是致力于追求生活的绝对进步和自由的态度。^①

一个学科、一个知识领域都在不同程度上折射出传统的影响和积淀。教育经典著作中蕴含的思想和观点，能够为今天的教育提供智慧借鉴和思想启迪。我们之所以还在围绕那些由来已久的教育基本问题进行追问，这些教育基本问题虽在指代上相同，但因时代背景和社会环境的变化，我们不得不重新思考这些问题。更重要的是，围绕这些问题，我们需要再次走进那些伟大的思想和灵魂，挖掘那些传统的价值和意义。如鲍德温所言，写作的目的是使世界发生改变，它对这个世界是必不可少的。只要一个人的文章哪怕仅仅把人们看待现实的方式挪动了一毫米，也意味着对世界的改变，因为世界的改变是随着人们世界观的变化而发生的。

教育传统，是一个国家的教育在长期发展和实践中所达成的价值共识和思想认同的产物。这种价值共识和思想认同，历经时空选择和代际传承，是教育价值取向与社会发展需求、个体生命感受和体验协同作用的结果，体现了教育发展过程中目的性与规律性的统一。"西方社会在走出中世纪、走向近现代社会的历史过程中，就曾经返回到它们民族和国家的传统与传统文化，并通过对其做出新的评估，进行新的诠释，才建构了西方近现代的工业文明。"^②对于传统，与对待异域文化一样，既不能盲目搬来，也不能简单排斥，而应该以理性的态度慎思、明辨、笃行。

文化传统是我们进行理论创造的思想基石。"中国文明总的来说是以人类行为规范作为取向，它是一种取向于传统的经书文化，而不是一种公共话语文化。希腊人对思辨的系统的哲学的兴趣，印度人对解放和拯救的兴趣，在这里都没有多少，中国文明更多的是实践的和实用的取向。"^③对文化传统的理解，既意味着我们对当下教育哲学基本问题的理解，也意味着对传统中那些依然与现在发生关联的思想的理解。当我们回顾文化传统时，我们是以一

① [美]E.希尔斯.论传统[M].傅铿,吕乐,译.上海:上海人民出版社,1991:27.

② 唐凯麟.传统文化三题[J].求索,2018(3):17.

③ [挪]G·希尔贝克,N·伊耶.西方哲学史:从古希腊到20世纪[M].童世骏,郁振华,刘进,译.上海:上海译文出版社,2004:25.

种历史的意识将自己所处时代的教育哲学与以往的教育哲学进行比较、反思。在不同的历史时期，传统在不同程度上影响着人们的研究视角，以及思维与观点的表达，体现了自身的时代意义与现实意义。

（二）教育哲学的现代性与传统文化的联结

"作为人类特有现象的文化，具有以下三个特色，即异于自然、形成传统、自为中心、兴盛衰亡。"[①]在这样一个过程当中，传统跨越时间和空间的限制，发挥着独特的影响。"近代中国的现代化经历了一个从物质层面到制度层面，进而到思想文化层面的痛苦的变革过程，文化各领域都在西方范型的刺激和影响下发生剧烈变化和转型。"[②]现代性与现代化相伴而生，现代化相对于社会发展程度而言，是指一种社会形态，而作为人们认识、理解社会发展的一种综合性视角，现代性的出场则是历史发展的必然趋势，时代与社会发展的现代性也影响着教育哲学发展的基本走向。特别是教育哲学自身的反思性又使得它不断反躬自省，在顺应现代化的历史潮流中不断实现对自身的超越。

中国教育哲学的产生不仅受异域理论的影响，更有着来自传统的深刻印记和文化底蕴，特别是优秀传统文化中所蕴含的精神价值，对今天教育哲学的发展多有启迪。正是因为传统本身的价值和意义，使我们在开展研究时自觉或不自觉地将传统植入其中。而传统本身所蕴含的价值和观念是否与教育实际相符合，则需要进行选择和判断。为此，我们应将其置于整个社会和人类的发展历程中进行审视，深入分析传统之于教育哲学的影响。

当代中国教育哲学的发展，既不能完全复古，也不能彻底割裂与传统文化、传统教育思想的联系，而应基于新时代的新要求，激活传统的生命力，悉心洞察流于教育哲学之中的文脉，拓展其研究视野和发展空间。当我们回顾人类教育走过的足迹时，会更加深刻地感受到传统的价值和意义所在。传统的生命力究竟体现在哪里？主要体现在人们在教育哲学研究和教育实践探索中对它的全面理解和创造性运用上。全面理解，意味着既要考察传统文化

---

① 傅佩荣.国学与人生[M].北京:东方出版社,2016:12.
② 王一川,等.西方文论中国化与中国文论建设[M].北京:经济科学出版社,2012:14.

本身，也要分析其产生的时代背景和历史因素；创造性运用，则既要体现传统之于当下的意义，又要避免牵强附会、生搬硬套。

这就意味着，我们需要深入挖掘那些归之于优良教育传统和文化传统的内容，这些传统虽历经变迁却仍然存在且发挥作用。如果我们让优良教育传统一味停留在过去时，把传统与当下割裂开来，就会扼杀传统的活力。我们应该做的，是让优良的文化传统、教育传统成为认识、发展教育哲学的理论养分。在这个过程中，需要将传统文化与现在相联结并发挥其意义。正如杜威所言："历史的真正起点总是某种现在的情景和它的问题。"[1]正是现在的情景和问题，才使历史凸显了其存在的意义和价值；正是历史的存在，也才能够说明教育哲学是如何体现自身发展的逻辑顺序的。"逻辑顺序不是强加于已知事物的一种形式，它是完善的知识的正当形式。因为逻辑顺序表明叙述的材料具有一种性质，使了解材料的人明白它的前提和它所指的结论。"[2]

"中国文化是以意欲自为调和，持中为其根本精神的。"[3]未来文化的变迁，既有事实方面的，也有见解和态度方面的。古代传统教育思想注重天人合一、政治与教育之间的和谐互动，追求美好的人性。即使在社会极为混乱的时候，我们也仍然能够看到教育理想的存在，以及对社会的美好追求与向往。"中国传统文化的后现代性研究认为，当代的启蒙运动与重新发现道家密切相关。因为道家思想最伟大的超时代意义就在于，在世界历史上，它最早发出了关于文化发展将导致人与自然关系异化的严重警告，并提出自然秩序和社会秩序融通的形上观，似乎为后现代启蒙运动克服它所面临的文化危机做预先的准备。"[4]

文化传统与教育思想传统的价值、西方教育哲学的中国化、中西哲学的吸收借鉴，对当下社会问题、教育问题的回应与思考，皆是中国教育哲学发展的应有之义。无论从学科建制的角度而言，还是从知识领域而言，教育哲

① [美]约翰·杜威.民主主义与教育[M].王承绪，译.北京：人民教育出版社，1982：231.
② [美]约翰·杜威.民主主义与教育[M].王承绪，译.北京：人民教育出版社，1982：236.
③ 梁漱溟.东西文化及其哲学[M].上海：上海人民出版社，2006：59.
④ 董光璧.传统与后现代：科学与中国文化[M].济南：山东教育出版社，1996：165.

学的发展都需要处理好史、论、著三者之间的关系。教育哲学的反思，不能也不应脱离对传统和对经典的回归与沉思。从这一点来看，无论是西方还是东方，其传统都有其独特的价值所在。一种特定教育哲学的产生，也是一个国家在诸多文化台阶中的一级。教育传统和文化传统从时间上来说是有延续性的，重视传统的意义在于：一是立足过去，把握现在并预测未来；二是鉴古知今，以古之长，补今之短；三是以谦虚的心态用历史之眼、科学之法探究因果，权衡利弊；四是追寻那些伟大人物的思想足迹，学习其教育精神，坚定自己的教育信仰。

教育哲学回到经典、复兴传统，不是一种沉溺于过去的保守主义，而是利用这些宝贵的思想资源更好地迎接未来，进一步彰显教育哲学反思的历史性和传统性。西方资本主义现代化的发展，与文艺复兴时期资产阶级启蒙运动的成功不无关系。在西方教育哲学引进与传播的过程中，也激发了中国传统教育思想的生命活力。"以自由自主的精神或理性为主体，去吸收融化，超出扬弃那外来的文化和以往的文化。尽量取精用宏，含英咀华，不仅要承受中国文化的遗产，且须承受西洋文化的遗产，使之内在化，变成自己的活的产业。"[1]从历史的经验来看，应打破非此即彼的二元对立思维，将西方教育哲学的引进与中国教育的现代化、中国社会的现代化相联系。教育对人的培养特别是人之主体性的发挥，对于中国现代化的实现具有极其重要的意义。如果没有现代化的主体，社会的现代化也将流于空谈。

三、西西弗斯的岩石：理论与实践

作为一门具有形而上旨趣的基础学科，教育哲学的理论性不言而喻。一方面，它以自己所关注的问题为核心，围绕某一个明确的逻辑主线形成相对严密的逻辑性、关联性系统。这种逻辑性、关联性所赋予教育哲学的不仅是形式上的完备性，更重要的是这样的理论系统承载了人们对教育的应然期待，表达了教育的理想，描绘着教育的蓝图，赋予了理论观照实践的意义。这种

---

① 贺麟.贺麟选集[M].长春:吉林人民出版社,2005:123.

意义除了推动教育哲学学科谱系的发展之外，还表现为它在实践中的应用。无论现实中教育理论与教育实践的脱节现象有多么严重，有一点我们不能否认，那就是理论不止于认识、解释世界，还要改变世界。哲学如此，教育哲学亦然。

教育哲学的复杂性主要体现在以下三个方面：一是它与相关学科和研究领域之间的关系，如教育哲学与哲学、教育学、元教育学、教育学原理、教育科学之间的区别和联系，涉及教育哲学作为一门学科、一个研究领域存在的合法性与合理性。二是它与教育研究之间的关系。对于教育研究而言，教育哲学具有理论基础和方法论的功能。三是理论与实践的关系，即教育哲学对教育实践的引领、规范等功能的发挥。"教育哲学必须解决的一个最重要的问题，就是要在非正规的和正规的、偶然的和有意识的教育形式之间保持恰当的平衡。"①

教育哲学事关教育这一公共领域作用的发挥，事关学校这一公共空间价值的体现，事关每个个体民生福祉的实现与改善，它同样具有实践性。如果说理论性决定了教育哲学是一个可理解、具有丰富意义的思想体系，那么其实践性则表明了它也是一个行动的、应用的哲学。或许有人会说，有些教学名师并没有关于教育哲学方面的论文和著作，却依然在教育方面做出了卓越的成绩。这至少能反映出两个方面的问题：一是教学名师的成就来自鲜活的教育实践，二是教育实践是教育哲学理论创生的基础和源泉。活跃在教育一线的教师和教育管理者，因基于生动的教育实践而引发了关于教育的深刻思考。成功的经验与做法在教育实践中得以凝练总结，进而上升到理论和哲学层面，在更大的范围内发挥对实践的指导作用。

中国社会发展的日新月异和转型变迁使教育实践呈现出前所未有的特殊性和丰富性，这对教育哲学的发展提出了新的时代性要求。一方面，教育哲学的理论表达应该基于教育实践、深入教育实践。关注中国教育实践的复杂性，透过现象揭示本质，形成对中国教育实践最真实、最生动的认识，从而

---

① [美]约翰·杜威.民主主义与教育[M].王承绪,译.北京:人民教育出版社,1982:14.

为教育哲学的中国特色奠定基础。教育哲学的宏大叙事、概念解读、抽象演绎是形而上的固有之义，但不能也不应忽略形而下的旨趣与使命，要善于从现象问题中、从调查研究中、从经验体悟中凝练出具有普遍性的概念和判断，以适应中国教育实践的迫切需求，彰显教育哲学的实践价值。

另一方面，教育哲学需要反映、解释教育实践中的问题。作为一种理论体系和话语表达，教育哲学是对当代中国教育实践问题的学术回应，它因实践需求的变化而发展，或者表现为新的理论建构，或者表现为对原有概念的重新界定与阐释。新时代的教育哲学尤其需要回到教育实践中，围绕富有时代气息的教育实践建构、创新理论体系与话语表达，开创学术研究的新境界。我们不能因为教育哲学与教育实践的表象性脱离，就否认它的重要性。毕竟，实践无法脱离理论而盲目前行。教育哲学的形而上追问，是学科责任的承担和研究意义的体现。

教育哲学虽具有形而上的特点，但它并不只是在寻求一种永恒的范畴，而是始终基于实践。它不仅从理论出发来解释教育实践，而且从教育实践出发来构建教育理论。理论图景的描绘，为教育的发展提供了方向和目标。当教育哲学走进教育实践，并影响到实际教育活动的开展时，才能真正体现对教育实践的规范作用和导向作用。这一目的的实现，需要教育哲学和实践保持密切关联。没有对美国传统教育弊端的批判和改造，就没有进步主义教育哲学的兴起与发展。没有思想引领的行动是盲目的，没有行动验证的思想是空洞的。这既说明了教育哲学之于教育实践的指导作用，同时也说明了教育实践是检验教育哲学的标准。经过教育实践的检验和反思总结，教育哲学的相关理论得以改进完善，使理论与实践、思维能力与行动能力相互影响，彼此促进。

对于教育哲学而言，如果将来自实践的教育经验置之一旁，就会舍弃对教育来说最为重要和生动的内容。经验不仅是一种体验和感受，它也具有理智意义和认知意义。理性的认知则意味着在偶然和多样的变化之中，探究那些具有永恒性、普遍性的真理。教育哲学如何介入教育管理者、教师、学生的工作和生活，如何通过自身的价值规范、思想观点丰富其精神境界，坚定其教育信仰，有针对性地分析解决教育实践提出的问题，这需要教育工作者的共同努力。

四、密涅瓦的猫头鹰：教育哲学与哲学

关于教育与哲学之间关系的思考由来已久，正如法国教育史学家孔佩雷所言："一切哲学系统都藏有一颗特殊教育学的种子。哲学家只因对于人的性质和命运各有其看法，对于教育目的和方法的了解，便各不相同。可是一切哲学家，不管他们愿与不愿，都是教育家。"[①]费希特也认为："教育的艺术离开哲学，自身永久不能达到完全清晰的境界。因此，两者有交互的作用，彼此相离，则均不能完全，均不能生效。"[②]教育需要哲学指导自身目标的确立，提供思考人生、社会问题的指南，更新、延续理论的生命力。依据哲学的理想，反思教育的目的与方法，陶冶人之品格。教育在需要哲学的同时，也在验证着哲学的价值。

一直以来，我们都试图说明教育哲学与哲学的不同，从研究对象和关注的根本问题来看，两者显然不同。当然，我们并不能因为这种显而易见的不同就忽视二者之间的联系。一些哲学流派尽管没有根据自身的哲学传统去直接分析教育问题，却依然有将其观点和理论运用于教育之中的后来者。在厘清哲学和教育哲学的关系时，更为重要的是哲学应为教育哲学所用。不论教育哲学借鉴了哲学的思维方式，还是演绎了其观点与体系，哲学始终显性或隐性地存于其中。教育哲学的发展不可能离开哲学单兵突进，我们需要脚踏实地走进哲学的世界，看看哲学在过去为教育哲学发展做出了哪些贡献，在未来的研究中还能为教育哲学发展提供何种助益。

哲学提供了一种更具整体性和全局性的视野，将教育的发展与社会的政治、经济、文化、科技等因素联系起来。也许有人会说，没有哲学的存在，我们同样会注意到这种联系，但是哲学的视角除了让我们注意到这些联系之

① 吴俊升.教育哲学大纲[M].福州:福建教育出版社,2011:23.
② 吴俊升.教育哲学大纲[M].福州:福建教育出版社,2011:25.

外，还推动我们去思考这些联系得以存在的缘由是什么，如何认识这些联系的变化与发展。"一种新的哲学体系对教育的价值并不必然表现在它在具体论证中提出了怎样的教育观，而在于它是否为人们审视教育提供一种新的世界观和方法论。"①

对教育的本质、人的本质、社会的本质等问题的思考与回答，既需要从形而上学、认识论等层面探究其前提和根据，分析概念并保证其清晰性和一致性，也需要从方法论层面寻求实现教育目标的手段和相关方法。或许我们可以略显武断地说，教育哲学的研究不可能离开哲学，特别是哲学对人的认识，影响着人们对教育基本问题的思考，正如奈勒所言："哲学解放了教师的想象力，同时又指导着他的理智。教师追溯各种教育问题的哲学根源，从而以比较广阔的眼界来看待这些问题。教师通过哲理的思考，致力于系统地解决人们已经认识清楚并提炼出来的各种重大问题。那些不能用哲学去思考问题的教育哲学工作者必然是肤浅的。一个肤浅的教育工作者，可能是好的教育工作者，也可能是坏的教育工作者——但是好也好的有限，而坏则每况愈下。"②

从哲学之于教育哲学的影响来说，无非是以下三种情形：一是直接作为理论基础的哲学，即某一特定哲学的衍生与演变，如存在主义教育哲学、永恒主义教育哲学、要素主义教育哲学；二是作为实际指导的哲学，主要是从方法论意义上而言，即哲学成为开展教育哲学研究、推行某种教育观点的工具和方法，如分析教育哲学、现象学教育哲学；三是作为间接创造资源的哲学，即以相关哲学作为理论的来源，进行属于教育哲学的独特性创造。此类教育哲学著作，从理论体系上无法直接看出是属于哪一个具体的哲学流派，然而当开始阅读时，字里行间无不展现出哲学的意蕴与高度、严谨与深刻。

哲学与教育哲学的不同之处主要在于：哲学回答关于世界与人类自身是什么的问题，教育哲学在哲学的启发下，思考教育领域的是什么、为什么等问题，还要致力于将是什么变为现实。哲学家关于什么是哲学这一问题存在

---

① 庞桂美.乌托邦与教育："西方马克思主义"的启示[J].青岛科技大学学报(社会科学版)，2012,28(2):92.

② 陈友松.当代西方教育哲学[M].北京:教育科学出版社,1982:135.

着以下两种观点："哲学是一种企图通过推理来建立一个明确而一致的世界观或理想界的推理活动；另一种观点，哲学仅限于定义概念、分析批评舆论与主张。"①正因为哲学有对概念的分析与探讨，有人就认为哲学是空谈，而科学才是解决问题的灵丹妙药。事实上，科学也应以哲学为基础，才能更加全面地综合概括各方面的关系，探索未知的世界，明晰科学的意义与价值。而教育理想的确立、教育目标的实现，同样需要以教育哲学为根据。

20世纪30年代，国人就已经注意到哲学、教育哲学是人生观得以确立的前提和依据，倡导大学教育的哲学化。"我以为人生观是青年的重要问题，是人人公认的。但是要想建设一崭新的人生观，不可不先求哲学上的根据，尤不可不先求教育哲学上的根据。"②甘大文同时指出，教育哲学不仅应重视身心的交互作用，还应重视自身的理性批判价值，以推动教育形塑健全人格，探究高深学问。

虽然更普遍的观点认为，教育哲学是对哲学的一种应用，人们利用基本的哲学素材去思考教育的本质、教育的目的，寻求教育政策制定的依据等，它理应属于哲学的应用哲学或者领域哲学。"如同应用科学对于纯粹科学的关系。教育哲学乃是应用哲学的一种；把哲学的基本原则应用到教育的理论和实施方面，便是教育哲学。教育哲学和政治哲学、法律哲学、宗教哲学、历史哲学，同是应用哲学，不过应用的境地各不相同罢了。"③但也有人认为，教育本身才是哲学探究的源泉。

西方自柏拉图、中国自孔子以来，都有哲学家、教育家围绕教育发表自己的见解与思考，如卢梭的社会哲学与自然教育、斯宾塞的社会进化理论与快乐兴趣教育、杜威的实用主义教育哲学等。在梁漱溟看来，西方哲学与东方哲学之不同在于："一为冷静知识的研析，一为整个生活的研究；自其人之心理上看去，一则为理智方面的发展，一则为情志方面的深澈。"④中国哲学以

---

① [尼日利亚]杰·阿基比鲁.教育哲学导论[M],董占顺,王旭,译.北京:春秋出版社,1989:3.
② 甘大文.教育哲学之建设:为国立北京大学三十二周年纪念作[J].北大学生周刊,1930,1(2):4.
③ 吴俊升.教育哲学大纲[M].福州:福建教育出版社,2011:33.
④ 梁漱溟.从教育上和哲学上所见中西人之不同[J].教育与人生(周刊),1924(13):130.

开放、超越的人文主义精神探究宇宙万物，建立了基于生命的宇宙观、基于价值的人生观。20世纪70年代以来，马克思、黑格尔、康德、胡塞尔、海德格尔等人的哲学均引起了国内学者的关注。"这些不同时期在中国流行的西方哲学，也给各时期的中国哲学研究打下了深刻的烙印。中国哲学家对中国传统哲学的阐发，往往受到他那个时代在中国流行的某家某派的西方哲学的相当影响，几乎成了现代中国哲学的通例。"① "如果说西方哲学以实体论为特点，那么中国哲学则以境界论为特点。中国哲学不追求世界的实体是什么，而是以实现心灵境界为目的，寻求一种'安身立命'之地，使心灵有所安顿，人生有所归宿。因此，中国哲学的道器论和体用论，与其说是本体论，不如说是一种境界论更合适。"②

法国教育家米阿拉雷指出："每位教育工作者和每位研究工作者都能研究教育目的，并进行哲学探讨，要是让每个人都明白他正在干的事情的话，那谁都能进行这种哲学探讨。但是，毕竟不是每个人都从哲学的角度来思考问题，用哲学思考要求一定的文化素质和训练，没有这些，就只不过是在那里空谈。"③哲学注重理性思维的培养与运用，无疑在教育哲学的言说论域中，理性思维自然是不能缺席的，体现了规范、引导教育活动的功能。德国哲学家汉斯·伦克认为："应该说，成为过去并已经终结的只是哲学的绝对主义时代，并不是哲学本身及其重要的认识、文化、理智和政治的功能。"④今天，基于哲学思维和视角的批判、讨论、追问，以及对时代精神的呈现，依然极为重要。对于教育哲学来说，进行创造性的探索是一项具有永恒意义的重要任务。在历史的长河中，中国教育曾经走过曲折的道路，西方教育哲学自然也有其弊端所在，并不是所有的曲径都能通幽，教育的发展需要有坚定的信仰、善美的精神和高远的追求，而这样的教育信念、教育精神和教育追求需要哲学的规范和引导。

---

① 张汝伦.他者的镜像：西方哲学对现代中国哲学研究的影响[J].哲学研究,2005(2):59.
② 刘复兴,刘长城.传统教育哲学问题新释[M].武汉：湖北教育出版社,2000:192.
③ [法]G·米阿拉雷.教育科学导论[M].郑军,张志远,译.北京：光明日报出版社,1989:34.
④ [德]汉斯·伦克.当代哲学的现实使命[J].陈泽环,译.江西社会科学,1996(9):15.

第二节　西方教育哲学在中国传播与影响的学术之问

西方教育哲学在中国的传播，从1919年杜威来华演讲迄今已逾百年。百余年间，中国教育哲学经历了引进、初创、停滞和繁荣发展的曲折历程，有的问题随着社会的发展进步得以解决，还有一些问题在日新月异的时代变迁中以不同面貌表现出来，在时间的长河中承载着教育哲学的过去和未来。这些问题既关系教育自身的发展进程，也体现着教育哲学的历史流变与进步。

一、传播的影响与理论的创新

西方教育哲学在中国的传播，与不同时期中国的文化语境、社会环境交融在一起，推动了中国教育哲学的发展。一方面，西方教育哲学的传播加速了我国教育哲学学科建设的进程。回顾百余年我国教育哲学的发展，在20世纪20年代左右的萌芽阶段，如果没有西方教育哲学的传入，没有杜威来华，以及《民主主义与教育》的翻译、编译与出版，我国教育哲学在学科意义上的显性形态或许会再迟一些出现；如果没有分析教育哲学、现象学教育哲学等流派的研究方法的影响，我国教育哲学的研究方法也许会以另外一种面貌呈现；如果没有布鲁贝克《高等教育哲学》的引入，中国高等教育哲学的研究热潮或许会来得再晚一些。在21世纪的今天，我们对教育哲学的发展极有可能是另外一种形态的反思。因此，从这个意义上来说，对西方教育哲学的反思和批判，不仅仅是对中国教育哲学发展的回顾，它也反映了生于斯、长于斯的中国学者的治学方式，以及对中国教育问题的切身感受和哲理思考。这种感受和思考在特定的历史语境下，映射了中国彼时教育理论和教育实践的客观需求，也反映了教育哲学的历史记忆和学术足音，承载着中国哲学和文化传统的思想文脉。

　　另一方面，西方教育哲学的传播为中国教育哲学的发展提供了理论构建、方法运用的参照系。作为人类教育哲学知识领域的重要组成部分，西方教育哲学有着自己的学术脉络与理论轨迹，从而为中国教育哲学的发展提供了一个来自不同文化与哲学基础的参照系和可资借鉴的学术场域。这一参照系的异域性更加凸显了我国教育哲学研究的独特性，以及未来的发展空间和潜力。因此，其积极意义是显而易见的。西方教育哲学的传播不仅开拓了我国教育哲学的研究视野和表达空间，而且带来了不同的研究方法和分析视角。中国教育哲学的初建阶段是建立在模仿基础之上的，正如胡适所言："不要怕模仿，因为模仿是创造的必要预备功夫。"[1]

　　作为学术交流过程中的一种事实性存在，西方教育哲学在中国的引入与传播，也是其在哲学基础、理论体系、观点表达等方面发挥影响的过程。基于本国的教育传统和教育实际提炼特有的概念和问题，进而形成富有中国特色的学术体系和话语体系，在本土原创与开放互鉴中，由西方教育哲学中国化走向了中国教育哲学国际化的理论征程。早在20世纪时，怀特海曾言："我们对中国的艺术、文学与人生哲学知道得越多，就会越羡慕这个文化所达到的高度……从历史的绵延与影响的广度来看，中国的文明是世界上自古以来最伟大的文明。"[2]中国教育哲学的发展借由西方教育哲学的引进与传播而展开，但这并不意味着中国教育哲学要亦步亦趋紧随其后，而是力争创造出新时代的教育哲学，让本土化的教育哲学走出中国、走向世界，进而实现与国际学术界的深度交流与对话。

　　2018年5月，华东师范大学终身教授叶澜的《回归突破："生命·实践"教育学论纲》一书英文版在国外出版发行。在发布会上，叶澜指出，"生命·实践"教育学派的学术追求在于：一是回归民族文化传统，明确"教天地人事，育生命自觉"之教育的中国式表达；二是回归教育学元典，寻找教育学的内核基因"生命·实践"及其带来的独特学科品性；三是回归人类对学科本身的认识，在当代新兴的综合复杂学科中寻找教育学的独立地位。该书既是对

---

① 胡适.胡适论人生[M].北京:九州出版社,2012:24.
② 傅佩荣.哲学与人生 I [M].北京:北京理工大学出版社,2011:31.

中国教育问题的独特思考，也是对世界性教育问题做出的中国式回答。特别是当教育在不同国家存在普遍的、共性的问题时，教育就越来越成为全人类共同关注的焦点。此时，理论上的交流对话尤为迫切，学术上的互动发展也将更富成效。

教育哲学不仅是教育领域的基础理论学科，也是哲学在教育理论和教育实践中的具体应用。它对教育的根本问题进行思考，并将思考的结晶上升到理论的层次，进而形成跨越不同国别、不同文化、不同时空的教育哲学，成为全人类的共同财富。教育哲学的魅力在于它所表现的精神理想和价值追求，以及这种理想和追求所带来的良好教育生态，进而达到个人与社会的进步。在这一过程中，每位研究者个体所阐发的教育哲学都是其所处关系网络中的产物。当然，这样的教育哲学并非凭空产生，它受研究者所处时代精神、学科背景、知识结构、个人体验等多重因素的影响，于思想的旅行中展现了思维的拓展与提升。

二、思想的旅行与思维的拓展

作为人类特有的一种理性活动和精神活动，思维关涉人们对现象和经验的归纳总结，对概念的界定、判断和推理等认识活动；思想则是思维经过人的大脑理性运作之后的结果，没有思维，也就不会有思想的产生。就此而言，思维水平的高低直接关系思想所能达到的深度与高度。如果说西方教育哲学在中国的传入是一场持续不断的思想旅行的话，那么国内研究者对西方教育哲学经典著作、理论观点的研读与批判性思考，以及随之而来的西方教育哲学中国化与中国教育哲学西方化并存的状态，则是思想旅行所带来的思维碰撞和激荡，其结果则是理论的创新与进步。民国时期的教育研究者亦敏锐地认识到了这一点：从提高教育效率的角度而言，实用有其必要性。对实用性的追求可以促进人类行动的开展和目的的实现，对理论的追求却是科学发展的动机。如果着眼于知识的创造和大思想家、大科学家的养成，则应注重理论的探究与思考。[①]

西方教育哲学在中国的传播历经一个多世纪，百余年的岁月中，我国教育哲学发展承载了一代又一代教育研究者的理想和情怀，既有努力攀登学术高峰的创造，也有囿于特殊社会环境的限制。西方教育哲学的传播，一方面，促进了中国教育哲学学科体系的构建，客观上推动了中国教育哲学的发展；另一方面，西方的特殊性促使我们反观自身，重新认识中国教育哲学的传统性、原创性与本土性。或者说，当西方教育哲学传入之时，也就埋下了中国教育哲学走向原创的萌芽。在一个多世纪的发展中，这种原创性表现出越来越强烈的诉求。从这两个层面来说，当我们站在一个百年的节点上来回顾这段历程，无论是翻译与编著，还是拒斥与接收、模仿与创新，在特定的历史时期都发挥了不同的作用。在这一过程中，西方教育哲学思想的传播与影响，以及中国教育哲学的发展，都在不同程度和范围内体现了批判性思维和创新性思维的作用。

一部西方教育哲学发展史，是一个否定之否定的辩证发展过程，展现了不同教育哲学流派的多元视角与观点。教育哲学在形成发展的过程中，一方面，与它的创造者——教育家、哲学家本人密切关联。不同时期、不同地域的教育哲学研究者，其思考的过程也是一个交流对话的过程，这种对话可能是共时性的，也可能是历时性的。教育哲学的产生既是研究者个人的思维活动与思想呈现，也是一定历史阶段中不同研究者的集体智慧与思想结晶。在思想的旅行中，批判性思维的运作使教育哲学不断走向新的认知和实践。在需要获得新知、解决问题的地方，就会有批判性思维的用武之地。"批判性思维，是决定我们应该相信什么和我们应该做什么的思考。它具有合理性、反思性、建设性的特点。"[②]正是批判性思维的存在，推动着教育哲学不断在元研究的层面上反思自身的发展。

对于批判教育哲学家而言，"批判性思维既是吉鲁和弗莱雷教育理论的关

---

① 张君劢.中国教育哲学之方向[J].东方杂志,1937,34(1):265.
② [加]董毓.批判性思维原理和方法:走向新的认知和实践[M].北京:高等教育出版社, 2010:4-5.

注焦点，又是他们进行教育探究的策略性努力。对他们而言，批判性思维不仅是思考教育、表达观点的有力武器，也是促进权利公正、建设民主社会的重要工具"①。吉鲁和弗莱雷为被压迫者和边缘群体代言，为人性的真正解放和尊严获得而斗争，对建设一个更加公正美好的民主社会倾注了无与伦比的热情与希望。为此，他们在理论领域中著书立说，在教育实践中身体力行，付出了很多的心血与努力，形成了各自的教育三部曲，共同指向了人类的解放与希望，正如弗莱雷所言，他和吉鲁的激情，"既不在于主观唯心主义，也不在于机械客观主义，而在于将批判性融入历史之中"②。在历史的进程中，构建一个理想的教育乌托邦。正如吉鲁自己所说："我撒下了种子，希望能使我的学生和国家受益并最终开花结果。这是一个合适的梦想，它并非异想天开。"③

另一方面，教育哲学的发展又与时代密切相关。对社会发展特征和发展形势的认识，是认识教育哲学的前提和基础，而不同时代教育哲学的发展历程，是对彼时社会需求的一种回应。这就要求我们从整体上系统地把握教育哲学发展的历史，透视教育哲学的变迁，从多视角、多层次、多方面去审视教育哲学，而不是以单一的哲学基础或某个视角去确立某种教育哲学的有效性和合法性。在教育哲学的浩瀚星空中，教育思维的精灵得以自由飞翔。从发展层面而言，一种教育哲学应该向其他流派的教育哲学学习，以反躬自省、博采众长。无论是中国教育哲学的创新和实践，还是西方教育哲学在中国的传播，都不是一个单向的创生或移植过程，而是一个改造与创新、批判与融合的过程。

正是在西方教育哲学思想的旅行中，进一步拓展了国人研究教育哲学的创新性思维，推动了教育哲学的本土化创造。本土化的过程，既与中国的时代、社会和文化背景密切相关，同时也反映出对他者思想文本的理解，体现

① 祁东方,侯怀银.构建解放与希望的"教育乌托邦":吉鲁与弗莱雷的相遇[J].教育研究,2018(12):44-45.
② [美]亨利·A.吉鲁.教育中的理论与抵制[M].张斌,等译.北京:教育科学出版社,2016:序1.
③ [美]卡洛斯·阿尔伯托·托里斯.教育、权力与个人经历:当代西方批判教育家访谈录[M].原青林,王云,译.济南:山东教育出版社,2013:110.

了教育哲学研究中的学术关系网络。在此过程中，中国教育哲学基于特有的研究领域，运用创新性思维形成独特的理论体系。"创新思维是直觉思维与逻辑思维的优势互补、发散思维和收敛思维的优势组合，其过程是思维展开与思维整合的矛盾运动过程。"①教育哲学的研究过程，同时也是研究者个体化思维运动的展现，这种运动的最终结果，表现为教育哲学在继承基础上的创新性发展。在西方教育哲学的传播中，我国教育研究者对其理论内涵进行了深入解读和思考，并结合教育实际融入了中国的文化底蕴，体现在教育哲学的学术研究和语言表达中。

三、学术研究与语言表达

语言在其使用和意义方面都具有公共性，正如维特根斯坦所言："人类的所有语言要得以存在，都必须能够为其他人所理解。语言的目的，就是能与他人一起共享意义的世界。"②对于一门学科而言，无论是思想的创生，还是理论的创新，都离不开语言的表达和运用。在未来的教育哲学研究中，我们也应思考如何更好地利用学术语言去构建中国教育哲学的话语体系。

（一）作为思想存在之家的语言

语言，是一种表达思想、理解思想的独特存在。在语言学转向的阶段，哲学的主要范畴有语词与概念、语句、陈述与命题、意义与指称、分析与综合、证实与证伪、真与假等，其中的核心范畴是意义。全部范畴的任务都在于分析、确定哲学语言的意义，消除思维中的混乱与无序，减少思维的不必要的浪费。③哲学发展历程中语言学的转向，突出了语言作为哲学研究的表达媒介和分析工具这一作用，从语言来把握世界，探究世界的价值与意义，不仅强化了哲学思维方式的训练，也为我们更加深入地了解世界本身提供了一

---

① 赵卿敏.论创新性思维的本质特征[J].教育评论,2002(1):31-32.

② [西]费尔南多·萨瓦特尔.哲学的邀请:人生的追问[M].林经纬,译.北京:北京大学出版社,2007:56.

③ 李德顺,孙伟平,赵剑英,等.马克思主义哲学范畴研究[M].北京:中国社会科学出版社,2010:13.

种媒介。

梳理20世纪以来有关教育哲学概念及研究范围的界定，通过考察不同教育哲学流派关注的问题及言说，我们会发现，正是通过语言的运用和表达，教育哲学才能够更为清晰地阐释并分析一些概念的基本意义，而这些概念的基本性、规范性，正是基于逻辑思维基础之上恰当运用语言的结果。教育哲学运用语言建构了自己的知识体系，使其得以传承和更新，换言之，教育哲学的研究与创造不仅与教育所处的时代和背景相关，而且依赖于研究者对语言的运用。没有语言，我们则无以言说教育哲学。语言，不仅表达着每一位研究者对教育的自我理解，也使不同时代学者之间的理解成为可能。通过语言，人们将自己带入教育哲学本身所具有的开放性之中，使得不同时代的人们分享彼此的教育思想和教育理论成为可能。

语言不仅是教育哲学进行交流对话、传递信息的媒介，而且也是其存在的方式和表达的场域。在教育哲学的发展历程中，语言起到了不可忽视的作用。思想的表达、理论的创造均体现在语言之中。时至今日，教育哲学存在的价值和作用毋庸置疑，但它究竟应该以何种姿态存于教育的世界，又应以何种面貌展现自身的魅力？"当代西方知识观经历了如下转变：知识的本质从绝对真理性到生成建构性，知识的存在状态从公众知识到个体知识，知识的属性从价值中立到价值关涉，知识的种类由分层到分类，知识的范围从普适性到情境性。"①上述转变过程对我们认识西方教育哲学也具有一定的启发和借鉴意义，从西方教育哲学的传播引进到批判质疑，再到接受与原创，这是一个研究领域与社会变迁发展相互交织、相互影响的过程，也是一个理论探索与实践运行交相辉映的过程，更是一个如何认识理解教育哲学角色定位的过程。

语言的运用，不仅关系不同教育哲学流派观点表达的差异性，也关系教育哲学的存在形态，如索尔蒂斯所言，教育哲学应该包括专业的、个人的、公共的教育哲学三个层次。就学科和知识领域的角度而言，无论从研究问题，

---

① 姜勇,阎水金.西方知识观的转变及其对当前课程改革的启示[J].比较教育研究,2004(1):17.

还是研究主体来看，教育哲学自然具有专业性。在其发展历程中，不同时期的研究者们围绕教育哲学的基本问题进行了种种思考与分析，体现了教育哲学的教育属性与哲学属性。对于个人的教育哲学而言，这样的认识与存在至少具有以下两种含义：一是指带有明显个性特征和风格的原创性教育哲学，一如卢梭的自然主义教育哲学和杜威的实用主义教育哲学；二是指教育工作者在教育实践中形成的个性化教育哲学及其应用。"只有当我们将对知识的理解不局限于公共知识，而能够将个体知识——自主建构的成果纳入到我们的视野时，我们才能真正地关注学生对于教学的参与，重视教学中的交往和对话，才能真正实现有效的教学。"①对于公共的教育哲学而言，教育哲学的研究既需要为自身的存在进行合法性辩护，同时还要探究思想、理论的普适性。教育哲学的研究不仅要写在学术的圣殿中，还要写在教育实践中，写在教育者的心中。如此，教育才能以更富灵动性、艺术性、感染性的状态走进学生的内心，丰富其生命成长。教育哲学在专业的、个人的、公共的三种状态之间的共存与转化，也从一个侧面体现了教育哲学语言的独特性。

（二）教育哲学语言的独特性

　　作为一套共享的符号系统，语言既是存在之家，同样也是教育哲学存在之家。作为交流对话、传递信息的媒介，语言也是教育哲学存在方式的体现。无论是从教育哲学自身的产生、形成和发展来看，还是从它的传播、对话与交流来看，都与语言有关。通过一代又一代研究者的共同努力，形成了属于教育哲学的语言。在一定意义上，人们是通过语言来认识教育世界、反映教育现实的，思想的诠释、概念的界定也需通过语言得以进行。在教育哲学的发展历程中，语言起到了不可忽视的作用。语言的背后，反映的是概念之间的关系，科学合理的推断和连贯清晰的逻辑体系，正如黑格尔所言："思维形式首先表现和记载在人的语言里。"②不论是分析教育哲学对概念的清思，还是其他教育哲学流派的观点表达，都在语言之中表征着人们对教育实践、教育

---

① 肖川.知识观与教学[J].全球教育展望,2004,33(11):13.
② 姜丕之.黑格尔《大逻辑》选释[M].福州:福建人民出版社,1983:7.

理念、教育思想的思考和感悟，体现了人类在教育哲学世界中的生存方式。

作为一种表达方式和思维结果的外显，语言体现了研究者的人生经历、学术背景，以及对教育领域基本问题深入而持久的思考。当研究者用理性的方式思考教育哲学的发展时，也在以直观的方式反映对教育现实状况的切身感受。当看到存在主义对人的认识时，我们一定不会说这是要素主义或者永恒主义的观点，反之亦然。教育哲学语言的独特性在于：一是批判性。这种批判性集中表现为教育哲学对概念的界定和清思。索尔蒂斯就认为，通过清晰明了的语言揭示教学、学习等语词所包含的意义，并不是一件容易的事情，而对于教育研究或者教育思想的讨论来说，这些概念恰恰又是最为基本的构成要素。如果说教育哲学最终是人们对教育实践和教育理论问题的思考和感悟的话，那么所使用的语言则是对之深刻而贴切的表达。在反思认识教育世界的过程中，教育哲学需要通过语言去认识、理解教育。当语言转向成为哲学变革的标志时，它不仅指研究对象或研究重点的转换，而且凸显了哲学前提批判的自觉性与强化性，这样一个过程在教育哲学的发展中同样有所体现。如同分析教育哲学对概念的厘清与界定，进一步澄清了人们对教育、学校教育、教学、学习、知识等问题的理解和认识，正如奈勒所言："分析的目标是要不断地对话，相信每一次的厘清，或每去掉一项晦涩，都能更进一步启迪我们。任何认真学习分析的人都可选择某些令人困惑的问题，然后设法解决。"[①]

二是历史性。海德格尔所做的工作就是要使语言恢复生动活泼的状态，最根本的意义是让"being"本身生动起来，以探究具体存在物背后的原因何以可能，进而在语言这一特殊存在形式中展现其生产、发展、消亡的过程。在这样一个过程中，教育哲学的名词和范畴也同样生动起来。如果把教育的发展看成是一种历史性、文化性的存在，语言则是追溯这一历史文化的源泉，是储存历史文化的水库。教育作为历史的存在，不是教育去占有语言，而是教育被作为历史文化水库的语言所占有。通过语言，教育实现了自我理解和

① ［美］乔治·F·奈勒.当代教育思潮[M].杨银富,译.台北:五南图书出版公司,1989:23.

相互理解。所以，对教育哲学根本问题和意义价值的追问，对处于教育之中人的认识，必须诉诸对语言的理解与诠释。

三是教育性。教育哲学语言的独特之处在于它的教育性。18世纪法国唯物主义者拉美特利认为，语言的产生更加方便了教育和记忆。"语言和意识一样都是由于和人的交往的需要才产生的，都是社会的产物。"[1]同时，教育本身的实践性，也使教育哲学对语言的运用获得了坚实的实践论基础，生动地体现了语言的实践性、逻辑性与人文性，如对人的认识、对教育意义的表达等问题。语言既是人们思考、表达教育哲学的媒介与载体，也是研究者基于自身体验和经历的个性化表达。中国教育哲学所特有的语言表达和话语体系基于教育发展的需要而产生，是教育活动发展到一定阶段必然以显性形式存在的产物，集中反映在话语体系的建设上。

（三）中国教育哲学话语体系的建设

我们每个人走进教育哲学的领域时，都有自己的视野，这个视野由我们所感知到的时代背景和教育世界构成，而对所处时代的感知与体悟都离不开语言的表达和运用。有了语言，人类创造的知识、思想和文化才能够得以积累和传承。作为社会的产物，语言不仅是我们进行阅读、思考、理解、表达的工具，其背后也承载了不同的价值观念、文化传统、风土人情等。同时，语言也形塑、保存着传统。因此，对每一个教育哲学流派的产生与发展来说，语言的重要性毋庸置疑。优良的教育传统正是通过书面语言与口头语言之间的相互转化与生成建构，才在悠久的历史长河中得以积淀传承并发展创新。

中国教育哲学的言说，不是对哲学观点的简单演绎，而是有中国教育的独特属性，既有对中国文化传统的承继，也有对未来发展的前瞻思考。中国教育哲学既要对世界教育哲学的发展做出自己的贡献，同时又要对本国教育理论研究和实践探索发挥引领作用，这就需要建立具有鲜明中国特色和学科特色的话语体系。话语体系是衡量一门学科发展水平的外在表征和重要体现，中国教育哲学话语体系的建设，要在明确自身基本概念、研究对象、研究范

---

[1]　[美]奈尔·诺丁斯.教育哲学[M].许立新,译.北京:北京师范大学出版社,2008:96.

畴的基础上，提出能够反映中国传统文化、体现中国特色的标志性概念。"话语体系至少应该是建立在一定知识、概念、命题和理论基础上的，包含有研究范式、方法论和具体方法的话语组合，这些话语内容丰富但又有共享的问题意识和研究方法，逻辑自洽但又具开放性和延展性。"①新时代的中国教育哲学话语体系建设，应以关键概念为基点，形成独具特色的话语表达，为人类教育哲学的发展做出自己的独特贡献，着力提升话语体系的国际影响力。"语境主义知识观是一种面向实践的解释学，用对知识生成的辩护代替对知识真伪的证明，以对实践活动的澄明代替对命题陈述的逻辑分析，以多元的标准代替单一的标准。"②未来的教育哲学研究也应面向教育实践，突出知识建构的语境性和多样性，激发理论的生命力，服务于师生生命的发展与完善。

四、教育哲学的探索与生命的超越

以理性思辨与直观体验相结合的方式思考教育问题，对知识的来源、人生命的自我认识等问题进行深入探究，有助于我们进一步厘清教育哲学的研究领域，科学认识人在教育中的位置和意义，建立一种基于生命、发展生命、完善生命的创新性教育哲学。

（一）彰显理论的创新性

每个时代都有自己需要解决的特殊问题，正是在对问题的解决中，体现了哲学社会科学在知识变革和思想先导方面所发挥的重要作用。面对新时代、新形势、新要求，哲学社会科学面临述学立论、建言献策的历史使命和时代责任。新时代中国哲学社会科学的高度繁荣发展，对中国教育哲学意味着什么？一是应着眼于理论的创造，在回顾历史、省思当下与瞻望未来之间，进一步明确发展方向与研究重点，追求高水平、原创性的研究成果，提升中国教育哲学的国际影响力；二是着眼于对教育实践的人文关怀，对新时代的教

---

① 洪大用.超越西方化与本土化:新时代中国社会学话语体系建设的实质与方向[J].社会学研究,2018,33(1):8.
② 王娜.语境主义知识观:一种新的可能[J].哲学研究,2010(5):95.

育问题进行深入分析和思考，追求能够充分激发个体生命活力和潜力、推动社会和谐进步的教育。

　　研究者在对教育哲学、教育与知识、课程与学习、教师与学生等问题进行思考和表达的过程中，逐渐形成了具有鲜明个性特征的教育哲学。这里所说的研究者可能是教育政策的制定者，也可能是教育实践的管理者；可能是来自高校和科研机构的专家学者，也可能是来自一线的教师。在研究者生成、表达教育哲学思想的过程中，存在着观点不一，甚至是相互对立的状况。罗苏克兰兹的教育哲学观以自我解放为基本观念，赫尔巴特等人认为教育的问题主要是教材的问题，康德则认为教育问题实际上是人生问题而非教材问题。于此，教育哲学的发展呈现出不同流派、不同主义并存的局面。

　　从纵向的维度来看，中国教育哲学的发展在不断突破环境与时代的局限，向着自己的理想境界迈进；从横向的维度来看，中国教育哲学在持续加强与其他国家教育哲学的交流对话，拓宽学术视野。对于西方教育哲学传播过程的回顾，一是梳理、澄清西方教育哲学的历史脉络和学术谱系，更好地理解其在发展过程中的时代性，改变被动接受的局面；二是将西方教育哲学作为一种可资借鉴的思想资源，推进中国教育哲学的研究；三是思考中国教育哲学发展的可能性和创新性空间，以及它所承载的学术使命和时代责任。

　　史料背后承载的是什么，是一代又一代研究者的教育情怀和这份情怀背后沉甸甸的教育责任，所以才有了接受与批判、反思与创造的交相辉映，才有了在引进、借鉴基础上而引发的对原创性中国教育哲学的思考。教育哲学家有着独特的教育情怀和爱智，不以有爱有智而自满，却常以增爱益智而自省。教育哲学家不一定是世界上知识最丰富的人，但他必定是热爱智慧、努力传授真知的人。古往今来，众多的教育研究者由自发到自觉，努力去掌握教育运动的逻辑。以广阔的哲学视野为背景，以开放的学术意识为基点，对不同的哲学观进行比较鉴别，深化着对教育哲学的自我理解，换言之，教育哲学的发展是通过一个又一个个体的学术发展历程而见之于世的。对于教育这样一项与人密切相关的活动来说，当每个个体在建构、表达自己的教育哲学时，他也会对自己的人生目的、生活幸福、生命意义等问题进行思考与审视，从而获得教育研究的现场感，并将其融入对教育的思考和表达中。在时光的旅程中，每个个体研究者的生活背景、学习工作经历，都为各自的思想观点和理论体系打上了不同的烙印。尽管研究者论述、阐释的观点和方式各异，但在理论的意义上，经过了教育工程思维的转化，最终都将直接或者间接地指向生命的发展、知识的创造、文化的传承、文明的创新和社会的进步。

西方教育哲学的历史既反映了教育自身的发展进程，也反映了人类集体智慧的变迁。在不同时期，都存在着由不同教育研究者构成的虚拟学术共同体。就此而言，可以说其学术生活是在学术共同体中度过的，人们在其中交流思想、获得新知。不同时代的教育哲学，是对彼时社会需求的一种回应。这就要求我们从整体上系统地把握西方教育哲学发展的历史，从多视角、多层次、多方面去思考研究教育哲学。

教育哲学有着对爱智的追求，反映着教育世界的奥秘，折射出人类的教育智慧，在探究问题的谜底中表征着人类对理想教育的期盼。它推动着人们在研究的道路上去追求一种永恒的精神价值，自然，这也是一种积极的治学态度和学术生活方式。不论此种价值最终实现到何种程度，对它的追求本身就赋予了有限生命以无限的意义。也因此，教育哲学在缜密严谨的论证分析和理性思辨中，体现了对教育精神、教育信仰，以及生命意义的诗性思考与追求。当我们从哲学的视角看待教育哲学时，看到的是教育智慧；当我们从美学的视角看待教育哲学时，我们看到的是来自教育生活的美感与艺术。这其中既有对教育生活的体验和欣赏，也有对充满真善美之教育人生的追求和向往。

（二）超越生命的有限性

教育，究竟要培养什么样的人，依据为何？尽管这些问题的具体表现因时代的变化、社会的要求、个人的期望有所不同，但就问题本身而言，则贯穿了教育哲学发展的始终。法国作家阿纳托尔·法朗士在一个教育会议上演讲时说道："有人说，人类总是坏的，不会改善的了。这话大错。要知道人类已经改善不少了。这改善的能力，最大者便是教育。所以教育实在比空气和饮食还要重大。"①教育具有改变现实、创造未来的力量，这种力量需要日常教育教学活动脚踏实地的开展，也需要人们对教育乌托邦的想象性构建。一方面，教育的影响深远，而非限于当下；另一方面，人类想象力的客观存在和对理想图景的美好期待，也为教育乌托邦的实现提供了丰富的可能性。教育哲学不仅对现实的教育问题具有规范作用，对未来教育远景的构想也具有引领作用。

教育中存在的问题恰恰是教育哲学发展的契机，教育到底要培养什么样的人？每个时代和社会的教育，都需要面对和思考这一问题。当我们走进生命的世界，站在教育的立场上来看待人生命的发展，实际是在为个体和人类的生存、生活、生命寻求一种意义，这样的寻求需要我们将思考的视野转向教育哲学。我们有理由期待这样的一种教育哲学，那就是基于马克思主义哲学的立场，关注人的精神世界和心灵成长，对教育的根本问题进行深入分析并给出合理解答。这样的教育哲学才是富有生命力的，也才能够依凭自身的思想魅力深入人心。正是在此意义上，我们强调教育哲学要关注个体生命的成长。如果说哲学探索生命从何而来、为何而在、向何而去的问题，那么教育哲学则要在发展理念和价值取向的层面上，对教育如何发展生命做出自己的回答。

"范畴是认识、思维的'细胞'。概念、范畴在语义上的清楚确切、逻辑关系上的明确无误，是有效思维的必要条件。"②一门学科的研究范畴是普遍性与特殊性、主观性和客观性的统一。它既有所在学科鲜明的个性特征，又彰显着时代的共性要求，体现了范畴所包含问题与内容的普遍性；范畴的产生体现了个体思维运作的自由创造，具有主观性。从其产生和过程来看，它来源于实践，又要回到实践中去接受检验，具有客观性。因此，教育哲学研究范畴的历史性变化体现了主观与客观、经验与理性之间的交互影响。对于教育哲学来说，除了概念的分析和思维的运动之外，还要有实践的旨趣和对生

①　[美]杜威.杜威五大讲演[M].张恒编.北京:金城出版社,2010:84.
②　李德顺,孙伟平,赵剑英,等.马克思主义哲学范畴研究[M].北京:中国社会科学出版社,2010:7.

命的观照。因为唯有生命和生命存于其中的教育实践，才能使教育概念和教育思维的运动价值得以充分体现。

早在古希腊和古罗马时期，伊壁鸠鲁学派和斯多亚学派就聚焦于如何确保个人幸福这一问题进行讨论和思考。尽管时代背景不同、社会发展状况迥异，但如何确保个人幸福这一问题，仍然是我们这个时代、这个社会应该关注的核心问题。每个人都需要接受来自家庭、学校和社会的教育，而系统性、专业性的学校教育在特定时期内均居于主导地位。那么，在这样一个如此重要的教育场所和阶段中，我们从中得到了什么？过去的教育为今天的教育带来了何种有益的经验和启示？今天的教育又将会为明天的教育留下什么？"教育是我们人类在一生中始终必须面对的事情，接受教育以及教育他人。我们的文明社会即是教育的一个直接后果，只有借助于教育，我们才可能成为真正的人。一个真正的人就是拥有爱与创造能力的人，这种能力绝非单纯的某种技艺；最重要的，是它还蕴涵着一种深刻的信仰。"[1]

人与教育之间的现实关系是极其丰富的，一方面，是因为人自身生命发展的丰富性；另一方面，也与教育内容的丰富性有关。教育通过对哲学、艺术、伦理、科学等知识的传授，给予人生命发展的养分。因此，在教育哲学的自我理解中，在对不同教育哲学观的当代阐释中，需要我们深刻地揭示教育与生命发展的关系，教育何以能够影响人生命的发展，以何种方式去影响？在这种影响下，人的生命较之未受影响前有何不同？对上述问题的回答与生命哲学的发展有关。

生命哲学始创于叔本华、尼采，经过了柏格森而达到发展的高峰，对存在主义教育哲学的发展产生了重要影响。生命哲学探讨生命的意义与目的，将生命视为最真实的存在，认为只有从直觉的方法，即从生命本身去把握生命，才能更充分地把握生命的真谛，丰富对人生命的认识。如果说艺术创造了美的世界，科学创造了人的认知世界的话，那么教育则创造了一种特殊的意义世界，这种特殊性就源于教育对人生命发展的培育。人不仅是自然的存

[1] 路文彬.谁在伤害我们的教育[N].学习时报,2012-6-18(9).

在，也是社会的存在；不仅是物质的存在，也是有理性、有意识、有思维的精神性存在。如果在与人密切相关的教育活动中找不到具体的、生动活泼的人，忽视了人的主体性及其作用，忽视了对受教育者情感、意志、信仰等非理性因素的培育，就会出现人的空场、生命力的缺失，进而危及教育的本真性存在。教育如果离开了对人的关怀和体悟，就不是真正意义上的教育。所以，在存在主义者眼中，教师与学生之间应该建立一种相互信赖、彼此亲近的关系，建立一种充满教育情感的氛围与环境。

作为一种极富个人主义色彩的理论思潮和产生于危机时代的哲学，存在主义对个体独特性的重视，对人生命意义的追求与完善，影响着人们对生命的认知与改变。教育应将生命发展的理念贯穿于整个教学过程，既要重视知识自身的生命力，更应该重视教育者、受教育者生命质量的提升。教育承担着发展、延续人生命的功能，尽管对人的研究是很多学科中的重要问题，但再也没有任何活动比教育更深入更持久地影响整个社会、整个人类、整个世界的发展，再也没有任何活动比教育更直接地关系一个国家国民素质的提高。教育哲学对教育与人生命发展之间的关系的探索，既深化了我们对教育实践的理解，也深化了教育哲学的自我理解，彰显了学术共同体之于教育的理想愿景。一个教育哲学流派的学术观点是由许许多多的个性化观点组成的历史谱系和学科谱系。如果说每个个体的研究是形成学术共同体的基本前提条件的话，那么学术共同体的意义就在于，"它可能会激发出个体对一个事物多重面向的考虑，这比对事物的单层面向的考虑给我们更多的思考"①。

"教师只有不间断地学习，他才能真正教人。一盏灯只有燃出火焰，才能点燃另一盏灯。因此，一个教师要想不断地发展学生的智力，他需要不断地发展自己的智力。"②当教师将教育哲学转化为个体的教育哲学时，教育哲学就开始走进课堂、走向学生，换言之，教育哲学不仅是学校、教师的教育哲学，更是属于学生、为了学生的教育哲学。假使学校、教师都有了一种积极向上、勇于进取的教育哲学，何患学生不乐于求知呢？"人内心中的自我意识

① 余秋雨.北大授课:中华文化四十七讲[M].北京:北京联合出版公司,2013:70.

② [尼日利亚]杰·阿基比鲁.教育哲学导论[M].董占顺,王旭,译.北京:春秋出版社,1989:16.

是属于绵延的，而不是一般空间化的时间可以形容的。意识是完整的质的变化，牵一发而动全身。所以，不要以为读一本书或听一场演讲，就会改变一生。没有这么容易的，谁改变你呢？是你自己准备好了，整个生命过去所有的各种知识、经验积累起来，然后在适当的机会点燃内在的力量。"① 教育，就是这样一个让人的知识和经验得以积累，而后在适当时机激发生命发展内在动力的过程。

---

① 傅佩荣.西方哲学与人生(第二卷)[M].北京:东方出版社,2013:85.

主要参考文献

专著

[1] 陈友松.当代西方教育哲学[M].北京：教育科学出版社，1982.

[2] 王坤庆.教育哲学新编[M].武汉：华中师范大学出版社，2010.

[3] [美]菲利普斯.教育哲学[M].石中英，等译.重庆：西南师范大学出版社，2011.

[4] [美]奥兹门，克莱威尔.教育的哲学基础[M].石中英，邓敏娜，等译.北京：中国轻工业出版社，2006.

[5] [美]杜普伊斯，高尔顿.历史视野中的西方教育哲学[M].彭正梅，朱承，译.北京：北京师范大学出版社，2008.

[6] 崔相录.二十世纪西方教育哲学[M].哈尔滨：黑龙江教育出版社，1989.

[7] [英]兰道尔·库伦.教育哲学指南[M].彭正梅，等译.上海：华东师范大学出版社，2011.

[8] 金生鈜.理解与教育：走向哲学解释学的教育哲学导论[M].北京：教育科学出版社，1997.

[9] 黄济.教育哲学通论[M].太原：山西教育出版社，2009.

[10] 黄见德.20世纪西方哲学东渐问题[M].长沙：湖南教育出版社，1998.

[11] 侯怀银.西方教育学在20世纪中国的传播和影响[M].长春：东北师范大学出版社，2011.

[12] 冯建军，等.共和国教育学70年·教育哲学卷[M].北京：北京师范大学出版社，2020.

[13] 王慕宁 . 现代西洋各派教育哲学思潮概论 [M]. 上海：华风书店，1932.

[14] 胡伟希 . 中国本土文化视野下的西方哲学 [M]. 北京：首都师范大学出版社，2011.

[15] [美] 白恩斯，白劳纳 . 当代资产阶级教育哲学 [M]. 瞿菊农，译 . 北京：人民教育出版社，1965.

[16]《教育哲学教学参考资料》编写组 . 教育哲学教学参考资料 [M]. 北京：北京师范大学出版社，1986.

[17] [美] 吉拉尔德·古特克 . 教育学的历史与哲学基础：传记式介绍 [M]. 缪莹，译 . 长沙：湖南教育出版社，2008.

[18] [英] 乔伊·帕尔默 . 教育究竟是什么：100 位思想家论教育 [M]. 任钟印，诸惠芳，译 . 北京：北京大学出版社，2008.

[19] [爱尔兰] 弗兰克·M·弗拉纳根 . 最伟大的教育家：从苏格拉底到杜威 [M]. 卢立涛，安传达，译 . 上海：华东师范大学出版社，2009.

[20] [德] 康德 . 康德教育哲学文集 [M]. 李秋零，译 . 北京：中国人民大学出版社，2016.

[21] 郝文武，陈晓端 . 西方教育哲学流派课程与教学思想 [M]. 北京：中国轻工业出版社，2008.

[22] 范寿康 . 教育哲学大纲 [M]. 福州：福建教育出版社，2007.

[23] 王为农，郑希晨，黄元贞 . 教育哲学 [M]. 哈尔滨：黑龙江教育出版社，1990.

[24] 萧恩承 . 教育哲学 [M]. 上海：商务印书馆，1926.

[25] 瞿世英 . 教育哲学 ABC[M]. 上海：世界书局，1929.

[26] 陆人骥 . 教育哲学 [M]. 上海：商务印书馆，1934.

[27] 傅统先 . 教育哲学讲话 [M]. 上海：世界书局，1947.

[28] 吴俊升 . 教育哲学大纲 [M]. 福州：福建教育出版社，2011.

[29] 林砺儒 . 教育哲学 [M]. 上海：开明书店，1946.

[30] 傅统先，张文郁 . 教育哲学 [M]. 济南：山东教育出版社，1986.

[31] 刁培萼 . 追寻发展链：教育的辩证拷问 [M]. 北京：教育科学出版社，2010.

[32] 张栗原 . 教育哲学 [M]. 福州：福建教育出版社，2008.

[33] 姜琦 . 教育哲学 [M]. 上海：群众图书公司，1933.

[34] 高伟.回归智慧，回归生活：教师教育哲学研究 [M].北京：教育科学出版社，2010.

[35] 舒志定.教师教育哲学 [M].北京：北京大学出版社，2012.

[36] 刘庆昌.教育哲学新论 [M].北京：科学出版社，2018.

[37] 黄见德.20 世纪西方哲学东渐史导论 [M].北京：首都师范大学出版社，2007.

[38] 刘庆昌.教育工学：教育理论向实践转化的理论探索 [M].福州：福建教育出版社，2016.

[39] 冯建军.中国教育哲学研究：回顾与展望 [M].北京：北京师范大学出版社，2015.

[40] [法] 卢梭.爱弥儿 [M].李平沤，译.北京：商务印书馆，1978.

[41] 王佩雄，蒋晓.教育哲学：问题与观念 [M].沈阳：辽宁教育出版社，1989.

[42] [尼日利亚] 杰·阿基比鲁.教育哲学导论 [M].董占顺，王旭，译.北京：春秋出版社，1989.

[43] 黄济.教育哲学初稿 [M].北京：北京师范大学出版社，1982.

[44] 陆有铨.现代西方教育哲学 [M].北京：北京大学出版社，2012.

[45] 石中英.知识转型与教育改革 [M].北京：教育科学出版社，2001.

[46] [美] 小威廉姆 E·多尔.后现代课程观 [M].王红宇，译.北京：教育科学出版社，2000.

[47] [加] 大卫·杰弗里·史密斯.全球化与后现代教育学 [M].郭洋生，译.北京：教育科学出版社，2000.

[48] 瞿葆奎，郑金洲.中国教育研究新进展·2002[M].上海：华东师范大学出版社，2004.

[49] 陆有铨.躁动的百年：20 世纪的教育历程 [M].济南：山东教育出版社，1997.

[50] [美] 亨利·A·吉鲁.教育与公共价值的危机：驳斥新自由主义对教师、学生和公立教育的攻击 [M].吴万伟，译.北京：中国人民大学出版社，2016.

[51] [英] 杰拉德·德兰蒂.现代性与后现代性：知识、权力与自我 [M].李瑞华，译.北京：商务印书馆，2012.

[52] [美] 奈尔·诺丁斯.教育哲学 [M].许立新，译.北京：北京师范大学出版社，2008.

[53] 刘良华.西方哲学："生命·实践"教育学视角之思 [M].上海：华东师范大学出版

社，2015.

[54] [英]马克斯·范梅南，李树英.教育的情调[M].李树英，译.北京：教育科学出版
社，2019.

[55] 侯怀银，等.德国教育学在中国的传播和影响[M].北京：商务印书馆，2018.

[56] 梁漱溟.东西文化及其哲学[M].上海：上海人民出版社，2006.

[57] [美]约翰·杜威.民主主义与教育[M].王承绪，译.北京：人民教育出版社，
1982.

[58] 刘复兴，刘长城.传统教育哲学问题新释[M].武汉：湖北教育出版社，2000.

[59] [美]卡洛斯·阿尔伯托·托里斯.教育、权力与个人经历：当代西方批判教育家
访谈录[M].原青林，王云，译.济南：山东教育出版社，2013.

期刊

[1] 冯建军.中国教育哲学百年[J].中国教育科学，2019(5)：3–16.

[2] 费孝通.略谈中国的社会学[J].高等教育研究，1993(4)：1–7.

[3] 侯怀银.教育学"西学东渐"的逻辑探寻：西方教育学在20世纪中国传播的回顾
与反思[J].教育研究，2020(8)：40–55.

[4] 王长纯.20世纪与西方教育哲学（论纲）[J].外国教育研究，1995(4)：1–7.

[5] 李立绪.存在主义和现象学对美国教育哲学的影响[J].教育研究与实验，1987(1)：
63–68.

[6] 石中英.20世纪英国教育哲学的回顾与前瞻[J].比较教育研究，2001(11)：1–5.

[7] 王佩雄.当代西方教育哲学发展情况简介[J].外国教育研究，1984(1)，57–60.

[8] 陆有铨.未来主义教育哲学[J].山东师范大学学报（人文社会科学版），1988(6)：
5–9.

[9] 张乐天.西方当代教育哲学对西方教育变革的影响及其借鉴意义[J].教育理论与
实践，1994(1)：58–60.

[10] 王佩雄.当代西方教育哲学发展中的若干问题[J].教育评论，1986(1)：77–83.

[11] 陈伊琳.英国教育哲学新近研究趋势：《教育哲学期刊》（2007—2011）研究主题分
析[J].教育学术月刊，2018(2)：10–21.

[12] 刘庆昌 . 教育哲学的存在方式 [J]. 山东师范大学学报 (人文社会科学版), 2013(2)：97-107.

[13] 杨廉 . 西洋教育之进步 [J]. 中华教育界, 1925(12)：1-16.

[14] 叶青 . 中国教育哲学概论 [J]. 教育杂志, 1937, 27(9-10)：1-10.

[15] 卢心远 . 我们需要什么教育哲学 [J]. 思想月刊, 1937, 1(5)：34-39.

[16] 王国维 . 哲学辨惑 [J]. 教育世界, 1903(55)：1-4.

[17] 王国维 . 论叔本华之哲学及其教育学说 [J]. 教育世界, 1904(7)：1-14.

[18] 佚名 . 述近世教育思想与哲学之关系 (承前)[J]. 教育世界, 1906(13)：1-10.

[19] 志厚 . 近世教育与哲学之关系 (未完)[J]. 教育杂志, 1916, 8(3)：27-39.

[20] 志厚 . 近世教育与哲学之关系 (续)[J]. 教育杂志, 1916, 8(4)：41-49.

[21] 天民 . 台威氏之教育哲学 [J]. 教育杂志, 1917, 9(4)：15-20.

[22] 姚之璧 . 杜威的教育哲学 [J]. 中华教育界, 1920, 9(5)：1-27.

[23] 孟宪承 . 教育哲学一解 [J]. 新教育, 1922(5)：5-13.

[24] 胡国钰 . 教育哲学 [J]. 教育丛刊, 1923, 4(5)：1-9.

[25] 韩定生 . 克伯屈的教育哲学 [J]. 山东教育月刊, 1927, 6(3-4)：3-14.

[26] 等观 . 教育者与哲学 [J]. 教育杂志, 1919, 11(8)：1-8.

[27] 张益弘 . 中国教育哲学的问题 [J]. 教育杂志, 1937, 27(9-10)：11-19.

[28] 徐伯申 . 中国需要什么样的教育哲学：与克柏屈先生的谈话 [J]. 教育改造, 1937, 1(3)：1-6.

[29] 汤茂如 . 克伯屈的教育哲学教学法 [J]. 山东教育月刊, 1927, 6(5)：103-106.

[30] ［美］克伯屈 . 美国教育哲学 [J]. 教育学报 (上海), 姚兆胜, 译 .1929(1)：152-163.

[31] 姜琦 . 日本现代教育哲学的发生与派别及其趋势 [J]. 教育研究 (广州), 1931(32)：1-16.

[32] [日] 入泽宗寿 . 现代教育哲学 [J]. 宋连鸾, 译 . 陕西教育月刊 (西安), 1936, 2(7)：1-12.

[33] 青志 . 英国大哲学家：纽曼的教育思想 [J]. 北辰, 1934, 6(7)：30-33.

[34] 张岱年 . 怀悌黑的教育哲学 [J]. 师大月刊, 1934(12)：39-54.

[35] 蒋径三 . 教育哲学的本质及其重要性 [J]. 东方杂志, 1932, 29(8)：8-15.

[36] 李渊杰. 教育哲学 ABC 笔记 [J]. 进修半月刊, 1933, 2(24): 39–40.

[37] 蒋梦鸿. 我们为什么研究西洋教育史 [J]. 现代教育, 1929(2): 66–78.

[38] 陈科美. 西洋近代教育学术上之论战 [J]. 教育季刊 (上海).1930, 1(2): 5–15.

[39] 王梧峰. 教育哲学大纲 [J]. 乡村改造, 1933, 2(15–16): 1–9.

[40] 陈守正. 近代教育哲学的趋势 [J]. 教育丛刊 (开封), 1934(1): 109–116.

[41] 熊世琳. 教育哲学的问题 [J]. 江西教育行政旬刊, 1932, 4(1): 1–5.

[42] 吴家镇. 中西教育哲学之比较观察 [J]. 民族 (上海), 1934, 2(9): 1379–1403.

[43] 侯怀银.20 世纪上半叶中国学者对教育哲学学科建设的探索 [J]. 教育研究, 2005(1): 7–16.

[44] 胡金木.20 世纪上半叶中国教育哲学学科发展的回顾与审思 [J]. 高等教育研究, 2016, 37(8): 26–34.

[45] 侯怀银, 田小丽.20 世纪下半叶教育哲学学科建设的本土探索 [J]. 当代教育与文化, 2012, 4(3): 6–13.

[46] 石中英.20 世纪中国教育哲学的回顾与展望 [J]. 教育研究与实验, 2000(5): 1–7.

[47] 菊农. 近年来美国教育哲学之趋势 [J]. 大江季刊, 1925, 1(2): 121–132.

[48] 李文鹏.1919–1949 年中国教育科学的初步发展 [J]. 教育评论, 2002(1): 58–60.

[49] 炎如. 介绍林砺儒著《教育哲学》[J]. 文汇丛刊, 1947(3): 5–6.

[50] 张敬威, 于伟. 教育哲学的知识划界与学科体系: 以傅统先学术旅程为中心的考察 [J]. 教育理论与实践, 2017(25): 3–6.

[51] 李石岑. 教育哲学 [J]. 教育杂志, 1922, 14(3): 1–6.

[52] 心如. 教育哲学 [J]. 一般 (上海), 1926, 1(1): 128–129.

[53] 姜琦. 八年来中国教育哲学之研究 [J]. 教育研究 (广州), 1936(65): 1–10.

[54] 张君劢. 中国教育哲学之方向 [J]. 东方杂志, 1937, 34(1): 257–271.

[55] 常道直. 教育者之哲学的素养 [J]. 师大月刊, 1934(12): 1–6.

[56] 许崇清. 教育哲学是甚么 [J]. 新声, 1930(15): 10–15.

[57] 黄济. 关于教育哲学研究的几个问题 [J]. 北京师范大学学报, 1981(2): 59–66.

[58] 卢曲元. 论教育哲学研究的任务 [J]. 湖南师大学报 (哲学社会科学版), 1985(6): 72–77.

[59] 洪强强. 对教育哲学的特点和功能的再探讨 [J]. 教育评论, 1988(1): 11-15.

[60] 桑新民. 世纪转换年代的教育哲学思考 [J]. 哲学动态, 1990(9): 9-13.

[61] 王建华. 学科、学科制度、学科建制与学科建设 [J]. 江苏高教, 2003(3): 54-56.

[62] 李志峰. 西方高等教育哲学观的反思与批判: 兼评布鲁贝克高等教育哲学观 [J]. 现代教育科学, 2006(5): 1-4.

[63] 刘贵华. 西方高等教育哲学的困境与大学学术"生态合理性"的确证 [J]. 比较教育研究, 2002(3): 1-6.

[64] 潘艺林. 西方国家平等主义教育哲学的制衡机制探析 [J]. 教育理论与实践, 2010(2): 11-15.

[65] 高鹏, 杨兆山. "教育现象"何以是教育学的研究对象 [J]. 教育研究, 2014(2): 55-60.

[66] 李西顺. 胡塞尔的"生活世界"及其教育学澄清 [J]. 外国教育研究, 2015, 42(2): 3-11.

[67] 王洪才. 现象学教育学: 颠覆、回复与整合 [J]. 比较教育研究, 2007(8): 22-27.

[68] 刘强. 现象学教育学研究的本土化尝试 [J]. 教育学术月刊, 2017(9): 33-38.

[69] 孙元涛. "教育学中国化"话语的反审与重构 [J]. 全球教育展望, 2009(4): 43-47.

[70] 宗白华. 中国青年的奋斗生活和创造生活 [J]. 少年中国, 1919, 1(5): 1-11.

[71] 梁漱溟. 从教育上和哲学上所见中西人之不同 [J]. 教育与人生 (周刊), 1924(13): 119-120.

[72] 王娜. 语境主义知识观: 一种新的可能 [J]. 哲学研究, 2010(5): 89-95, 128.

[73] 张汝伦. 哲学对话与中国精神的重建 [J]. 中国高校社会科学, 2016(2): 4-12.

学位论文

[1] 朱颖. 转道日本打开欧美教育之窗: 清末《教育世界》(1-68 号) 初探 [D]. 硕士学位论文, 复旦大学, 2008.

[2] 杨光.《教育世界》对西方教育哲学思想的导入 [D]. 硕士学位论文, 辽宁师范大学, 2013.

西方教育哲学在中国的传播与影响

[3] 侯威.要素主义教育理论研究 [D].博士学位论文，东北师范大学，2008.

[4] 付谢好.后现代教育理论的中国化 [D].硕士学位论文，天津师范大学，2014.

[5] 李志慧.后现代主义知识方法研究：基于马克思主义哲学的视角 [D].博士学位论文，上海师范大学，2018.

[6] 徐辉富.教育研究的现象学视角 [D].博士学位论文，华东师范大学，2006.

后 记

　　由西方教育哲学在中国的传播到影响再到反思启示，至此已经完成了研究的三部曲。西方教育哲学对中国教育哲学的影响，既体现在学科建设层面，也体现在研究内容和研究方法层面。在流派众多的西方教育哲学中，我们看到的不仅仅是教育哲学自身的发展历程，还有时代变革和社会需求参与其中，在这样一场理论与实践、借鉴与批判并行的旅程中，不同的流派向我们展示了丰富深刻的思想世界与理论建树。

　　无论是公众化、专业化的教育哲学，还是个体化的教育哲学；无论是对教育哲学的学习与应用，还是对教育哲学的探究与思考，至少都体现了以下三个方面的意义：一是对教育的理解，二是对生命的关怀，三是对教育理想的追求。理解意味着对教育意义性的寻求，关怀体现着教育对人生命发展的价值所在，理想则是基于现实教育的一种可能性、超越性追求。在理解教育、关怀生命的基础上，对教育理想境界的追求才成为可能。

　　在本体论意义上对教育发展的基本问题进行追问、重新构想教育的未来，是对人类共同利益的关切。教育需要理性的省思与分析，同样也需要对生命的直观觉知与切身理解。从教育哲学的视角关注生命，一方面，是教育自身发展使然；另一方面，也是教育哲学的哲学属性所致。对人生命的关注是哲学的核心命题，存在主义极为重视人的自由与选择，对传统哲学忽视人生和个人生存这一问题提出质疑。现象学则在教育的情调与机智中探寻生命的种种可能。教育哲学通过独特的话语介入和实践方式，追求对教育的深刻认识和对生命发展状态的理想建构。由教育哲学而关切生命成长，这既是理论与实践的共生共荣，也是不同研究者对教育的心音共鸣。教育研究者所做的工作不是对知识的"简单临摹"与"原声重现"，而是要从教育哲学中找到教育信仰和教育精神，并把自己的人生经验融入其中，进而致力于受教育者的生命发展。生命，正是在理性与非理性、情感与意志的共同作用中得以完善，不断彰显着丰富性与可能性。

教育哲学应关注历史、现实、未来三个向度。教育哲学需要走进哲学、教育学等相关学科的经典著作中去寻求启迪与借鉴，聚焦问题努力探索跨学科的研究模式，与其他知识领域进行对话和交流；教育哲学理论魅力和思想生命力的充分发挥，还需走进鲜活生动的教育实践，对富有时代性的挑战和问题做出回应，在理论探索、研究方式等方面寻求突破；教育还具有指向未来的超越性，教育哲学应对这种超越性做出自己独特的贡献，从历史中联结现实、走向未来。

教育哲学的反思关涉概念的梳理与考证、文本的诠释与理解，是作为"爱智之学"面对教育基本问题的永恒追问。智慧涉及宇宙与人生的根本问题，具有普遍和统合的特点。教育哲学之所以致力于教育智慧的形成与运用，无外乎教育智慧具有启蒙开悟、助力生命完善与发展之意义，以让人类更好地认识、了解自身。在教育哲学的世界中，我们每个人都应保持一种开放的心灵，走在追寻理想、探求真理的路上。鉴于教育的复杂性和知识的开放性，中国教育哲学应加强与西方教育哲学的交流对话，承担起时代赋予的历史使命与学术责任，为了更加美好的教育而努力。就此而言，西方教育哲学在中国的传播史料需要进一步的挖掘和全面梳理，并在此基础上开展综合性、专题性研究，对每一个西方教育哲学流派的传播历程、历史贡献、研究成果和学术动态进行更为深入的分析和讨论。

行文至此，课题研究即将告一段落。我发现，完成课题的心路历程与我博士论文的写作经历是那么相似，都是研究未完，后记先行。显然，描述研究中的体验与感受更为容易。其间，我一次次发出了类似博士能不能毕业的自我拷问，课题能不能完成。自然，过于消极时不免会滋生出不做了这样的想法。从当初获批课题的喜悦到研究过程中面临的种种困难，其中的精神压力难以言表。实事求是地讲，即使我花费了很多的时间和精力，呈现出来的结果仍然是较为粗浅的尝试与探索。无论如何，它构成了我生命历程中一段独特的精神之旅。

在苦思冥想不得其解的很多个夜晚，在课堂上面对朝气蓬勃的学生时，我常常在想，我有自己的教育哲学吗？如果有，它究竟是什么？对我来说，教育哲学有着一种直抵心灵深处的吸引力。它不仅是一种基于专业背景的研究，更是一种融入个人生命体验的思考与感悟。教育哲学，是我心灵的家园，是我教育梦想起航的灯塔。它丰富了我的精神世界，照亮了我的教育田园。唯有对教育的热爱可抵岁月漫长，正是在教育哲学的思想圣殿中，让我更为深刻地体验着生命的体验、关怀着生命的关怀。今后，我会在教学科研中继续书写关于生命、为了生命的教育哲学。

感谢良师益友的指导与帮助，感谢经典著作给予我的启迪和思考。

感谢山西人民出版社的编辑吕绘元老师，正是吕老师认真负责、细心专业的工作，才使本书得以顺利出版。

因个人专业基础和水平所限，书中肯定存在诸多不足，敬请各位专家和读者批评指正！

祁东方

2023.9